郭斌龢（1900－1987）

浙大先生书系编委会

主　编：黄华新　楼含松

副主编：沈　玉　冯国栋

编委（按音序排列）：

郭斌龢　学案

郭斌龢　著

张凯　朱薛友　编

浙江大学出版社
ZHEJIANG UNIVERSITY PRESS

图书在版编目(CIP)数据

郭斌龢学案 / 郭斌龢著;张凯,朱薛友编.—杭
州:浙江大学出版社,2019.2
ISBN 978-7-308-18973-6

Ⅰ.①郭… Ⅱ.①郭…②张…③朱… Ⅲ.①郭斌龢
(1900-1987)—生平事迹 Ⅳ.①K825.46

中国版本图书馆 CIP 数据核字(2019)第 026089 号

郭斌龢学案

郭斌龢 著 张 凯 朱薛友 编

责任编辑	宋旭华 蔡 帆
责任校对	邵吉辰
封面设计	周 灵
出版发行	浙江大学出版社
	(杭州市天目山路 148 号 邮政编码 310007)
	(网址:http://www.zjupress.com)
排 版	浙江时代出版服务有限公司
印 刷	浙江印刷集团有限公司
开 本	880mm×1230mm 1/32
印 张	10.875
字 数	273 千
版 印 次	2019 年 2 月第 1 版 2019 年 2 月第 1 次印刷
书 号	ISBN 978-7-308-18973-6
定 价	66.00 元

浙大先生书系前言

国有成均,在浙之滨。

浙江大学已经走过 120 多个春秋。她诞生于维新图变的晚清,在近现代中国社会的风云变幻中顽强成长;她崛起在烽火连天的抗战时期,为民族续文脉,为华夏育英才,艰苦卓绝,可歌可泣;新中国成立后,她在时代大潮中分流异派,砥砺前行;20 年前,同根同源的四所高校再次合聚一体,秉承"求是创新"的精神,以浩荡之势,实现了跨越式的发展。如今,浙大已绘就"双一流"的建设蓝图,正以奋发昂扬的志气,坚定笃实的步履,向着远大目标挺进。浙江大学的发展,与国家同命运共呼吸,她的未来,也必将随着中华民族的伟大复兴,以"东方剑桥"的雄姿屹立于世界。

浙江大学人文学院的前身是创办于 1897 年的求是书院和育英书院的相关学科。求是书院几经演变,到 1928 年发展为浙江大学,设立了文理学院,1939 年文、理学院分设。育英书院 1914 年发展为之江大学,1940 年设文学院。1952 年全国院系调整,浙江大学的师范学院、文学院和理学院的一部分与之江大学文理学院合并组建为浙江师范学院。1958 年浙江师范学院与新建的杭州大学合并,定名为杭州大学,设中文、历史、哲学等学科。1992 年,杭州大学成立人文学院。1987 年浙江大学复设中文系等人文学科,1995 年成立人文学院。1998 年 9 月,浙江大学、杭州大学、浙江农业大学和浙江医科大学合并组建为新的浙江大学。1999 年 7 月,整合原四校人文学科的新浙江大学人文学院正式成立。

在百余年的发展历程中，众多著名学者、教育家先后在浙大任教，劳乃宣、邵裴子、宋恕、张相、马叙伦、梅光迪、钱穆、张其昀、贺昌群、张荫麟、钱基博、林汉达、夏承焘、姜亮夫、胡士莹、任铭善、王季思、严群、沈炼之、蒋礼鸿、沈文倬、徐规、徐朔方、吴熊和……这些闪光的名字如奎璧星光，照耀着历史的夜空。先生们的学术事业，薪火相传，深刻影响着浙大人文学科的研究领域和学术风格。先生们的人格魅力，潜移默化，积淀而为浙大文化的深厚底蕴，也是维系校友情感的重要纽带，彰显学校实力和声誉的耀眼标识。

在浙江大学建校120周年之际，为系统梳理我们的人文学术传统，深入挖掘宝贵的学术遗产，生动展示先生们的人生行迹和精神风貌，继承弘扬先辈的志业，人文学院决定编辑"浙大先生书系"。该书系由两个部分组成：一是"浙大人文先生印象"系列，围绕人物，搜集友朋、同仁、学生等对先生们的回忆、纪念、评论文章，还有先生们的诗文作品，通过生动可感的文字，多角度多层次展示先生们的生平故事与性格情怀；二是"浙大人文先生学案"系列，借鉴中国传统学术史著作"学案"的体例，立足学术，通过绍述学统，概揽经典，以嘉惠学人。两个系列相辅相成，希望以此来立体呈现浙大人文学科的博大与厚重，表达我们对先辈的怀念与崇敬。

当这套丛书出版之时，正是浙江大学四校合并20周年之际。在这样一个继往开来的重要历史节点上，丛书的出版又具有特殊的意义。先生们的学术遗产和精神感召，将激励我们以更强的责任感和使命感投身于立德树人、繁荣学术的事业，为建设世界一流大学、建构人文"浙大学派"而努力！

目　录

导论:郭斌龢与近代中西文化之会通

生平

郭斌龢,字洽周,1900 年 5 月出生于江苏省江阴县杨舍镇(今张家港市)。嗣父郭镇藩为清末贡生,德高学湛,素为地方人士所钦佩,先后出任梁丰小学、梁丰中学校长,"选拔品学兼优、勇于负责之教师为一校之骨干"[①]。1917 年,郭斌龢考入南京高等师范学校。1919 年,考入香港大学。1922 年 7 月,郭斌龢自香港大学毕业。香港大学 G. N. Orme 教授告知:"中国白话文源于古文,西方文化也由希腊、罗马文化而来。学会英语并非难事,但要精通西学,则必须学习拉丁、希腊语文,才能寻根溯源、融会贯通。"郭斌龢遂留港一年,学习希腊文和拉丁文。1923 年 6 月,郭斌龢执教南京第一中学,后结识《学衡》主编吴宓,加盟《学衡》。1925 年 2 月,郭斌龢赴东北大学教授英文名著选读等课程。1927 年他考取庚款公费生,入美国哈佛大学深造,受业于新人文主义者白璧德,研究古典文学与比较文学。郭斌龢不以获取学位为目的,认为"学习西方文化主要想凭借西方文化的丰富知识和欧西学者的科学方法来深研中国古今之学术文化,以期中西贯通,学用一致。如果仅以学位为目的,则本末倒置了"。1930 年,他又到英国牛津大学进修

[①] 郭斌龢:《先嗣父漱芬公事略》,中国人民政治协商会议江苏省沙洲县委员会文史资料研究委员会《文史资料选辑》第 2 辑。

希腊文学。1931 年春,郭斌龢学成归国,先后执教于东北大学、青岛大学、清华大学、中央大学。1937 年,郭斌龢应聘到浙江大学,先后出任中文系主任和师范学院国文系主任,后又一度任外文系主任、训导长、代理文学院院长、代理校长。1946 年 8 月,郭斌龢重返中央大学外文系任教。新中国成立后,郭斌龢任职南京大学外文系,长期致力于希腊文、拉丁文的教学与研究。1987 年 9 月 14 日,郭斌龢逝世,享年 87 岁。南京大学讣告说:"郭斌龢先生是一位爱国主义者,一位德高望重的长者,一位学识卓越的学者。他毕生艰苦朴素,不求名利和物质享受,为晚辈树立了良好的榜样。他的不幸逝世,是南京大学的一大损失,也是我国外语界的一个损失。虽然他与世长辞了,但他的精益求精的治学态度,艰苦朴素的生活作风,诲人不倦的崇高品格,将永远留在我们心中。"①

新孔学运动

"九一八"事变之后,科学学术与民族精神的关系日趋紧张,中国思想界兴起以认同民族文化为中心的中国化思潮,复兴传统成为学术的新动向。贺麟认为中国百年来的危机,根本上是文化的危机,"如果中华民族不能以儒家思想或民族精神为主体去儒化或华化西洋文化,则中国将失掉文化上的自主权,而陷于文化上的殖民地"。② 胡适反省近代中国的沉沦,认为"我们的社会没有重心"是民族自救运动屡屡失败的重要原因,日本明治维新以后一直没有失去社会重心,但"我们把六七十年的光阴抛掷在寻求一个社会重心而终不可得"。③ 社会没有重心最突出的体现即是民众精神

---

① 徐祖白:《学贯中西的爱国教授郭斌和》,《江苏文史资料》第 39 辑,1991 年,第 105—116 页。

② 贺麟:《儒家思想的新展开》,《文化与人生》,商务印书馆 2005 年版,第 6 页。

③ 胡适:《惨痛的回忆与反省》,《独立评论》第 18 号,1932 年 9 月 18 日。

涣散、社会堕落、腐败丛生,以孔学挽救人心、鼓舞民气,发挥孔学
在精神信仰与道德修养层面的凝聚力与约束力成为民族复兴的重
要凭借。郭斌龢站在人文主义立场,批评浪漫主义文人"以纵情恣
欲为至善",否认人格修养,否认一切是非善恶的标准,仅凭一时感
情的冲动,"以定其行为,而美其名曰受良心之驱策,苟一时感情冲
动以为可者,即当毫无顾忌悍然为之"。① 国难日亟之时,郭斌龢
深信昌明孔学为起衰救弊的唯一方法,遂高声疾呼,提倡新孔学运
动:

> 中国向以孔学立国,孔学为中国之国魂。近三十年来,为
> 新学摧残抨击,孔学遂一蹶不振。国人根本信仰已失,思想界
> 产生一种无政府状态。此种无政府状态,在内政与外交上,完
> 全暴露。长此不改,外侮将源源而来。此正爱国志士所深切
> 忧虑,而亟思挽救者也。继谓孔学非宗教,而为一种人文主
> 义。以人为本,不含神学与超自然之理论。然自中国过去历
> 史言之,孔学为智识阶级普遍之信仰。此阶级之优秀者,每愿
> 为孔学牺牲生命与一切物质上之享受,则孔学实含宗教性。
> 谓之为广义的宗教,亦无不可。末谓中国目今最要者,为一新
> 孔学运动。此种新孔学,应为一切改革之原动力。哀莫大于
> 心死。中国国心,已濒死境。新孔学实为使此将死之国心复
> 活之惟一良方。新孔学(一)应发扬光大孔学中有永久与普遍
> 性之部分(如忠恕之道,个人节操之养成,等等),而划除受时
> 间空间之影响所产生之偶然的部分(如繁文缛节易流于虚伪
> 之礼仪,及后人附会之阴阳家言,等等)。(二)应保存有道德
> 意志的天之观念。(三)应积极实行知、仁、勇三道德。提倡儒
> 侠合一,文人带兵之风气(中国历史上如诸葛亮、文天祥、王阳

---

① 郭斌龢:《新文学之痼疾》,《学衡》第 55 期,1926 年 7 月。

明、史可法,及清末之曾国藩、胡林翼等皆以文人而握兵权)。知耻近乎勇,杀身成仁,士可杀不可辱等古训,应尽量宣传,成为全国国民牢不可破之信条。(四)要使孔学想像化,具体化。俾得产生新孔学的戏剧诗歌图书音乐雕刻等艺术云云。①

郭斌龢强调孔学非宗教,而是一种人文主义,新孔学运动可谓把握住了时代脉搏。20世纪30年代以降的儒学复兴也是以此为基调,此后沸沸扬扬的读经运动,则更是宣扬"欲张人心,必自尊崇孔孟,保存固有之道德始"。张其昀撰文公开支持郭斌龢的"新孔学运动",主张以孔子诞辰日为教师节纪念日,其理据在于:中国讲学之风始于孔子,中国以教授为职业始于孔子,中国教育宗旨以修身齐家治国平天下为大纲始于孔子,中国文化统一始于孔子。②

郭斌龢尤其重视孔学之于人格养成的功能。郭氏认为文化传承与否,当由此文化有无价值而决定,文化有无价值,当视此文化所产生的人物有无价值而决定。我国文化特性在于理想与实际并重,所产生的优秀人物,往往为实际的理想家,即有体有用之人才,有体即是有原则有理想,有用即是有方法有条理。我国教化与政治合一,教化属理想,政治属实际。"政教合一,乃理想与实际并重之表现"。我国文化不在养成狭隘的专门人才,而在养成有高尚品格、多方发展的完人,"曾文正公,即我国旧有教育理想与制度下所产生最良之果之一",才德俱备,文武兼资。"有宗教家之信仰,而无其迷妄。有道德家之笃实,而无其迂腐。有艺术家之文采,而无其浮华。有哲学家之深思,而无其凿空。有科学家之条理,而无其支离。有政治家之手腕,而无其权诈。有军事家之韬略,而无其残忍"。这正显示中国教育与中国文化的特色:"中国人之所长,在意志之训练。所短,在智慧之运用。"近世西洋开发智慧,造乎其极,

---

① 郭斌龢:《新孔学运动》,《大公报·文学副刊》第199期,1931年11月2日。
② 张其昀:《教师节与新孔学运动》,《时代公论》第15号,1932年7月8日。

此风气实由古希腊人开启。"为今之计，吾人一方当发挥固有文化之特长，一方当尽量开发智慧。"①

郭斌龢认为孔子与亚里士多德伦理学说有诸多重要相似点，均能以稳健平实之态度，观察人生之全体。"视人为人，不视人为仙佛，亦不视人为禽兽"。世人常批评两家学说平淡无奇，不能赋予人高超之思辨力，"实则高超与趋奇走怪有别，讨论此等问题，最不可高自位置，自欺欺人，俯视此数千年来颠扑不破之学说也"。孔子与亚氏对于人性之见解同一："性相近而习相远。"二人皆将意志自由与道德选择的自由系于中庸之道，中庸的标准，亚里士多德以理，孔子以道。前者养成"庄严之人"与"心胸伟大之人"；后者培育"君子"，君子之德为仁。二人均重视仁有等差与自修、自爱个人修养，"皆知人不能离政治社会而生存"。二人之分别在于："孔子之伟大，在其品格，亚氏之伟大，在其智慧。由亚氏观之，道德之为物所以供吾人之研究探讨。由孔子观之，道德之为物所以供吾人之躬行实践。"②由孔子与亚里士多德伦理学说的相似点，可探索中西文化沟通的可能性；由孔子与亚里士多德伦理学说的差异处，正显示中西文化融汇的必要性。

在国难情势的激迫下，如何重建民族文化认同，各派因人事纠葛与学术派分，各有侧重，然而殊途同归，各家皆注重汇通四部之学应对世变。金天翮践行文以载道，振作人心，复兴民族精神，进而呼吁"熔经铸史，悬标准以待继往开来之新学术家""体仁蕴智，悬标准以待旋乾转坤之新道德家""函文孕武，悬标准以待经邦定

---

① 郭斌龢：《曾文正公与中国文化》，《大公报·文学副刊》第 253 期，1932 年 11 月 7 日。

② 郭斌龢：《孔子与亚里士多德》，《国风半月刊》，1932 年第 3 期。

国之新政治家"。① 汪辟疆调和各派,融汇文史哲,提出"义理学植其基""读史书通其识""文学宏其用"。② 全面抗战之初,郭斌龢强调宋代性命之学,奠定孔子哲学的基础,为我国学术正宗。"此正中国真正之文艺复兴,非清代考据之学所得强为比拟者也。国人本重实用,缺乏希腊求知求真之精神。宋儒即物穷理,剖析微芒,毫厘之辨,弗明弗措"。③ 郭斌龢秉持笃实而有光辉的南高精神,"保持学者人格""尊重本国文化""认识西方文化""切实研究科学",在浙江大学文学院将之发扬光大。

义理与辞章

1936年,竺可桢出任浙江大学校长,打算将浙江大学办为全省文化重心,扭转前任校长郭任远倡导的"物质主义"风气。竺可桢认为"教授是大学的灵魂,一个大学学风的优劣,全视教授人选为转移"④。反之,"浙大尚有数点应改良",第一项即"课程上外国语文系有七个副教授,而国文系竟无一个教授,中国历史、外国历史均无教授"⑤。竺可桢上任伊始最为重要者,即四处招揽人才,1937年7月,郭斌龢赴浙江大学执教。1938年8月,中国文学系成立。张其昀、梅光迪推荐"学兼中西之通材"郭斌龢为系主任,其制定的课程成为浙江大学国文系落实办学理念的关键。

近代中国大学学科建制过程中,中文系的课程最具中国特色,具有浓厚的中西学术并立、对峙与融汇的意味。北京大学确立文

---

① 金天翮:《复兴文化之责任与期望》,《天放楼诗文集》,上海古籍出版社2007年版,第986页。

② 汪辟疆:《精神动员与学术之新动向》,《兼明》第2期,1939年7月。

③ 郭斌龢:《抗战精神与南宋理学》,《国命旬刊》1938年第5期。

④ 竺可桢:《大学教育之主要方针》,《国风》第8卷第5期,1936年5月。

⑤ 《竺可桢日记》,《竺可桢全集》第6卷,1936年3月9日,上海科技教育出版社2005年版,第36页。

学系分为文学课、语言课、典籍整理三方面，各校以此为参照，编订国文系课程，中西新旧宗旨分明。20 世纪 30 年代初，胡适、傅斯年改革北京大学文学院，中国文学系由偏重"国文"改良为"新文学中心"。清华大学中国文学系课程略分为中国文学与中国语言文字两类，让同学各就性之所近分别选习。研究中国文学又可分为考据、鉴赏及批评，借镜西方，只不要忘记自己本来面目，该系必修课程"以基本科目及足资比较研究之科目为限"，基本科目主要是工具科目（中国文字学概要、中国音韵学概要、第二年英文）与国学基础（中国哲学史、中国文学史、国学要籍）。国学要籍意在让同学实实在在读些基本典籍，培养判断力，"不拾人牙慧，不凿空取巧。所定要籍共九种，其中论、孟、庄、荀、韩非，代表儒道两家思想，是中国文化的根柢"。比较研究的科目，主要有西洋文学概要及英文文字学入门两科，"比较研究不独供给新方法，且可供给新眼光，使学者不致抱残守缺，也不致局促一隅。志趣偏于文言的，可习前者；志趣偏于语言文字的，可习后者"。① 复旦大学中国文学系宗旨是研究历代文学与创造新文学，养成学生有探讨整理本国文学的能力，养成文艺创作的技能，注重语文的实际应用。专业必修课程：文学概论、文艺思潮、历代文选、诗词小说选、中国文学史、文学批评、历代诗选曲选、文字学、修辞学、写作练习、教育通论、文法研究等，文艺创作、文艺涵濡成为该系的重点。②

　　在浙江大学中国文学系成立之际，郭斌龢即编印"课程草案"印发宣读，认为近代大学课程，各校不同，中国文学系尤其无一定标准，"或尚考核，或崇词章，或以文字、声韵为宗，或以目录、校勘

---

　　① 朱自清：《中国文学系概况》，《清华周刊》第 41 卷向导专号，1934 年 6 月 1 日。

　　② 复旦大学校史编写组编：《复旦大学志》第一卷（1905－1949 年），复旦大学出版社 1985 年版，第 308 页。

为重"。学问以致用为本,"先润身而后及物,所得内圣外王之道,乃中国文化之精髓"。近世治学应当"不笃旧以自封,不骛新而忘本。法前修之善,而自发新知;存中国之长,而兼明西学。治考据能有通识;美文采不病浮华。治事教人,明体达用。为能改善社会,转移风气之人材,是则最高之祈向已"。义理并非仅为宋儒心性之学,考据并非仅为清学的名物训诂,词章并非仅为某宗某派的诗文。贯通考据、义理、词章,或能将科学性、思想性与艺术性相互结合。"凡为学之功,必实事求是,无证不信,此即考据之功也。考证有得,须卓识以贯之。因小见大,观其会通,此即义理之用也。而发之于外,又必清畅达意,委析入情,此即词章之美也。考据赖乎学,义理存乎识,而词章本乎才","非三者相辅,不足以成学。明乎此意,庶可免拘率之见,偏曲之争"。郭斌龢认为治学之道,应由博返约:先博览群书,后求专精。草案将经史子各类要籍,皆列入必修与选修,崇尚精读,不务矜奇。系里开设专门课程讲授《诗》《书》《礼》《易》《春秋》,"惟以时间所限,不能均列必修。《诗经》于文学关系尤为密切,故定为必修,其余则在选修之列。至于先后之次,则依孔门教学之法,先易后难,首《诗》、《书》,次《礼》,而《易》、《春秋》殿"。郭斌龢认为六艺之学为中国文化的渊源,为研究中国学术的首要前提,中国文学系正当以此阐发中国学术文化的优良传统。近来学子,喜谈学术流别,"不读先秦诸子,宋明儒书,而言中国哲学史;不读《毛诗》《楚辞》,名家专集,而言中国文学史。强记姓名,侈论宗派"。为此,草案将中国文学史、哲学史等科设置于第四年级,"于学生研读群书之后,加以综合融贯之功。庶几轻重无违,本末得所",诚如章学诚所言九流之学,出而用世,必兼纵横。浙江大学中国文学系课程可概括为:一、二年级为公共必修科目与本系基本课程;三、四年级,逐渐拓展为较高深、专门者,"示以方法,深造自得,学成专家,则期诸英卓之士"。浙江大学中国文学系原本计划文学及语文文学两组不分设,二、三、四年级均有语言文字学相关课程。语言文字学"定于第一学年，所以植其基础。第二、第三学年始开音韵学、古文字学、训诂学等科，所以导其深研"。草案特重国文习作，使学生能清通修洁之文。郭斌龢要求学生写作文一律用文言文，不得用白话文，但强调学生应中西学兼备。近代以来之变局，亘古未有，"吾国文章学术，皆在蜕故变新之中。惟将循何种之方式途径，则不得不借资欧西。采人之长，以益吾之短。本草案兼重西文。凡英文名著、文学批评、翻译、西洋诗、小说、戏曲、第二外国语等，皆在必修或选修之例。使学者收比较之功，得攻错之益。高明之士，可以自寻创造之途"。①

此时，教育部颁定《大学共同必修科目表》《各院系必修选修科目表》划一课程："不仅在于提高一般大学课程之水准，且期与国家文化及建设之政策相吻合。"大学中文系分为语言文字、文学两组。部颁中国文学系课程引起诸多争议，"有的以为文学组只须读专书，用不着讲文学史，更用不着设立中国文学史分期研究"②。浙大中文系回复意见，称此举"不免偏畸"，语言文字学"不过读书为文之工具"，"欧美各著名大学在大学期间研究本国文学亦未尝有分语言文字及文学两组者"。国文系同仁建议"各种要籍，宜列专课，不可仅讲'史略''通论'"；"增加作文训练"，使学生能措意修辞，"由清通而进于优美"；"宜参以西洋文学而不必立新文学课程"。中国文学系课程须通贯义理、考据、词章，方可"深明吾国文化之本原、学术之精义""庶几可以融化新知，昌明故学"。中国人治中国学术，应与西洋人治汉学者异趣，"西洋人研究汉学，实与研

---

① 郭斌龢：《国立浙江大学文理学院中国文学系课程草案》，转引自刘操南《浙江大学文学院中文系在遵义》，贵州省遵义地区地方志编纂委员会主编：《浙江大学在遵义》，浙江大学出版社1990年版，第57—61页。

② 罗常培：《部颁大学中国文学系课程中语文科目平议》，《语文》第6期，1939年。

究埃及巴比伦之文明相似,仅以中国局部学术为一种客观之对象,用分析方法加以考核,虽其所获于一端一节,非无精卓可取,然往往不能宏博渊厚,缺乏同情的想象力,无所谓欣赏、体验与受用,更不求能发扬与光大也。中国人治中国学术安可效此"。中国学者应发扬传统学术补偏救弊,"使文化日昌,国家民族长存于天地之间"。① 此后,浙江大学中国文学系课程,大体遵照教育部颁布课程,"而斟酌实际情况,略有更易"。第一学年必修课程为中国文学专书选读(《论语》《孟子》)、语言文字学概要;第二学年必修课程为历代文选(六朝文)、历代诗选(汉魏六朝诗)、历代文选(唐宋文)、历代诗选(唐宋诗)、文字形义学、楚辞汉赋,选修课程为经学通论、诸子概论、中国文学专书选读(《诗经》);第三学年必修科目为中国文学专书选读(三传)、中国文学专书选读(史汉)、词选、声韵学、中国文学批评、各体文习作,选修科目为中国文学专书选读(杜诗)、现代中国文学讨论及习作、中国思想史;第四学年必修课程为中国文学史、要籍目录、各体文习作、毕业论文,选修课程为中国文学专书选读(老庄周易)、说文研究。② 其中"论语孟子"课程旨在说明《论语》《孟子》二书的要旨,使学子了解其中精义,"洞明孔孟学说之里相"。③

　　浙江大学中国文学系的理念与郭斌龢对"求是"校训与浙大校歌的诠释一脉相承。在 1938 年 11 月 19 日第 19 次校务会议上,竺可桢提议,郑晓沧、郭斌龢附议,校务会全场通过,正式"决定校

---

① 《国立浙江大学中国文学系对于"部颁大学中国文学系必修选修科目表及审查意见"之意见》,浙江大学档案馆藏"国立浙江大学"档案,L053－001－1074。

② 《各系报部科目表》(1942 年 1 月),浙江省档案馆藏"国立浙江大学"档案,L－053－001－3775。

③ 《教材纲要》,浙江省档案馆藏"国立浙江大学"档案,L053－001－4135。

训为'求是'两字"。① 竺可桢确定"求是"为校训的语境与现实针对,从宏观上而言是调和中西文化之争,而从浙大当时格局而言,则是平衡文实冲突,倡导"中西兼通、文理渗透"的学风。确定"求是"校训之时,浙大决定由马一浮制定校歌,马一浮所作校歌歌词,正体现了竺可桢的教育思想:大学为学问之海洋,应兼容并蓄,无论纯粹科学还是应用科学都应包罗万有。在竺可桢的授意下,郭斌龢对校歌作系统解释。郭斌龢首先概述校歌创作过程及其反映:"对于校歌之意见,据个人所闻,大都赞成。偶有表示异议,感觉美中不足者,不外三点。一以为校歌太庄严,二以为校歌太难懂,三以为训诲意味太浓厚。"郭斌龢指出国立大学校歌,正应当庄严肃穆。至于第二点,校歌本身并不太难,"实因吾人对于经籍太不注意,故觉其难。歌辞取材于《易经》《书经》及《礼记》诸书,为先哲嘉言,有至理存乎其问。一经解释,便觉豁然贯通"。至于第三点,"此歌与箴诗为近,如韩愈《五箴》。虽称尔汝,实乃自责。师生彼此以最高理想互相勖勉,互相告诫,而非任何人,训诲其他任何人也"。郭斌龢认为大学研究的对象为全体宇宙,"大学学科繁多,然大别之,不外形上与形下两种。形上指体,即讲抽象原则之学;形下指用,即讲实际应用之学",大学生活应当礼乐并重,"礼是秩序,尊卑长幼。前后上下,各有分际,不宜逾越。乐是和谐,师生相处,有若家人""形上与形下,礼与乐,皆一事之两面,相反相成,不可偏废。此为我国文化神圣之所在,亦即我国国立大学精神之所在"。大学最高目的在于求真,必先能求真,即事而求是,即物而穷理,此所以求真,然后美与善始有所依据。美国哈佛大学之校训为"真",与本校"求是"校训不谋而合。浙大文、理、工、农、师五院应

---

① 《竺可桢日记》,《竺可桢全集》第 6 卷,1938 年 11 月 19 日,第 615 页。《浙江大学校务会记录》(1938 年 11 月—1940 年 6 月),浙江省档案馆藏"国立浙江大学"档案,L053—001—1168。

融汇为有机体，"彼此息息相关，不宜自分畛域。大学与专科学校不同之处，即在每一学生，有自动之能力，系统之智识，融会贯通，知所先后，当行则行，当止则止。资质木讷，复经数载之陶冶，毕业出校，自能斐然成章，遂不离道，如玉之受琢，如金之在熔焉"。郭斌龢主张大学教育应养成一种宽大的胸襟，"廓然无垠，有如旷野，而不当局促于一宗一派之私"，中华民族文化决非狭隘的国家主义，而是广大的修齐治平之理想主义。这正是国立浙江大学"所负之使命，即我国文化对于世界所当负之使命"。浙江大学使命重大，希望无穷，"他日风声所播，可由一国而及于全世界"。校歌的旨趣正是"说明国立浙江大学之精神、发挥校训求是二字之真谛"，以及"国立浙江大学现在之地位，及其将来之使命"。①

郭斌龢认为浙江大学中文系应致力于研究博大精深的中国古代文学，将其精华介绍到国外去，"至于研究方法，则可以参用西方文学的新理论、观点和方法"。郭氏讲授"文学批评"课程，既讲《文心雕龙》，又讲西方理论家如圣柏甫等的论文。② 郭斌龢格外强调中国文学系课程不能偏重一端，必求多方面之发展，使承学之士，深明我国文化本原，学术精义，兼备考核之功与词章之美；同时，须旁通西文，研治欧西哲学、文学，为他山攻错之助。为此，郭斌龢提议教育部将"外国语"列为必修科，以培养中国文学系学生读西书的能力：今日治学，"必以阔识虚怀、高瞻远览，不可抱残守缺，固步自封。凡为一现代之中国大学生皆须通一种外国文，有阅书之能力"，如此方可吸收新知。"学生如能研读西书，则对于中国文学之

---

① 郭斌龢：《本校校歌释义》，《国立浙江大学校刊》第 102 期，1941 年 12 月。
② 皇甫煃：《郭洽周教授事略》，贵州省遵义地区地方志编纂委员会：《浙江大学在遵义》，第 354 页。

研究批评与创作,多所启发,大有裨益"。① 当时,浙江大学中文系
名师云集,缪钺、王驾吾、萧璋、祝文白、郦承铨等讲授古代散文、古
代汉语,包括《诗经》、楚辞、唐诗、宋词、艺术欣赏,等等,教学效果
极佳。有学子回忆:"缪彦威老师为我们上诗词课时,讲解精炼透
辟,文情交融、生动自然,极其引人人胜。"②郭斌龢主张中国文学
系学生不仅要重点学习中文的古今名著、经史子集、中国文学史等
课程,还必须学习哲学概论、中国通史、西洋通史、政治经济学、教
育学、心理学、生物学、西洋文学,等等,"以开拓眼界,丰富知识,使
专业有广博而坚实的基础"。郦承铨在中国文学会迁往遵义后第
一次演讲就倡言中国文学系与中国学术的关系。郦承铨认为中国
传统学术分为哲学、史学、文学三类,"为天地立心,为生民立命"者
为中国之哲学;"为往圣继绝学,为万世开太平"为中国之史学;"温
柔敦厚、微言相感"为中国之文学。研究中国学术须知义理、考据、
词章三者不能分割,须具备三种工具:以小学即语言文字之学为一
切学术门径,以目录学辨章学术,以词章载道。若要学术有成,还
需具备三种能力:一曰纵横即博约,二曰内外,三曰综合一贯。相
形之下,今日治学有两大问题未能解决:专与博,新与旧。教育部
颁课程划分中国文学系为文学与语言二组,"乃相当于三种基本工
具中之二而已"。今日大学中文系弊端有四:倒因为果,"误以工具
为归宿";见小而遗大;缺乏通识;无归宿。时人所期望大学中国文
学系"造就发扬中国民族文化真实有用之人才",应当分为三阶段:
"一认识吾国固有之学术,文史哲也,经史子集也,要必明本知类,
精粗兼到,如是乃可谓预于学术之流";"二介绍欧洲思想,凡文化

① 郭斌龢:《对于教育部最近修订大学中国文学系科目表草案之意见》,浙
江大学档案馆藏"国立浙江大学"档案,L053-001-1074。

② 杨质彬:《浙大中文系在遵义》,贵州省遵义地区地方志编纂委员会主编
《浙江大学在遵义》,第70-71页。

交流则转而益进",今日不能排斥西方文化,"但中国民族文化自有其特点,今当取人之长,以稗吾之不足,非可尽弃其学而学焉,是则不能不加以别择";"三吾人既明乎我之为我,复洞悉人之为人,然后吾人当前所应出之途,自如康庄大道之陈于吾前而无疑"。① 郭斌龢称赞章学诚"斟酌新旧之间,不笃旧,不骛新。新者虽偏,其中精义,在所必取。旧者虽正,其中伪托,在所必去。学无新旧,惟其是耳",当今学界正需要章学诚一类的批评家。② 浙江大学中国文学系讲授与研究旨在平衡考据、义理、词章,所希望造就的人才,"可以为一种精深学术之专家,而必修养深厚,识见宏通者;可以为工诗能文之作者,而必思想清新,学问切实者;可以为小说戏剧之作家,而必于中国文学及西洋文学,有精深之造诣者;可以为整理国故之学者,而必能读西书,运用西方人之方法及见解者"。浙江大学中国文学系所提倡的学以致用,并非浅近的功利观念。今日的抗战是为中国民族、中国文化而战。国运中兴之时,有中国文化修养之人才方才能担当建设大业;"中国文学系学生,既有中国文化修养为基础,苟因天才兴趣之所近,能于事功,有所树立,亦极自然之事,吾人平日治中国学术,固不敢侈谈事功,高自标置,以蹈迂阔之讥;然苟能自然产生此种人才,亦所深祈向者已"。③

融汇中西

如何平衡古今中西成为浙大文学院与战时学界同仁的关怀核心。《思想与时代》月刊于 1941 年创刊,编辑部初设于遵义国立浙

---

① 郦承铨:《中国学术与今日大学之中国文学系》,《浙江大学师范学院院刊》第 1 集第 1 册,1940 年 9 月。

② 郭斌龢:《章实斋在清代学术史上之地位》,《国立浙江大学文学院集刊》1941 年第 1 期。

③ 刘操南:《中国文学系概况》,《浙大学生》复刊第 1 期,1941 年 4 月。

江大学文学院,郭斌龢一度出任该刊的编辑与编务。《思想与时代》以实践"科学时代的人文主义"为宗旨,"科学人文化是现代教育的重要问题,也是本刊努力的方向。具体的说,就是融贯新旧,沟通文质,为通才教育作先路之导,为现代民治厚植其基础"。①《思想与时代》作为 20 世纪 40 年代在中国学界颇具影响力的学人刊物,充分展现浙江大学文学院同仁的学术旨趣:一方面强调西方科学的重要性,同时寻求中国传统文化价值与思想资源,努力融汇西方现代科学与中国传统文化资源,即"谋中西文化之统一,以从事于真正之创造"。郭斌龢一面撰文弘扬孔子为代表的"儒行"精神,"吾国固有文化,以儒家学说为中心。而儒家学说中,尤以理想人格之提示,最为具体,最为实效。人类行为之推动力,究极言之,非感情,非理智,而为想像"。儒家所长在于善用想象,激发理想人格,遂有"小人儒"和"君子儒"之别。中国历代以"君子儒"为立国精神,"要其最终鹄的,在勉力求为智、仁、勇三方面平衡发展之完人。而'儒'之一字,实际上尤为提示此理想人所通用之名称",解决中国当下以及未来的重大难题当首先发扬君子儒的精神。同时,郭斌龢倡导希腊文化之于现代文明与中西文化融合的意义:"现代文明,导源希腊,知有科学而不知有哲学,知有现代而不知有希腊,是犹知声而不知音,知音而不知乐也。"人生要道,不外道德与知识。我国文化侧重品格陶冶,人情谙达,与实际生活的处理。希腊文化注重智慧开发,强调知识而不轻视道德;提倡道德,亦用知识的观点阐发,所谓道德即知识。若能将希腊之学与中国学术配合,"正可收截长补短相得益彰之效"②郭斌龢以译介与阐扬柏拉图学术为毕生的志业,早年曾和景昌极合译过《柏拉图五大对话集》;晚年又与学生张竹明合译柏拉图的代表作《理想国》,向国

---

① 张其昀:《复刊辞》,《思想与时代》1947 年第 41 期。

② 郭斌龢:《现代生活与希腊理想》,《思想与时代》1941 年第 1 期。

人介绍柏拉图；又弘扬柏拉图的教育思想、美学思想以及其哲学思想的核心"埃提论"（即"理念论"）。

郭斌龢认为柏拉图思想的中坚即其理念论，柏拉图的 idea 与程朱所言"事事物物皆有理可格之理"最为相似，但二者又有历史背景的差异，强行比附则易生误会，所以直接将其音译为"埃提论"。同类事物有一个共同的抽象的"埃提"，事事物物都有其"埃提"，万事万物组成了事物的世界，万事万物的"埃提"又组成了柏拉图所谓的埃提世界，即理念世界。事物的世界是我们可以感觉到的可感觉界，理念世界则是我们用以理解世界的可理解界。柏拉图认为理念世界是最真实的世界，现实世界是理念世界的摹本，是次真实的世界，艺术世界更是现实世界的摹本，是幻想的世界。所以在柏拉图的文艺思想中，一般诗人和画家的创作是仿本的仿本，影子的影子，和真实隔着两层，他们没有真知识，其艺术创作依靠的是灵感和神助。郭斌龢将柏拉图的"埃提论"分为逻辑和心理两部分，前者为用科学方法探得之具体事物之"埃提"，即我们所说的解释现象时所用的概念而已，用为研究事物之永久不变的工具；后者为道德观念经过想像具体化后所得之结果，如真、善、美等。前者目的在于明了宇宙一切之"埃提"，后者目的在于获得若干"埃提"为一身受用。郭斌龢认为柏拉图反对以"埃提"为物，从逻辑的方面来说，"埃提"并不是存在于另一世界的具体之物，而仅为一观点，是我们用以去了解可感觉界的工具，离开了我们的应用外，其本身就没有太大的意义了。所以从逻辑观点来看，"埃提"仅为人类理智解释世界时所由之途径，此世界即可感觉的世界，不是另外有一个不同于此的世界。从心理方面来说，柏拉图之"埃提"为玄想的对象，非辩论的对象，是道德观念的具体化，道德观念经过想像力具体化之后，其所得结果即是柏拉图所称的"埃提"，此与将"埃提"视为观点和自然法则则完全不同。要而言之，柏拉图所谓"埃提"即科学家苦心钻研所欲发现的自然法则，然与生俱来的各种思想范畴也称之为"埃提",且柏拉图视之为诸"埃提"中最重要者。[①] 郭斌龢认为柏拉图著作在西方所占的地位,几乎与经籍在我国的地位相等同,为西洋精神文化的源泉。柏拉图在西方号称理想主义的鼻祖,兼严密的理智与丰富的想像于一身,重理想、富热情,一意求真而不忘淑世,且尤其注重个人人格之增进,其教育思想正是在这种价值引导下应运而生。在柏拉图看来,道德的过失在于后天教养不当,教育的精义在乎培养心灵,教育制度"当为一种足以供给正在生长中之心灵以适当滋养品之制度,或为一种调整心灵环境,以适应心灵更高需要之制度",其特点又是由人的心灵及其需要所决定的。柏拉图的心理学说将人性视为包含三部的复杂体,第一部为欲念,分为必要与非必要两种,教育即是要对难以节制的非必要欲望进行驯御,使其不妨害人们较高的心理活动;第二部为血气,即勇敢之基,此部培养得当,则有益于竞技比赛,培养太过则令人暴戾恣睢、专横好杀;第三部为哲学,是心灵中最重要的部分,为人性中神的部分,充分发展便可成为哲学家。对人性见解的扩大便是柏拉图对国家组织的见解,国家主要有三种工作:其一为生产人生必需品,其二为外抗敌人、内维治安,其三为立法行政。任第一种工作者为农工商,第二种为兵士,第三种为哲学家,不同的工作分工即是因为他们人性中三部的差异。

柏拉图由此将教育分为三期。第一期教育为文艺教育,其间包含了柏拉图的文艺思想等美学思想。文艺教育的目的在通过感官,利用优美的文学和艺术作品来陶冶、涵养性情,为年轻人和儿童创造良好的环境,使其嗜欲情感得到因势利导的合理调谐。该期主要的功课是音乐、文学、体育锻炼等,关乎人的智育和体育,此期至十八岁毕业,继之以两年的军事训练。第二期为数理教育,注

---

① 郭斌龢:《柏拉图之埃提论》,《柏拉图五大对话集》,国立编译馆,1933 年。

重理智的发展,包括算术、几何、天文、音乐等,目的在造就成年人为一国之治理者,需时十年,至三十岁止。第一期毕业者不一定都能进入第二期,必要选择那些优秀聪异、好学深思之士继续教育之、陶铸之,使其成为治理监护国家之人。三十至三十五岁为第三期哲学教育,进而研究辩证,经过五年考验,其生性与哲学相违者则被淘汰,其余为国家管理者,他们都是哲学家兼为政治家。自三十五至五十岁这十五年参加实际工作,为国效力,战时指挥军旅,平时则从事政治,以增加实际的经验。在此任职期内成绩卓著者,至五十岁可退而治纯粹哲学家,唯国家有事时仍须踊跃赴召,为国效力。柏拉图的教育思想与其哲人治国的主张相辅相成,他的最高理想是哲学家应该为政治家,政治家应该为哲学家,哲学家要学以致用,求诸实践,即有哲学头脑的人要有政权,掌握政权的人要有哲学头脑。郭氏认为柏拉图"一生出处进退,颇有吾儒风度,其教育思想,复与大学之格致诚正修齐治平之道,有若干不谋而合之处。其论音乐与运动之道德效力,以及刚柔之当互济,文质之宜兼施,亦儒者之所恒言"。以柏拉图的学术为参照,可知我国国是为民主政治,势所必然,不应犹疑,"此种民主政治,为有限制之民主政治,而非柏拉图所深恶之无限制之民主政治"。真正的民主政治,"一方固赖民意之发扬,一方尤赖有社会领袖之指导。如何造就真正人才,以作社会之领袖,人民之表率,此为建国事业中最大之问题,而亦柏拉图于二千年前,所终身思之以求解答者也"①。

正如缪钺为郭斌龢晚年翻译柏拉图《理想国》一书所作序言中说的:"柏拉图为古希腊三大哲人之一,上承苏格拉底,下启亚里士多德。古希腊学术文化之根本目标即在于追求智慧、追求知识、追求真理。柏拉图认为,哲学家与政治家应合二为一,哲学家应具治国之才能而政治家亦应有哲学之思想,哲学家主政,则至治可期。"

---

① 郭斌龢:《柏拉图之生平及其教育思想》,《思想与时代》1941 年第 5 期。

柏拉图著《理想国》一书,"抒写其哲学家治国之宏伟卓识","书中涵蕴宏富,体大思精,凡当时国计民生急迫之问题,几无不涉及,影响予后世欧西文化者至深且巨"。郭斌龢先生一生以沟通中西,振兴文教为己任,"尝谓世变日亟,应谋自救,而笃旧者迂阔,崇洋者浅薄,举不足以语此;必也以宏通之识、淹雅之学,抉择发扬吾华夏族数千年文化之菁英而兼采欧西之长,始可以拓新文运,而古希腊哲人追求真知之精神亦极有足取者"。[①]

（作者:张凯 朱薛友）

参考文献:

贵州省遵义地区地方志编纂委员会主编:《浙江大学在遵义》,浙江大学出版社1990年版。

徐祖白:《学贯中西的爱国教授郭斌龢》,《江苏文史资料》第39辑,1991年。

章学清:《学贯中西、文通今古的郭斌龢先生》,《南雍骊珠·中央大学名师传略》,南京大学出版社2004年版。

应向伟、郭汾阳编著:《名流浙大》,浙江大学出版社2007年版。

何方昱:《"科学时代的人文主义"——〈思想与时代〉月刊(1941—1948)研究》,上海书店出版社2008年版。

沈卫威:《郭斌龢的文化理念》,《江汉论坛》2006年第10期。

沈卫威:《"学衡派"谱系:历史与叙事》,江西教育出版社2007年版。

沈卫威:《"国语统一"、"文学革命"合流与中文系课程建制的确立》,《中山大学学报(社会科学版)》2011年第3期。

---

① 缪钺:《郭斌龢译柏拉图〈理想国〉序言》,《缪钺全集》第七、八合卷,河北教育出版社2004年版,第29页。

　　许小青:《南高学派与现代中国的文化民族主义——以孔子观为中心的探讨》,《华中师范大学学报(人文社会科学版)》2011 年第 5 期。

The Teaching of Practical English in Middle Schools

Most, if not all, educators in China nowadays agree that in teaching the mother tongue the practical side must be given due importance. This idea, indeed, is being actually and successfully carried out. But in the teaching of English the same need of practical things is not felt. Very few educators have taken the teaching of practical English into consideration.

The teaching of practical English, however, must not be overlooked. English is not a subordinate subject in our middle school curriculum; and though it is a foreign language, it is by no means good-for-nothing. It is the most useful. It is the key to foreign life and thought, the value of which is much felt by all unprejudiced minds. If it is necessary for students to learn English at all, it is necessary for them to learn the kind of English that is practical.

But as we look into the teaching of English in most middle schools, we are rather disappointed. There are about eight hours or more every week for teaching English. What do the teachers do with these eight hours? They spend three hours in teaching grammar. They spend the rest of the time in teaching classics. As a rule, they teach several of these classical books: Irving's *Sketch Book*, Goldsmith's *Vicar of Wakefield*, Macaulay's *Life of*

Samuel Johnson, Lamb's *Tales from Shakespeare*, Scott's *Ivanhoe*, Defoe's *Robinson Crusoe*, Swift's *Gulliver's Travels*, *The Arabian Nights Entertainment*, etc. These are at present the most popular textbooks in middle schools. Nearly all the middle school graduates have studied, at least, three or four of them. If they can really master some of the above books, their English ought to be good in three things——speaking, reading, and writing. Alas! We see just the reverse. They dare not speak with foreigners for even ten minutes; they can never dispense with an Anglo-Chinese dictionary in reading news items written in English; they are unable to write a simple letter without making two or three mistakes. Such a state of things is unfortunate. There must be something wrong. Now, what is the cause? To this question we answer at once: The cause lies in the teaching of impractical English.

The teachers pay too much attention to classics which form part of impractical English. The writer does not mean to say that Chinese students should not study classics in learning English. Far from it. We must study classics if we want to have a good command of the English language. But with the middle school students the case is quite different. To teach them English by means of classics is no less wrong than to teach Chinese to the lower primary school pupils with the "Four Books." They cannot enjoy them, nay, they cannot understand them. They cannot make use of them. Then, what is the use of their studying such impractical matter? It is not unreasonable to say that the teaching of impractical English is really wasting time and energy and brings about the poor result or no result for today.

Realizing the disadvantages of the teaching of impractical English, one may ask: How can we teach practical English?

To answer this question, let me offer a few suggestions which, though simple in character, are useful to the middle school teachers of English.

They are:

1. The textbooks for reading should be easy and have a relation to some branches of practical studies.

The most difficult problem for the teachers of English to solve is perhaps the selection of books for reading. In solving this problem, one thing must be borne in mind that classics are not always the best books for their students. To teach classics one hour a week for the fourth year students is sufficient. But to teach classics as the sole reading matter is absolutely wrong. The reason has already been given in a former paragraph. The best thing for the teachers to do, then, is to select those books which the average students can easily understand. Then they will find their work interesting rather than dry and senseless; they will study English as a pleasure but not as a task. Again, the books selected should have a relation to some branches of practical studies: political, commercial, social, etc. In reading books of such a nature the students learn not only English but also some practical knowledge. This is the way "to kill two birds with one stone." Such books are not few if the teachers care to look for them.

Books to be recommended are:

(1) *Social Life in America.*

(2) *Pushing to the Front.*

(3) *How to Live on 24 Hours a Day.*

(4)*A Scottish Schoolboy and a Journey to England*.

(5)*Fifty Famous Stories Retold*.

(6)*Science Reader I-V*, by N. Gist Gee.

(7)*Rising in the World*, *Vol. I and II*.

(8)*Scientific and Technological Reader*.

(9)*Commercial Reader I-III*, by K. K. Woo.

(10)*A manual of Commercial Correspondence and Commercial Forms*), by W. P. Lee.

(11)*Principles of American Constitutional Government*.

(12)*Stories of Great Americans*.

(13)*Essentials of Economics*.

All the above-mentioned books can be bought at the Commercial Press, Shanghai.

2. Conversation should be paid the most attention.

Conversation plays an important part in the teaching of practical English. It is the short-cut to good reading and good writing. It is also the best way to acquire a useful vocabulary which cannot be otherwise obtained. For those students who are going into business, it is all the more indispensable because of the fact that in the commercial world the ability to speak English means the first step up the ladder of success. For these reasons, it has been scheduled by the Ministry of Education, as a subject for four years in middle schools.

But most teachers do not observe the schedule. Useful as conversation is, they do not teach it at all during the whole middle school course. They boldly exclaim: "We don't want to speak English. We are not future interpreters. It is a shame to speak a foreign language; we had better speak our mother tongue. What we have to do is to teach students how to read and how to write. We can teach them to read classics and write excellent essays. To teach conversation is simply wasting time. We don't want it! We don't want it!" This sounds seemingly reasonable. But, this is only a lame excuse. The teachers themselves cannot talk correctly, and never fluently. They have gained some broken English only. Then, how can they teach conversation? Naturally they hate it and don't want it. Their own failure in talking makes their students lose the most useful part of English. But the students must talk. In order to enable the students to talk, conversation should be taught two hours a week, and an English-speaking society ought to be organized. As to the best and most efficient way of teaching conversation, it is not within the scope of this article to tell.

3. The art of letter writing must be constantly practical as part of the composition work.

That letter writing has a practical value no one denies. In the age of increasing intercourse along all lines of activities, hardly a day passes by in which one is not called upon to write letters either on business or for the mere sake of friendship. It is, therefore, necessary for the middle school students to have the constant practice of the art of letter writing. Yet, most teachers do not pay any attention to this branch of study. They only ask the students to write formal essays on such " pet subjects " as "Health" "Time Is Money" "My Autobiography" "My Native Place" "The Duty of a Student" "Time and Tide Wait for No Man". They think that the art of letter writing can be easily acquired by the students themselves if they are able to write formal essays on these subjects. The art of letter writing, however, should in no way be neglected.

(《南京高等师范学校校友会杂志》1918 年第 1 卷第 1 期)

新文学之痼疾

今之致憾于新文学者，徒见其冗沓鄙俚，生吞活剥，以及各种扭扭捏捏之丑态已耳。此其文体之不美，初于读者无大害，读之而茫然莫辨，昏然思睡。斯不终卷而置之可也，夫何足深辩。其遗害人心，流毒无穷，使一般青年读之，如饮狂醒，如中恶魔，暴戾恣睢，颓丧潦倒。驱之罟攫陷阱之中，而莫之能止者。厥维其内含之情思，所谓浪漫主义者是，充其说，行将率天下而禽兽、而蛮獠、而相率以就死地。此而可忍，孰不可忍？其文体之不足以载之达之，余犹以为幸也。国人于此，曾鲜有加遗一矢者。癣疥之患易见，腹心之疾堪虞。作者不敏，愿效负弩先驱之劳，忧世君子，曷兴乎来。

浪漫主义，自古有之，纵情恣欲，是其特色。禽兽蛮獠，皆最彻底之浪漫主义实行者。其后由禽兽蛮獠，进而文明人，积累世之经验，鉴前车之覆辙，知纵情恣欲之害之不可胜言。于是有道德以化之，有礼教以约之，有政法以裁之。日久而玩生，病愈而痛忘，禽兽蛮獠之潜伏性，时复蠢蠢思动。丁世丧乱，邪说暴行有作。于是最古之浪漫本能，一变其面目，而为崭新之浪漫主义。其在印度，有顺世外道一派；在中土，有《列子·杨朱篇》一派。然皆不盛。其泛滥溃决，竟至不可收拾者。厥惟近世卢梭一派，假自由平等之名，行纵情恣欲之实。不逞之徒，靡然风从。其流近且波及于中国，诛之不可胜诛。姑就耳目所及，摘其一二，以示国人。

浪漫派以纵情恣欲为至善，故否认人格之修养，否认一切是非善恶之标准。但凭一时感情之冲动，以定其行为，而美其名曰受良心之驱策。苟一时感情冲动以为可者，即当毫无顾忌悍然为之。如：

商务印书馆东方文库《近代戏剧家论》七十六页：大凡倾向于个人主义的人，大都是崇拜权力的。而邓南遮（D'Annnnzio）喜权力更甚。他在荣辉内表见的中心思想，竟是极端的个人主义，个人的无政府主义，像斯铁纳（Max Stirner）所说的，我惟当达到我自己的鹄的，什么法律，什么习惯，统统可以不管他。

虽杀人放火，弑父淫妹，亦不为过。如：

东方文库《近代俄国文学家论》二十五页：《罪与罚》是使陀斯妥以夫斯基（Dostoevski）享大名的第一部著作。这不但是他生平的杰作，而且是世界文学中稀有的大著。主人公拉斯戈尔尼谷甫（Raskolnikov）是代表俄国式的非常自尊的人。他是个虚无主义者，但他不是政治的虚无主义者，也不是像都介涅夫（Turgenev）的《父与子》里所描写那样的虚无主义者，却是伦理的虚无主义者。所谓伦理的虚无主义者，就是蔑弃一切伦理的戒条和规律的意思。他的理想是这样，他只要能踏破一切的习惯规律，他就成为一种的拿破仑了。他是个青年学生，家境贫苦，有老母和姊妹，都待他赡养。有一天他走到质铺里去当珠宝时，看见了质铺里的老年的女主人。他便想只要杀了这老婆子，便可以得到质铺里的一切，来养活自己的家族了。不过照道理的惯例，杀人是不许的。但是（一）道德足以限制我的行动吗？（二）要是拿破仑到了我的地步，他难道也为了区区的道德戒律，不敢去杀那龌龊老婆子吗？拉斯戈尔尼谷甫为这两个问题所困惑，最后他为他的自尊心所激动说："好了，不用多想了，我就照着拿破仑的模样，杀了这婆子罢。"于是他便去杀死当铺妇人，并杀死那妇人的姊妹。他本意是想杀了两个人后，他便可以打破伦理的习惯，战胜道德的权威，从此变成一个拿破仑，变成一个超人。

东方文库《近代戏剧家论》六十七页：《春朝的梦》的姊妹篇，唤做《秋宵的梦》(*Il Sogan d'un Tramonto d'autunno*)也是一篇讲快乐问题的剧本。这篇剧本里说威匿思(Venice)的贵妇Grandeniga恋爱一个少年,因而毒杀自己的丈夫。她满心满意以为被恋爱的少年可以到手了。她这恋爱当然是求满足肉体上的快乐,和她从前办过的许多恋爱事情一样。哪知这少年偏不爱她,另和一个女郎,所谓威匿思之花Pantea相爱。Grandeniga怨恨极了,想置Pantea于死地。她乘那个少年和Pantea同坐着画舫游行的时候,施展魔术,放妖火把画舫烧着,欲借此烧死情敌Pantea。不意她这计划太周到了,烧死的不止是那可恨的Pantea,兼亦烧死了可爱的美少年。她既施了魔术,放了火,可没有本事收回来,只好立在画楼上,白看着她的爱人活活烧死,和她的情敌在一处烧死,拥抱着被烧杀。Grandeniga的快乐终于失却了,Pantea和她情人的恋爱,终于得个结果,而且是个极美满的结果。Pantea是死了,但到底被她得到快乐。Grandeniga虽是活着,快乐却失却了。快乐问题便是人生终极的问题,这是《秋宵的梦》内的中心思想和《春朝的梦》相同的。

东方文库《近代戏剧家论》七十七页:牧羊少年的父亲——凶恶的拉柴鹿——早已寻到。拉柴鹿本是前夜窘逐米拉(Mila)诸醉人中之一,现在见了米拉,就又故态复萌起来。米拉为保护自身,和他力斗。牧羊少年在洞内听得,赶出来帮助米拉。他此时手内正握着一把斧头,——是为米拉雕刻一个像用的,——举斧把拉柴鹿——自己的父亲——杀死了。

东方文库《近代俄国文学家论》五十四页:沙宁(Sanin)看得世人如毫无一物。他的妹子的行为也毫不足怪,不过未尝结婚,就有了性交罢了,有什么稀奇?所以他劝她不必因此而失去她的傲气,不如趁孩子没有生下来,赶紧找一个和她相爱的朋友结了婚就完了。后来她嫁了一个丈夫。其实他不但是不以他妹子的私孕为可耻,并且不以那个官员为可恨。不但如此,他自己看了他妹子秀色可餐，还要想和她起性交哩。因为他的主义是满足肉体的要求，名分礼俗一概不知道，也是一概否定的。（《沙宁》系 Michael Artzbashew 所著小说，一九〇七年出版）

此类荒谬绝伦之文字，多引之徒污吾笔。吾不知介绍提倡之者，是何居心。彼曹于中国海淫海盗之小说，则斥之为腐败文学。斥之诚是也，然何以于西方腐败之文学，则颂扬之，称之为伟大之著作。西方腐败之文人，则奉之若神明，称之为大艺术家。质之彼曹，恐亦无以自解也。

浪漫派重视感情之冲动，蔑弃内心之制裁，其生活之杂乱无章，毫无归宿，盖可知矣。乃复自欺欺人曰：人生目的在于求美，因之有唯美主义焉，唯美艺术家焉。究其所谓美者，非古希腊人所崇之中和之美，乃一时感情之幻象而已。夫美之大者为善，美而不善则虽美勿取。饮鸩固可以止渴，然而人终不饮者，以饮之之时，虽暂觉甘美，而遗害则无穷也。彼浪漫之徒，以善之不可以一蹴几也，乃遁而入于美，蔑弃理性，妄骋臆见。举古今来公认为不善者，一一纳之于彼之艺术之中。语人曰：此至美也，此至伟大之作品也，他人不得而非之焉。如非之，则斥为顽固，斥为腐朽矣。故其所谓艺术家者，每自命超人，视礼教道德如粪土。如：

东方文库《近代戏剧家论》七十一页：邓南遮大胆回答道："艺术家在他分内事（艺术）的范围内他简直是个超人。无论什么法律什么习惯，不能拘束他。他为创造一件完成的十二分美满的艺术品起见，他得任意应用何种手段，以期达到这个目的。"

此种波西米派（Bohemians），我国猖狂玩世之名士，如阮籍、刘伶辈，差足以当之。然阮刘辈虽自暴弃，犹未至侵轶他人。非若邓南遮等，暴戾恣睢，自命超人，自命为人类之导师，为可厌也。今吾国新派之艺术家，取法乎下，更不足观。言辞鄙倍，思想粗俗，无人格之修养，无学识之准备，徒知模仿西方堕落派之所为，以相夸耀。噫，艺术家遍国中，我国真正之艺术，益不堪问矣！

　　浪漫派纵情恣欲,任意妄为,其结果乃无往而不与人冲突。惟其意气用事,故不能自反。明于责人,昧于责己。鸡鸣而起,孳孳从事者,乃在打倒万恶之家庭、万恶之社会、万恶之制度、万恶之礼教,凡不如其意者,无不谥之以万恶之名,置之于打倒之列。海尔岑(Herzen)所作《谁的罪恶》小说,其事实为克利契弗尔斯基之妻留宾伽与克氏之友倍利托夫发生暧昧,克氏抑郁纵酒以死。作者于此问:"这是谁的罪恶呀?"不责留宾伽与倍利托夫之不能避嫌,不能出乎情止乎礼义,不责克氏治家之不严,知人之不明,而"把这罪恶的大部分归于那使个性服从过去的陈腐的社会的约束的社会制度。"且曰:"这是很明了的。"(见东方文库《近代文学与社会改造》二十七页)抑何谬也。

　　一言以蔽之,世间无不是之我,对于自己不肯负道德上之责任,处处思嫁罪于人,乃浪漫派之态度也。此与君子躬自厚而薄责于人之道,大相背驰。故日言革命而不言革心,日言改造社会而不言改造自己。遇有荡检踰闲,为众所弃,咎由自取之徒,则交口称誉之,悯惜之。曰,此万恶社会底下之弱者,万恶制度底下之被牺牲者也。颠倒是非,混乱黑白,莫此为甚矣。

　　浪漫派与世不谐,计无所出,乃竭力描写社会上种种卑鄙龌龊、污秽恶浊之事,以取快一时。此写实派文学之所由来也。下列两节,述其特点。

　　东方文库《写实主义与浪漫主义》十一页:写实文学不单是平凡的倾向,而且他所最擅长的是描写丑恶的地方。他能把生活上一切污秽恶浊、可憎可怕的现象放胆写出来,没什么忌讳。这也是从来文学上所没有的。

　　又:写实派作家把人类看作和兽类一样,所以描写人类的兽性,绝不顾忌。从前文人把男女爱情看作何等神圣、何等庄严的东西。但写实派作家看来爱情不过是从人类祖先——猴子——遗传下来的性欲本能,是人类万恶的源泉,并不是神圣的东西。他相信这种兽欲是人类的本性,可以不必忌讳的,所以大着胆子细细地描写,无论怎样猥亵怎样丑劣他都不管。

世人每以写实派与浪漫派相对,实则写实派即变相之浪漫派而已。两派外表虽异,然其不衷事理,好趋极端之心理则同。浪漫派因否认自制之道德,不能自乐其生,与世龃龉,遂厌弃一切,遁入虚玄。默想一黄金时代,如卢梭辈之思返于自然,为太古浑浑噩噩之民是也。其为幻诞,不言可知。写实派佛罗贝尔(Flaubert)、曹拉(Zola)、莫泊三(Maupassant)诸人起,矫枉过正,正以为道在矢溺。事之愈龌龊者,则愈真实。自诩其客观之态度,科学之方法,于社会之种种黑暗,恣意刻画,穷形尽相,纤屑靡遗。令人读之,几疑此世间即地狱,世人皆夜叉者。不知世间有黑暗亦有光明,有小人亦有君子。彼写实派见其一而未见其二,以偏概全,诬蔑真相。采取客观态度科学方法者,果如是乎?以此而言实,实其所实,非吾所谓实也。

且写实派"把人看作和兽类一样"尤属荒谬。人之所以异于禽兽者几希,人兽之判在此几希,非谓人即禽兽也。"饮食男女,人之大欲存焉",又曰"食色性也",圣人知其然也。故为之制礼作乐,以节其欲。一切典章文物不外节民之欲,导之入于正耳。孔孟之道,中正和平,但主节欲,不主禁欲,更不主纵欲,教人但为圣贤。圣贤即最好之人而已,不为禽兽,亦不为仙佛。非不欲为仙佛也,盖有待乎先为好人也。此种以人为本主义,与古希腊人之态度颇相似。平易近情,颠扑不破。彼浪漫派与浪漫派变相之写实派,时而视人为超人,时而视人为禽兽,何其愚且妄也!且彼之所谓超人,纵情任性,肆无忌惮,不能为人,安能为超人。则其超人者,亦禽兽而已矣。

浪漫派变相之写实派,绝靷而驰,自堕泥犁。于是又有所谓新浪漫派代之而起,一反其所为,尚神秘、重象征,虚无缥缈,不可捉摸。

东方文库《写实主义与浪漫主义》二十九页:近代人的心里,尤其有一种说不出的幽忧哀怨。要传达出这种隐微的消息,势不能不用神秘象征的笔法,先把读者拉到空灵缥缈的境界,使他们在沉醉战栗的片刻之内,得到极深切之感应。而且把所有习惯、权威、理想、信仰一切破坏,进于虚无之境。喧嚣的议论,切实的行为,早已没有最后归著的地方,就是梅德林克(Materlinck)所谓"沉默"。只剩下一种幽忧哀怨的情调罢了。

此其所谓沉默,非真能宁静致远,如高僧入定,明心见性,大彻大悟也。不过神思恍惚,幻影憧憧,感情刺激过甚后,一刹那之疲乏状态而已。彼新浪漫派作者,感情紧张,思想混乱,对于人生,不能为精深绵密之探讨。徒托辞神秘,故意作怪。一极平常之理想,一极粗浅之事实,彼则闪烁其辞,吞吞吐吐,玄之又玄,令人如读谜语,莫名所以。昔苏轼斥杨雄,以艰深文其浅陋。今新浪漫派,以神秘文其浅陋,其技只此,亦何足贵。国人思想,素患笼统,重以好奇矜异之心理,故于西方神秘作者梅德林克及印度神秘色彩甚重之泰戈尔,非常称道。青年受其影响,思想糊涂,发为诗歌小说,似通非通,似可解,实不可解。他人诘之,则曰此神秘主义之文学也,非尔所知也。此亦提倡浪漫文学者之过也。

浪漫派触情而动,神志涣散,喜怒哀乐,发而皆不中节。刺激愈增,生趣愈减。踂天蹐地,潦倒兴嗟。于是"生活的无意义""生活的干枯""生活的烦恼"遂为浪漫文人之口头禅。我国自新文学兴,此风弥漫于学生界。葛德(Goethe)《少年维特之烦恼》(*Die Leiden des jungen Werthers*)译本,风行一时,青年中愈聪明有为者,受害愈大。夫《少年维特之烦恼》一书,为葛德少年浪漫时代之著作,其后葛氏亦深悟前非,改弦易辙,故其晚年文字,颇多见道之言,读之令人兴感。然而吾国人于彼著作,首先翻译,津津乐道者,乃为《少年维特之烦恼》一书。若惟恐吾国青年之有生气,必使之颓唐萎靡,日颠倒于失恋问题,趋于自杀之途,以为快者,是诚何心哉?

烦恼日增，怨愤郁积，最易致病。刚愎自用者，则成狂疾。意志薄弱者，则成肺疾。浪漫作者，思想情感，多带病态。言为心声，故其发于外者，亦带病态。谓浪漫文学为病院文学，非过语也。

东方文库《近代俄国文学家论》三十一页：安得列夫（Leonid Andreyev）著作中的一个英雄这样说："我只见奴隶，我见有囚笼，他们住了生活的床。他们在此生而又死的，我见他们的恨和爱，他们的罪和德，也见过他们的快乐。他们想复活古代熙熙之乐的可怜的企图，但无论怎样，我总见带着愚笨和痴狂的标帜。（中略）他们在这美丽大地的花中，建一所疯人院啊！"

又：人类所认以为真实的一切东西，在安得列夫细细辨过滋味后，看来只得到一个结论，便是"处处是疯狂和恐怖"。

狂人每不自知其为狂，而斥他人之为狂。若安得列夫者是也。狂人神经错乱，语无伦次，如：

东方文库《近代俄国文学家论》四十三页："我诅骂一切你所设施的，我诅骂我生的日子，我也诅骂我死的日子。我诅骂生活的全部，没知觉的命运，我把一切掷还你，掷到你的残酷的脸面。我诅骂你，我永久诅骂你。"

至杀人放火，荒谬绝伦之事，浪漫作者，每尽力描写。彼曹本多狂人，死于狂疾。故其所谓文学者，皆自道其狂人之心理者也。

肺疾作者之文学，则触目皆是苦语，入耳尽作哀音。书中人大都面色苍白，奄奄一息，伏枕悲鸣，泣不成声。一若肺病已至第三期者。读之令人气短，抑郁不欢，失望悲观，达于极点。观近人所作《落叶》等小说，每有斯感。工愁善病，才子佳人派小说，不图复于新文学中遇之。浪漫文学不失之叫嚣，即失之颓唐。要皆精神不健全，病态之文学也。

由斯以观，浪漫文人，否认自制之生活，逞情欲，趋极端，舍康庄大道而弗由狼奔豕突，中风狂走于羊肠狭径、断河绝港之间，至死不悟，亦足悲矣。庄生有言，兽死不择音，气息茀然，于是并生心厉。浪漫之徒,毋乃类是。厉气最盛者,前有法人,近有俄人。《乐记》曰:"流僻邪散,狄成涤滥之音作,而民淫乱。"又曰:"乱世之音,怨以怒,言为心声。"文学之道,亦犹是耳。今骛新之士,竭力介绍流僻邪散与怨怒之文学,奉为圭臬,视为正宗,是惟恐民德之不偷,国之不乱,族之不亡也。曰,然则如何而可也? 孔子曰:"诗三百篇,一言以蔽之,思无邪。"又曰:"温柔敦厚,诗教也。"又曰:"关雎乐而不淫,哀而不伤。"必有中和之生活,然后有中和之文学。举凡中西至高之文学,必与此义吻合者也。此人生之正则也,此文学之正则也。有志于创作真正之文学者,舍此将奚由哉?

(《学衡》1926 年第 55 期)

新孔学运动

郭斌龢君演讲

十月十九日下午四时半，前东北大学教授郭斌龢君，应北平华文学校之请，在东四头条该校用英文讲演。题为《孔学》(Confucianism)。讲演大意，谓中国向以孔学立国。孔学为中国之国魂。近三十年来，为新学摧残抨击，孔学遂一蹶不振。国人根本信仰已失，思想界产生一种无政府状态。此种无政府状态，在内政与外交上，完全暴露。长此不改，外侮将源源而来。此正爱国志士所深切忧虑，而亟思挽救者也。继谓孔学非宗教，而为一种人文主义。以人为本，不含神学与超自然之理论。然自中国过去历史言之，孔学为智识阶级普遍之信仰。此阶段之优秀者，每愿为孔学牺牲生命与一切物质上之享受，则孔学实含宗教性。谓之为广义的宗教，亦无不可。末谓中国目今最要者，为一新孔学运动。此种新孔学，应为一切改革之原动力。哀莫大于心死。中国国心，已濒死境。新孔学实为使此将死之国心复活之惟一良方。新孔学【一】应发扬光大孔学中有永久与普遍性之部分（如忠恕之道，个人节操之养成等等），而划除受时间空间之影响所产生之偶然的部分（如繁文缛节易流于虚伪之礼仪，及后人附会之阴阳家言等等）。【二】应保存有道德意志的天之观念。【三】应积极实行知、仁、勇三道德。提倡儒侠合一，文人带兵之风气。（中国历史上如诸葛亮、文天祥、王阳明、史可法，及清末之曾国藩、胡林翼等皆以文人而握兵权。）"知耻近乎勇""杀身成仁""士可杀不可辱"等古训，应尽量宣传，成为全国国民牢不可破之信条。【四】要使孔学想象化，具体化。俾得产生新孔学的戏剧、诗歌、图书、音乐、雕刻等艺术云云。按郭君近以英文撰《孔子与亚里士多德之人文主义》一文,登美国 *Bookman* 杂志第七十三卷第一期(本年四月),又以英文撰《浪漫派之庄子》一文,登美国 *Sewanee Review* 杂志,第三十九卷第三期(本年七月至九月)。闻郭君将续撰长篇中文论说,发表其平日所持之主张云。

(《大公报·文学副刊》第 199 期,1931 年 11 月 2 日)

曾文正公与中国文化

　　湘乡曾文正公,以同治十一年二月初四日卒,迄今已六十年矣。此六十年,为我国历史变化最剧之期。举凡学术思想,社会组织,莫不受西洋之影响,而根本动摇。我国旧有文化,处此危急存亡之秋,前途之命运如何,将继续存在发荣滋长欤,抑将为外来势力所摧残渐灭欤,此有识之士,所椎心泣血,劳思焦虑,以求一正确之答案者也。兹事体大,非末学如余仓卒所敢置答。虽然,有一义焉。一文化之能存在与否,当视此文化之有无价值而定。而此文化之有无价值,当视此文化所产生之人物有无价值而定。中国数千年来,旧有文化所产生之贤人君子,豪杰志士,史不绝书。最近复能产生曾文正公,道德、文章、事功,三者皆可不朽,文正之荣,亦中国文化之荣也。文正殁后,忽忽已六十年。流风余韵,不绝如缕。吾人撰文纪念,固不胜其感慨。然旧文化之确有价值,则观于文正人格之伟大,而益坚其信心焉。

　　一国文化,往往有其特性,而产生一特种之人物。吾国文化之特性,就大体言之,在理想与实际并重。与印度之过重理想,罗马之过重实际,均有不同。故所产生之优秀人物,往往为实际的理想家(practical idealist),所谓有体有用之人才者是也。有体即是有原则有理想,有用即是有方法有条理。吾国教化与政治合一。教化属理想,政治属实际。政教合一,乃理想与实际并重之表现。国人向所尊崇之政治家,为有政治才能之道德家。西洋基督教兴后,政教分离,政治家未始不讲道德,然不若吾国人之更为重视。曾文正公以道德家而为政治家，合于吾国人之标准。李文忠事功有余，而德不足以服人，当时激起笃旧者之反对，益重用所谓洋务人才，如盛宣怀辈，人品日窳，流毒至今。袁世凯惟尚权诈，更远在李文忠之下。廿载以还，政治舞台上活动之人物，才识益卑陋不足道，心目中惟知有袁世凯，不知有李，更安知有曾。此国事之所以日趋败坏也欤。

我国数千年来之政制，虽号称为君主专制，而实际则为贵族政治。贵族有二：一则为世袭贵族，一则为自然贵族（natural aristocracy）。世袭贵族，惟恃血统。自然贵族，则恃才德。我国春秋时代，世袭贵族阶级已渐次崩坏，自然贵族代之而兴。孔子以匹夫而为百世师，自然贵族也。降及后代，科举之制兴，虽末流所至，弊端丛生，然其打破贫富阶级，由全社会中拔取自然贵族之功，盖不可没。自然贵族，昔日尊称之曰读书人，曰士大夫。其责任在为吾民族之领导人，为吾民族文化之继承者。遇有外侮或内乱，足以摧残吾民族，或吾民族所相依为命之文化，则士大夫中之优秀者，义愤填膺，投袂而起，执干戈，冒矢石，奋死以与此大敌，相斗于血渊骨狱之中。中华民族，与中华民族之文化，历数千年而不灭亡者，赖有此优秀之士大夫耳。曾文正公，即此种优秀士大夫之一领袖也。今日之智识阶级，昔日之士大夫也。受国人之供养，享尽权利，而不肯稍负责任。外患内乱，相逼而至，袖手不救，是诚何心？吾民族果无复兴之望乎？吾念及此，吾益仰望想象文正公于无己也。

今日中国不能产生伟大之领袖，其故实由一般人太缺乏宗教性。吾所谓"宗教性"，即纯洁之动机，坚强之意志，与热烈之情感而已。今之国人，既无风□，复不严肃。非浮薄纤巧，轻举妄动之少年，即与时俯仰，世故极深之乡愿。文正为人，极富宗教性。故气魄雄厚，以身作则，运其人格感化之大力，以为一代之领袖。读其《湘乡昭忠祠记》：

> 君子之道，莫大乎以忠诚为天下倡。世之乱也，上下纵于

亡等之欲。奸为相吞,变诈相角。自图其安,而予人以至危。畏难避害。曾不肯捐丝粟之力,以拯天下。得忠诚者起而矫之。克己而爱人。去伪而崇拙。躬履诸艰,而不责人以同患。浩然捐生,如远游之还乡,而无所顾悸。由是众人效其所为,亦皆以苟活为羞,以避事为耻。呜呼,吾乡数君子所以鼓舞群伦,历九载而戡大乱,非拙且诚之效欤?

《与刘孟蓉书》:

> 国藩入世已深。厌阅一种宽厚论说,模棱气象。养成不黑不白,不痛不痒之世界。误人家国,已非一日。偶有所触,则轮囷肝胆,又与掀振一番。

及《复郭筠仙书》:

> 国藩昔在湖南江西,几于通国不能相容。六七年间,浩然不欲复闻世事。然造端过大,本以不顾死生自命,宁当即问毁誉。以拙进而以巧退,以忠义劝人而以苟且自全,即魂魄犹有余羞。是以戊午复出,誓不返顾。

知文正之志节意气固有超出乎世俗利害之外者,此非宗教性之忠义血性,有以迫之使然乎。

文正气概志节,虽足上薄霄汉,然文正之伟大。仍在其平实处。其《复杨芋庵书》内,谓:

> 凡道理不可说得太高,太高则近于矫,近于伪。吾与僚友相勉,但求其不晏起、不撒谎二事。

日记中所以自勉,及家书中所以告诫子弟者,千言万语,反复叮咛,要不外勤慎廉俭,习劳有恒诸义。近人好为大言,喜谈革命。一己之良善习惯毫不养成,日惟从事于打倒他人及改造社会之工作。崭新之革命家,一行作吏,其贪污无耻,远甚于昔日之旧官僚。今日此种新人物,满街皆是。以此辈而握政权,讲人治固谬,讲法治更谬。盖国人大多数不识不知清议舆论，既无甚大权威。则欲求法治，亦必须有领袖人物，克制自私自利之心，奉公守法，树之楷模，然后道一风从，人人皆以守法为荣，违法为辱，法治乃有始基可言。美国，法治之国也。然其开国诸人，如华盛顿、佛兰克林，皆私德卓绝者。华盛顿不为第三任总统，出于彼之谦退，然后后人奉之为不成文法耳。要之，文正过人处，在由平实以渐企乎高明。吾人效文正不成，犹不失为诚实不欺，忠于职务之健全国民，所谓刻鹄不成尚类鹜者也。

我国过去教育目的，不在养成狭隘之专门人才，而在养成有高尚品格，多方发展至完人。求之西方，以英国牛津、剑桥两大学之教育理想，与此为最近似。曾文正公，即我国旧有教育理想与制度下所产生最良之果之一，故能才德俱备，文武兼资：有宗教家之信仰，而无其迷妄；有道德家之笃实，而无其迂腐；有艺术家之文采，而无其浮华；有哲学家之深思，而无其凿空；有科学家之条理，而无其支离；有政治家之手腕，而无其权诈；有军事家之韬略，而无其残忍。西洋历史上之人物中，造诣偏至者固甚多，然求一平均发展，道德、文章、事功三者之成就，可与文正相比者，实不数觏。而文正之在中国，则虽极伟大，要不过为中国正统人物中之一人。呜呼，斯真中国教育之特色，中国文化之特色也。夫就养成人品而言，我国文化，实有其特长。此非夸大之辞，客观之例证累累，皆可复按。中国人之所长，在意志之训练，所短，在智慧之运用。求智之虚心，每不敌其求善之热忱。近世西洋人，开发智慧，造乎其极，然此风实由古希腊人启之。苟无古希腊人之侧重智慧，西洋科学之有无，未可知也。为今之计，吾人一方当发挥固有文化之特长，一方当尽量开发智慧。君子时中，物穷则变之说，深中于我国之人心。苟非顽固悖谬，断无只死固拒科学文明之理。彼以提倡科学方法自命者，正不必相惊伯有，视旧文化为大敌，以为非摧毁甚好之旧文化，则更好之西洋文化不能输入。微论此说理论上不可通，事实上亦不可能也。且中国旧文化,向不蔑视智慧。格物致知,慎思明辨,本是吾儒分内事。曾文正公,旧文化之典型人物也。然中国之新事业,如派遣留学生、创设机器局、江南制造局内译西书等,皆造端于文正。以基督教之绝对排斥理智,在西洋尚能与科学调和,并行不悖。孰谓素不蔑视智慧之中国文化,反不能与西方科学互相调剂,收截长补短相得益彰之效乎。此亦今兹曾文正公逝世六十年纪念中,吾人对于中西文化关系应有之认识,而不当视为迂阔之言者也。

《大公报·文学副刊》第 253 期,1932 年 11 月 7 日)

孔子与亚里士多德

此文两年前以英文撰成，专为一般西洋人说法，曾登美国 *Bookman* 杂志一九三一年三月号。《国风》杂志编者以九月二十八日为孔子诞日，拟出特刊。驰书嘱将此文译成中文，以饷国人。作者前曾有新孔学运动之讲演，深信昌明孔学，为起衰救弊之惟一方法。一年来外患虽深，而民族精神，反日趋消沉。国人迷途忘返，语以东西圣哲立身立国之根本大道，莫不掩耳疾走，以为迂远不合时宜。今逢圣诞，执笔译此旧作。惓怀往史，默念未来，不觉涕泗之横流也。

本文主旨，在指出孔子与亚里士多德伦理学说中之重要相似点。昔西历纪元初年，侨寓亚历山大城之犹太学者，著书无数，以证明希腊哲学家之剽窃，以为希腊哲学家学说之有价值者，皆窃取之于犹太人，柏拉图不过一雅典摩西而已。兹篇之作，非欲学步此曹犹太人，而思与之媲美也。苟有人焉，一心欲证明亚里士多德之伦理学，乃根据四书而作，亚里士多德不过一雅典孔子，则此人非愚即妄。虽然，当此学术界中，历史的相对主义盛行之时，研究比较文化者，往往于各文化反常奇特之点，津津乐道，而于各种真正文化中之有普遍性、永久性之共通诸点，反漠然不稍措意。则兹篇所述，于孔子及亚氏学说，详其同而略其异，稍矫时弊，毋亦不可以已乎？抑孔子与亚氏之伦理学说，确有其相似之点，非由牵强附会而成。其学说之相似，实由于其人生观之相似，盖皆能以稳健平实之态度，观察人生之全体。视人为人，不视人为仙佛，亦不视人为禽兽。西洋思想,超自然主义与自然主义迭相起伏,各趋极端。如欲在二者之外,别求一康庄大道,则研究孔子与亚氏健全深刻之遗训,其事盖不容缓。世人每訾两家学说平淡无奇,不能使人高超,实则高超与趋奇走怪有别,讨论此等问题,最不可高自位置,自欺欺人,俯视此数千年来颠扑不破之学说也。

孔子与亚氏对于人性有同一之见解。耶教中所谓"原始罪恶""完全堕落"诸说,皆所不言。夫使人性本恶,至于不能自拔,则种种道德上之努力,皆属徒然。人不能自增其道德之高度,犹之不能自增其身体之高度。其惟一补救方法,势必乞灵神权,求之于本身之外,此在孔子与亚氏视之,未免离奇,且不可能也。孔子于人性善恶问题,非如孟子之有明确之表示。然儒家正统学说每视人为善。《论语》中有"性相近也,习相远也"一语。根据此语,《三字经》(昔日中国学童所必须熟读之书)开端有"人之初,性本善,性相近,习相远"之句。此正统派儒家对于人性之见解,不可与西洋卢骚派对于人性之见解相混。卢骚派之人性本善说,以为人性天生是善,不须学养。儒家之所谓人性本善,乃人性有为善之可能,实现此可能性,则必有俟乎学养。此说既增加人类之尊严,且使人类对于道德之责任心,愈益深刻。儒家教育制度,即建筑于此见解上。儒家教育,最重人格训练,而人格训练,以养成良好习惯为最要。一人之善恶,每视其积习之善恶而定。"性相近也,习相远也"即是此意。此与卢骚派"儿童所应养成之惟一习惯,即是无习惯"之谬说,大相径庭。关于此点,亚氏与孔子同一意见,其言曰:"吾人之有道德,固非顺乎自然,亦非违反自然,但吾人自然能接受道德。至完全发展,则有待于习惯之养成。"亚氏指出希腊字 éthos(品格)一字,从ëthos(习惯)一字变出。品格与习惯关系之密切,从可知矣。

养成习惯,仅系达到作道德选择目的之一种方法。养成习惯,不过使作道德选择时稍有把握,非剥夺自由也,实则养成习惯即含有自由意志之意。意志苟不自由,则养成习惯即为多事,且不可能。亚氏关于意志自由之意见，与儒家之说颇相似。"不论何事，苟其成因在我，则其事亦在我，即为我之意志所左右"。儒家每言知命，人不能逾越命之范围，然在此范围内，固绝端自由意志在我，他人不能侵犯。"三军可夺帅也，匹夫不可夺志也"，"我欲仁，斯仁至矣"。此皆言志有相当之自由也。

人既有作道德选择之自由，当问何者为选择之对象。关于此问题，孔子与亚氏之答案均为"中庸"。中庸之道，为无论何种真正人文主义之基本学说，其在东方，推阐此理者为孔子；其在西方，则为亚氏。中庸之说，由来已久，非孔子、亚氏所创，实古代中华、希腊两民族所积累之民族智慧也。尧禅位于舜，戒之曰："天之历数在尔躬，允执厥中。"舜执其两端，用其中于民。皋陶教禹以九德之目，曰："宽而栗，柔而立，愿而恭，乱而敬，扰而毅，直而温，简而廉，刚而塞，强而义。"孔子以前，知政治与凡事不可趋极端者，已甚多。然中庸之说，至孔子始发扬光大之。孔子作象象，见中者百余，见时者四十余。《中庸》一书，发挥中道最为透澈。然其精义，固不出乎《论语》中"过犹不及"一语。其在古代希腊，纪元前八世纪诗人希宵德即已歌颂中和之行为。德尔斐格言"凡事不宜太过"七智者时代（纪元前六世纪）已有之。"我愿为一国之中等人"乃纪元前六世纪诗人福克雷底之语。此等语中所含之哲学意义，毕塔戈拉学者加以研讨。分有限与无限，以有限为善，无限为恶。柏拉图采取其意，以成其法度之说。亚里士多德之中庸论实由柏氏法度之说中脱胎而出。然至亚氏于中庸之道，始加以有系统及完备之说明，成为西方思想史上有名之学说。

孔子与亚氏所称道之中庸，与平庸大异。中庸非教人因陋就简，不求有功，但求无过之学说也。此学说与《圣经》上布道者所称"为人不必过直，更不必过智，何必精进，以自丧其身乎"之旨，根本不侔。中庸之道，在求至善，实一极端。亚氏有言："道德之逻辑的定义，必为中庸。然自至善及尽其力之所能及之观点言之，则此中庸，即是极端。"中庸有如一修短合度之美人，增之一分则太长，减之一分则太短。欲求凡事合乎中庸，至不易易。子曰："中庸其至矣乎？民鲜能就久矣。"又曰："人皆曰予智，择乎中庸，而不能期月守也。"又曰："天下国家可均也，爵禄可辞也，白刃可蹈也，中庸不可能也。"常人每以中庸为消极之学说，此大误也。中庸实为一积极求完善之学说。中庸不特指量言，更指质言。司徒德氏所谓"中庸者，乃品质上适当之量也。"此品质上适当之量，非中庸所能自定，必有待乎客观之标准。此标准亚氏名之曰"理"（logos），孔子名之曰"道"。

亚氏之意，以为吾人之嗜欲情感，必受理智之节制，方有匀称比例与谐和诸美德。嗜欲情感，本身非恶，善用之可增进精神上之福利。若任其自然，则放僻邪侈，其害无穷。亚氏云："道德之所以产生，与其所以消灭，其原料与方法一也。"亚氏与孔子，均主调节，不主压抑，更不主放纵。儒家之道，与道家带神秘色彩高谈宇宙之道迥异。儒家之道，乃一种主张秩序与和谐之道德律。平易近情，切近人事。"道不远人，人之为道而远人，不可以为道"。道即人之道，既非仙佛之道，亦非禽兽之道。一日为人，即一日不可违反此道。"道也者，不可须臾离也，可离非道也"。儒家人文哲学，下节言之，甚为明显。"喜怒哀乐之未发，谓之中，发而皆中节，谓之和。中也者，天下之大本也。和也者，天下之达道也。致中和，天地位焉，万物育焉。"

然亚氏之理，孔子之道，究系抽象标准。人类喜具体而恶抽象。此具体表示或为理想人物，或为历史上或当时之人物。亚氏于其道德之定义中，既云"中庸当依理智而定"之后，随加"或依贤人而定"。即此可见亚氏之卓识。亚氏并云："惟贤人为能论事不谬。彼对于一事之见解，即此一事之真理。彼犹规矩准绳也。"孔子之喜具体更甚亚氏。亚氏对于道德本身，加以科学的分析，孔子则注重描叙有道德之人。此有道德之人，孔子称之为君子，即理想人物也。亚氏伦理学书中之"庄严之人"（spoudaios）与"心胸伟大之人"（megalopsuxos）约略相似。所不同者，"庄严之人""心胸伟大人"不能将亚氏人生哲学完全表出。"君子"则颇能将孔子之人生哲学表出耳。下列一节，乃描叙"君子"之文之一。"君子尊德性而道问学，致广大而尽精微，极高明而道中庸。"

与君子有关之一义，即为模仿。君子乃理想人物，应为吾人之模范。儒家所称之尧舜，乃历史上人物之近于此理想者。此种人物之重要，不仅在其历史上之关系，而在其为儒家理想之所寄托。若专以历史人物视尧舜，未免所见之不广矣。模仿为人类天性，所急应研究者，非吾人应否模仿之问题，乃何者应为吾人模仿之典型。盘克（Burke）云："典型为人类惟一之教师。"孔子因知模仿之重要，故极重视领袖人物之人格，以为必有好模范，然后社会政治各种问题，始能解决。"政者正也，子帅以正，孰敢不正？""君子之德风，小人之德草"皆此意也。亚氏于其《政治学》一书中，亦云："苟一国之领袖，视某事为荣者，则通国之人皆效法之矣。"亚氏之道德论与艺术论中，均极注重模仿理想之说。在《诗学》一书中，亚氏主张艺术家应模仿事物之当然，不应模仿事物之已然。夫道德较任何美术为美，则从事道德之人，较从事艺术之人之更应模仿理想，可不言而喻矣。然亚氏之伦理理想，终不免为一理想。至于孔子之伦理理想，则已完全人格化，而成为君子矣。

君子所最应备之德曰"仁"，仁亦可称为诸道德之总和。仁从二从人，仁即人与人相处之道。与亚氏《伦理学》书中第八章、第九章所论之广义的友谊颇相似。"仁者人也，亲亲为大""孝悌也者，其为仁之本欤"与下列《伦理学》书中一段，无甚大异。"友谊源于亲与子女之相爱，及同种族之人之相爱。"

仁有等差，与兼爱不同。亚氏云："友谊有等差，名分因之而异。父子间之名分与兄弟间之名分不同。同伴间之名分，又与同国人间之名分不同。其他名分，亦以其间关系之不同而生等差焉。"亲疏贤愚相待，各如其分，实礼之所由起，"亲亲之杀，尊贤之等，礼所生也"。孔子欲礼寓诸风俗习惯之中。亚氏较为客观，欲礼寓诸法律与宪法之中。

孔子与亚氏所最一致主张者，乃在自修，或自爱。亚氏之意，以为一己乃最佳之友，而最佳之友谊，即是自爱。人应自爱，操行纯洁，则利己而兼利人矣。此即儒家以修身为本推而至于治平之意也。

贤人所爱之我，非不合理性排斥他人之我，乃合乎理性与人为善之我。前者力求扩张，损人以利己，后者则与约翰生所谓"普遍性之庄严"及安诺德所谓"力趋正义之永久非我"相通。愈加修养，则非特与人无争，且可得更充实伟大之人生。吾人内心之和谐，乃待人和平之源泉。实则所谓友谊，即自我完成之别名。个人与社会实际无真正之冲突。高尚之自利，即是利他。《中庸》云："成己仁也。"必先成己，乃能成物。易言之，即必先修己，然后广义之友谊，始可得而言。仁非煦煦之仁，不加选择，漫无标准之同情心。真正之仁，从修养中得来。颜渊问仁，子曰："克己复礼为仁。……"颜渊曰："请问其目？"子曰："非礼勿视，非礼勿听，非礼勿言，非礼勿动。"

真自爱者，必不自私，宁牺牲生命以保存其人格。子曰："志士仁人，无求生以害仁，有杀身以成仁。"亚氏有言："贤人将敝屣金钱名誉，以求行其所志。……彼舍身救人，盖亦以比。彼固为己择其大者远者耳。"

孔子与亚氏，虽重个人之修养，然皆知人不能离政治社会而生存。孔子每从伦常关系上视人，而不视人为一孤独之隐士。人之正当活动范围，即是人群。必与他人往还，始得完成其自我。由孔子与亚氏观之，个人与国家，有同一道德目的。个人之善与国家之善，其区别只在程度而不在性质道德家之理想，亦即政治家之理想，儒家理论以为惟道德家始能作真正之政治家，而真正之政治家,必须是道德家伦理学与政治学不可分离者也。

　以上所述,乃孔子与亚氏伦理学说中之重要相似点。然吾人固不可因此而忽视其异点。孔子之伟大,在其品格,亚氏之伟大,在其智慧。由亚氏观之,道德之为物,所以供吾人之研究探讨。由孔子观之,道德之为物,所以供吾人之躬行实践。亚氏之人格,不必若何之伟大。至孔子则至少在中国历史上可称为有最伟大之人格者也。孔子以君子教人,其自身即是君子,即是最高之理想人物。孔子非蔑视智识者,其重视智识,几与亚氏相埒。所不同者,亚氏欲由善以求智,孔子则欲由智以求善耳。从此点言,则孔子较近释迦。孔子虽自始至终为一人文主义者,然其对于超自然界之态度,至谦至恭,惟其至谦至恭,故对于人类智慧经验所不能了解之事理,宁略而不言,而不敢妄骋臆说,师心自用。亚氏尚有一种哲学的骄傲,孔子则无之。此种异点,大都由于种族习性与历史之不同而起,然其伦理学说,固如出一辙也。陆象山云:"东海有圣人焉,西海有圣人焉。此心同,此理同也。"其孔子与亚里士多德之谓欤?

(《国风半月刊》1932 年第 3 期)

武训先生纪念册序

余幼时读书乡里，即闻人言山东堂邑武训先生行乞兴学事，心敬慕之。忽忽二十年，敬慕之意，未尝稍衰。今夏来京，执教中央大学。堂邑周君大训，以武训中学将为先生编印纪念册，征文及余。余不敢以不文辞。余惟先生之精神，实宗教家之精神也。先生为人，甚似佛家之苦行僧、西洋中世纪基督教之圣徒。其建义学，犹苦行僧之建寺宇，圣徒之建教堂。真诚专一，念兹在兹。目所见，耳所闻，心所思，莫非义学。衣食妻室可无，而义学不可不修。吾国昔以儒术立国，先哲遗泽，深入人心。敬教劝学，蔚为风气。先生非儒士，然其宗教精神之所表见者乃在此。观其敬礼名师，教督学生，至诚恻怛，一衷乎道。以视今之新教育家，其贤不肖相去岂不远哉？抑余又有感者，先生所手创之堂邑中学，私立学校也。以我国历史之久，幅员之广，人物之众，教育大业，岂少数胥吏与不学无术之徒所克负荷。中国不亡，则必有贤人杰士出而力矫其弊，本传统文化之精神以造就体用兼备之人才为其毕生之业者。武训中学诸君子，渥闻先生之风，其亦有志于斯欤。

民国二十二年十二月江阴郭斌龢。

（《国风半月刊》1934 年第 4 期）

《柏拉图五大对话集》导言

　　柏拉图以纪元前四二七年生于雅典，或言生于伊琴奈（Aegina）岛。父亚历斯敦（Ariston）相传为雅典诸王后，母裴立克丁（Periotione）系出名门。大立法家梭伦（Solon）其远祖也。舅查密迪斯（Charmides）及克里底亚（Critias）皆贵族。前四零四年，比罗奔尼苏战（Peioponnesian War）（431 B.C.—404 B.C.）后，雅典瓦解。少数党三十人，起而执政八月，两舅为之魁。柏氏以阀阅世家，遭逢时变，故一生究心政理，谓哲学家应并为政治家焉。柏氏早岁学为诗文，所作短诗，犹有存者。方是时，四方游士，麇集雅典，以非常异义可怪之论相炫鬻，雅典少年趋之若狂。柏氏初为克雷都拉（Cratylus）弟子，闻其诵述海拉克利图氏（Heraclitus）万物流变无定之言。若奥非教义（Orphism）之主灵肉判分，比塔哥拉学派（Pythagoreans）之宗教组织，柏氏亦稍知之。年二十，始从苏格拉底游，探析名理，讲论道德，思想为之丕变。前三九九年，雅典人诬苏氏渎神惑民，下之狱，使仰药死。柏氏大戚，去而之邻邑麦加拉（Megara），复西游至南意大利，与比塔哥拉学派诸人相往还，习其数理之学与灵魂流转之说。前三八八年，柏氏居西西里岛，为霸主迪安尼斯第一（Dionysius Ⅰ）宾客。迪安尼斯墻狄恩（Dion），年少有干才，敬慕柏氏，事以师礼。然迪安尼斯方汲汲于功利，不能用柏氏也。或言柏氏且远游埃及，晚年著《法律篇》，于埃及之美术、音乐、书数，言之至详，一若亲临其地者，惟于史无征。前三八七年，柏氏年四十，归雅典，建亚恺德麦学院于城西北隅，欧洲之有大学自此始。学院既立,四方来学者众,院制仿比塔哥拉学派,师生饮食起居与共,有若家人。其学以哲学、数学为主,盖欲力祛当日诡辩浮夸之弊,使学生以真理为归。极深研几,暗然自修,不以世俗得失好恶萦其心。亚里士多德年十八,来学,留二十年始去,其他弟子亦多有声于时。各邑国制宪立法,柏氏弟子每赞襄其间。前三六七年,柏氏年六十,垂垂老矣,然用世行道之志,未尝一日忘。会迪安尼斯第一卒,子迪安尼斯第二继之,幼失学,不知为政。执政柄者,实为狄恩。狄恩素慕柏氏,欲招之往,以教其少主。时迦太基国势日张,思席卷西西里全岛。柏氏惧西欧希腊文明之亡,毅然往。既至,首教迪安尼斯第二以几何。迪安不耐,且忌狄恩功高,未数月,狄恩罢去。柏氏再返雅典。后六年,柏氏复往西西里岛,居一载,为迪安尼斯第二左右群小所恶,几遇害。柏氏乃远雅典不复出,讲学著书,以终其身,卒时年八十。

柏拉图著作甚富。西方古代作家,其遗著能流传至今,历二千余年而无阙失者,独柏氏一人,不可谓非大幸也。牛津大学所刻原文《柏拉图全集》(庞乃德〔J. Burnei〕校)载对话四十三篇。内七篇,自来学者皆认为伪。余三十六篇,则纪元前三世纪后之学者虽大都信以为真,然于其中《阿克拜第上篇》(*Aleibiades* I)与《伊壁诺米篇》(*Epinomis*)固时有微辞。至近代十九世纪,学者疑古成风,以辨伪为乐事。尤以德人为甚。如亚士(Ast)、齐莱(Zeller)之疑《法律篇》。郁勃韦(Ueberweg)、温德尔彭(Windelband)辈之疑《巴门奈底篇》,《莎裴斯德篇》(*Sophistes*)与《波立底克篇》(*Politious*)。齐莱、威拉穆维(Wilamowitz)、塞司弥尔(Susemihl)之疑《哀盎篇》(*Ion*)。查希密德(Soharrsohmidt)最趋极端,竟谓可信者仅有九篇。然自英儒甘贝尔(Lewis Campbell)从字句文体方面,用考证法,力辨《莎裴斯德篇》与《波立底克篇》之非伪后,风气渐变。蹈隙寻瑕之徒,稍稍敛迹。学者于真伪之分,已渐归一致。三十六篇中,《阿克拜第下篇》(*Aleibiades* II)、《希巴克篇》(*Hipp-*

arehus)、《亚麦托篇》(*Amatores*)、《塞亚各篇》(*Theages*)、《克立托封篇》(*Clitophon*)、《曼诺篇》(*Minos*)其为伪作无疑。至《阿克拜第上篇》、《哀盎篇》、《米奈仁纳篇》(*Menexenus*)、《希壁亚上篇》(*Hippiaa Major*)、《伊壁诺篇》及《书札》(*Epistles*)则真伪尚无定论(乔维德[B. Jowett]英译本,载二十四篇,附录不甚可信者五篇)。本书所译五篇,为柏氏著作之重要者,至著作先后之次序,虽诸家所论互异,不能一一确定,然就古书中关于语录之记载,及各篇之内容文体语气考之,其次序亦约略可睹。大抵柏氏早年所作,以苏格拉底为中心。如此编之苏格拉底《自辨篇》似为柏氏最初之作,《克利陀篇》及《斐都篇》则记苏氏临难时之言行,至稍晚出之《筵话篇》《斐德罗篇》等,虽时有苏氏人格之描写,其思想之重心,则已由苏格拉底而易为柏拉图矣。《理想国篇》以后诸篇,苏格拉底退而为次要人物。至《法律篇》中,竟不复有苏氏之名焉。

　　柏氏对话三十六篇中,次要之十六篇,可自为一类。其余重要之二十篇,按其内容及作成之先后,略可分为七类。(1)《查密迪斯篇》(*Charmides*)、《普罗塔果拉篇》(*Protagoras*)、《高其亚篇》(*Gorgias*)三篇为苏格拉底问答类。篇中仅将问题之要点及其困难指出,而皆无结论。(2)《由塞弗洛篇》(*Euthyphro*)、《自辨篇》、《克利陀篇》、《斐都篇》四篇为传记类。记苏氏之受审与就义,为天壤间留真正哲学家之典型。百世之下,闻其风者,莫不兴起。(3)《米诺篇》(*Meno*)、《筵话篇》、《斐德罗篇》三篇为"埃提"类述。"埃提"(ideas)之性质与埃提世界之庄严华美,使人欢喜赞叹,寤寐以求。(4)集以上三类论辨之大成,则有《理想国篇》。此篇着眼在道德而不在政治。篇首所问,末篇所答者,实为个人道德问题。道德之极旨在求内心之和谐,而不在趋避外界之赏罚,使内心诸部各得其位各得其宜之一贯精神。柏氏称之曰"义"(dikaiosune)。义者必乐惟哲学家为能义,为能乐,柏氏之哲学家,理想人也。扩而大之,则为理想国。柏氏恐言理想人之不易明,故倍其比例,以言理想国。言国所以言人，言政治所以言道德也。自《查密迪斯篇》以至《理想国篇》，苏格拉底与诸诡辩家所争者，在证明道德之自有其自给性与永久性，不随外界形势利害为转移。而道德必从智识中产出，始为真道德。《理想国篇》以后诸篇，则重心由道德移至智识。所讨论者，大都为玄学上之问题。如何者为智识、理知之限度、智识与成见之区别、埃提论与智识之关系等。故(5)《克雷都拉篇》、《由塞提麦篇》(*Euthydemus*)、《塞阿德都篇》(*Theaetetus*)、《巴门奈底篇》可称为玄学类。(6)《泰米斯篇》(*Timaeus*)与《斐里勃篇》(*Philebus*)可称为宇宙论类，《泰米斯篇》论宇宙之构成，《斐里勃篇》论快乐与智识之高下，因及宇宙间事物之次序。(7)第七类为《法律篇》。此篇为晚年之作，汇集平生言论，加以修正，与《理想国篇》后先辉映。惟一则偏于理想，一则较切实际耳。至次要之十六篇，或所述无关宏旨，且多伪作，或所论虽要，但无新义。初读柏氏书者可暂置之。其中《书札篇》集柏氏手札十三通，真伪迄无定谳，要为研究柏氏生平之资料也。

柏拉图思想，以埃提论为中坚。详书末附载拙撰《柏拉图之埃提论》一文内。柏氏文章，希腊散文作家莫之与京，兼有吾孟子、庄子之长。而说理谨严有度，且远过之。其著作在西方所占之地位，几与吾国之经籍相埒，为西洋精神文化之源泉。基督教教义中，含柏氏学说之成分至多。后世之宗教家、哲学家、诗人、才士，莫不直接、间接受柏氏思想之影响。柏氏之于科学，虽以蔑视实验，为后人所訾议，然科学初步，调查观察，固恃感官，发明解释，终赖此心。柏氏侧重数学及逻辑，与最近科学界之趋势，不谋而合。至其政治主张，戛戛独造，每足惊人，为近代谈士所乐道。惟柏氏所重，在个人人格之增进。与舍本逐末、但求更改外缘者精神绝异。非熟读原书，心知其意，固未可断章取义、率尔此附也。柏氏在西方号称为理想主义之鼻祖。理想与梦想，毫厘千里。梦想颠倒者，每喜挟柏拉图之名以自重。排斥思辨，遁入玄虚，曰此柏拉图的玄学也。

溺志声色，侈谈纯美，曰此柏拉图的爱情也。夫柏拉图岂若是哉？吾国自翻译西籍以来，达尔文、赫胥黎、穆勒、斯宾塞之名，已家喻户晓。译柏拉图书者，尚不多见。默察国人心理缺乏想象崇拜物质者，必不喜柏拉图。他日喜柏拉图者，又将为神思恍惚、放诞不羁之徒。使柏拉图之名与卢梭、雪莱相提并论，是可忧也。夫理知与想象，合之则双美，离之则两伤。想象可贵，理知的想象更可贵。理智可贵，想象的理知则更可贵。严密之理知与丰富之想象兼备于一身者，柏拉图足以当之。读其全集，研究其思想之全部，此在今日学殖荒落、曲解西洋文化之中国。有志之士，所宜自勉者矣。

（《柏拉图五大对话集》，国立编译馆，1933 年）

柏拉图之埃提论(Plato's Doctrine of Ideas)

希腊文中"idea"一字,字根为"id",训"见",与"eidos"之字根相同。柏拉图集中"idea"与"eidos"通用,两字犹考老之为转注也。"idea"之字根既训"见",所见必有"形",故"idea"训形(form),形之相似者,每合为一种,故又训"种"(kind)。以上二训,皆寻常语中所有,柏氏文中沿用之,非有哲学术语之意义也。idea 用为术语时,有时训"律"(law),有时训"因"(cause),有时训"用"(use),有时训"性质"(quality),有时训"范畴"(category),有时训"楷模"(pattern),涵义甚多,译成中文如(1)方式(2)观念(3)原型等,皆仅得其一义,有顾此失彼之弊。"idea"一字,与程朱所言事事物物皆有理可格之"理"字最相似。故如欲译"idea"为中文,当译"理"字。然两字各有历史与背景,各有不同之联想,强为比附,易滋误会。且柏拉图非如后世之哲学家,有严密之术语,字有定义,始终不稍改变。其用"idea"一字,犹孔子之言仁言礼,涵义随时而变。雷格(James Legge)译"仁"必为 benevolence,译"礼"必为 rules of propriety,以偏概全,胶柱鼓瑟,通人皆深讥之。近人有译"idea"为"理型",比较最为恰当。然"理型"二字,只得"idea"之最专门之一部,不能包举其他诸义。不得已,惟有采取音译,作为一种符号,视前后文之不同,附以适当之意译,此法似较忠实。本文译"idea"为"埃提"即本此旨,非好为立异也。

柏拉图埃提论,可分为逻辑之部与心理之部两大部。逻辑之

部可称为科学方法论,所谓埃提即自然律。心理之部可称为道德
生活论(此道德生活,为广义的,包括宗教生活与艺术生活)。所谓
埃提乃道德想象之产物,若可望若可即,庄严灿烂,长留宇宙间。
逻辑之部,注重推理,不涉情感。一事有一事之埃提,一物有一物
之埃提,无所轩轾,皆宜穷究。心理之部,注重体验,不尚口说,埃
提有高下贵贱之分。约言之,逻辑之部,目的在明了宇宙间一切之
埃提。心理之部,目的在获得若干之埃提,以为一身受用也。

　　柏氏之埃提论,实包含此两部。然柏氏学说,散见其所著各对
话篇中,随缘立说,前后参差,所述之埃提,忽而为科学方法中之原
则,忽而为道德生活之对象,令人不易捉摸。柏氏之埃提论,因是
遂为后世所误解。新柏拉图学者,如伯洛太纳(Plotinus)等,以及
后世之剑桥柏拉图学者,如克特威斯(Cudworth)、穆亚(More)、斯
密士(John Smith)等,传柏氏心理之部,蔑视推理,侧重神秘经验,
流入虚玄,迷而忘返。至后之哲学家与考据家,则又以柏氏之埃提
论,仅仅为科学方法论,于心理之部,不稍措意,甚且视为柏氏哲学
之玷,以为柏氏推理至不能自圆其说时,则假托寓言,乞灵神话,以
自掩饰。亚里士多德即为误解柏拉图之第一人,其所著《玄学》(又
称《形而上学》)一书中,驳诘埃提论,至再至三。然由今观之,亚氏
毕竟为科学家,偏重理性,于柏氏持论之全体,实有未喻,惟觉其师
说之不可通而已。后世批评柏氏埃提论者,每以亚氏之批评为依
据,通常所称柏拉图之埃提论乃亚里士多德曲解之埃提论耳。

　　攻击柏氏埃提论者,每谓柏氏承认埃提有客观之存在。易言
之,即承认埃提为离(chorista)现象而存在之物。吾人所亟欲问
者,即柏氏果有此种承认否耶。曰柏氏于逻辑之部,实无此种承
认,心理之部,则诚有之。由道德生活之经验言埃提,确为离现象
而存在之物。玄想时,若或遇之,由科学方法言,则埃提者,乃现象
之解释,而非被解释的现象之本身。离现象则有之非离现象而存
在之物也。

兹根据柏氏原著,先探求埃提论逻辑之部之真谛。

由科学方法观点言之,埃提者,实即吾人解释现象时所用之概念而已。概念非由外铄,乃内心所自创之工具,以应付环境者也。此种埃提论,于柏氏最初所著之对话篇,如《由塞弗洛》(*Euthyphro*)、《克利陀》(*Crito*)、《查密迪斯》(*Charmides*)、《拉乞斯》(*Laches*)、《米诺》(*Meno*)、《克雷都拉》(*Cratylus*)诸篇内述之最为明显。

(一)《由塞弗洛篇》 本篇目的,在求敬(to hosion)之埃提,以为判断个别行为是否有敬意之标准,此之埃提,即概念也。

【苏格拉底】请君识之。吾欲求君告我者,非二三敬行,乃使敬行所以为敬行之埃提。前不云乎,敬之所以为敬,不敬之所以为不敬,皆一埃提为之乎。

【由塞弗洛】吾当识之。

【苏格拉底】请告我以此埃提之性质,然后吾得以此而衡量世人之行为,曰若者为敬,若者为不敬。(《由塞弗洛篇》六〇六E)

(二)《克利陀篇》 本篇目的在求义(dikaiosune)之埃提,即义之概念。苏格拉底以为事之义与不义,非常人所能定,必有赖乎专家,于此有甚深之研究者,此即苏氏所谓道德即智识之旨也。

【苏格拉底】义之与不义,光明之与卑鄙,善之与恶,岂将猥随众人之见而畏之乎,抑唯聪明睿智之士是从乎?(《克利陀篇》四十六〇)

(三)《查密迪斯篇》 本篇目的,在求节制(sophrosune)之埃提,即节制之概念。此篇于节制之概念,虽未求得,然自埃提论观点言之,此篇之贡献,即在证明善(agathon)之重要。所谓敬也,义也,节制也,皆善之一部,不知善之概念,但就所谓敬的行为之中求敬之概念,就所谓义的行为之中求义之概念,就所谓节制的行为之中求节制之概念，枝枝节节而为之，则数者之概念，终不可得也。

（四）《拉乞斯篇》　本篇目的，在求勇（andreia）之埃提，即勇之概念。结论与前数篇所得者相同，即不知善无以知勇。所谓知善，乃知永恒不变之理，非知倏起倏灭之现象。智识之对象，超脱时间，不在过去，亦不在现今与将来也。

【苏格拉底】智识一而已矣，包举过去现在将来者也。（《拉乞斯篇》一九八 D）

（五）《普罗塔果拉篇》（Protagoras）　本篇研究道德可否传授之问题，普罗塔果拉氏以为道德可以传授，但不认道德即是智识。苏格拉底以为道德即是智识，但不认道德可以传授。最后苏氏谓欲知道德之可否传授，应先知道德之埃提，推苏氏之意，盖谓惟真智识始可传授，真道德即是真智识，故亦可传授。若普罗塔果拉氏辈之智识，乃诡辨家之智识，仅凭臆见，毫无条理。则其所谓道德者，又安可传授乎？

（六）《米诺篇》　本篇所研究者，仍为道德可否传授之问题。此篇结论，谓道德即是智识固矣，然智识有两种，有外铄者，有反求诸己由回忆（anamnesis）而得者。使道德而为外铄之智识，则不可传授；使道德而为由内回忆而得之智识，则可传授。所谓由内回忆而得之智识，乃慎思明辨，由一己探索出来之智识。与道听途说，得之于传闻者迥异。柏拉图回忆论，颇似中土之复性说。柏氏回忆在复埃提，此埃提非物，乃研究一物时所采之观点。由科学方法论言之，柏氏之埃提，即后人所称之概念，用为研究事物之工具。所不同者，在柏氏以为此种概念的工具，永久不变，惟一无二，后人则以为此种工具为假设的应用的，随时可改而已。然视埃提与概念为研究事物之工具，则柏拉图与近代哲学家，初无二致也。此篇后半（九八 A 以下）说明智识（episteme）与意见（doxa）之不同。此之智识，乃真智识，有因果可寻。意见乃假智识，无因果可寻。凡务寻因果之推理（九八 A）即为回忆。探索一事一物之前因后果，即是探索一事一物之埃提也。

（七）《高其亚篇》（Gorgias）　此篇研究道德之埃提。结论谓道德即是智识，即是关于善之智识。然则何谓善，善之定义，自消极方面言之，善与快乐不同，自积极方面言之，善即是有条理。

> 能使每事为善者，赖有寓于每事中之条理而已。（《高其亚篇》五〇六）

柏拉图深恶当时之诡辨家，竞夸浮辞，但求胜人，不重真理，故竭力提倡慎思明辨，作有条理之思想。以为有条理之思想，方得谓之为哲学，为科学。无条理之思想，只得谓之为经验。彼诡辨之士，对于事理，不能作有系统之观察，所得不过零星断片之经验而已。

（八）《克雷都拉篇》　本篇因论个别事物与埃提之关系，进而论及名与实之关系。名为工具，工具在乎有用。工具之功用，即工具所以为工具之理，即工具之埃提。名之功用，在表明所指之实之性质（实之性质，即实之埃提）。易言之，名之埃提，即在表明所指之实之埃提也。惟明辨之士，于名实皆有研究者，为能正名，为能使名实相副。然明辨之士，不可多见，而世之用名不正者，比比皆是。学者苟欲不为流俗所用之名所欺，安可不于其名所指之实之埃提三致意乎（四三九 B）。埃提之为有，毫无疑问。苟无埃提，何来智识？宇宙间有永恒不变之美，永恒不变之善（四四〇 B）。一人之美貌可变，美则不变。美而可变，则人安得而思之，安得而名之耶。（四三九 D）

（九）《斐都篇》（Phaedo）　本篇所讨论之问题。通常每谓系灵魂之不朽，实则此篇于个人灵魂之不朽，并未能证明，至多只能证明宇宙灵魂之不朽而已。然此篇于埃提论之逻辑的方面，贡献甚多。

六五至六八　此段言由感官所得之智识,每不准确。欲知真象,赖乎心之努力。此非谓摒弃感官,乃谓准确科学,必运用抽象概念,非徒恃耳目所能奏功也。

七二至七七　此段大意,谓欲得智识,在反求诸心,在复吾心之所固有。吾人见相等之物,而回忆"相等"。在见相等之物以前,心中已有"相等"之概念。柏氏所谓回忆的埃提,实即思想行为之先验的条件而已。此诸条件如数理范畴(相等,较大,较小等)、道德范畴(美、善、公、敬等)、逻辑范畴(同、异等)等,与生俱来,在内界,非在外界也。

七八至八四　本体有两种(七九 A)即可感觉的,与可理解的。此与《莎斐斯德篇》(Sophistes)内之二四八以下及二五四 D 与《泰米斯篇》(Timaeus)内之五一及二七两段同一承认可感觉界为一种本体。可感觉界,最初仅为现象,既经理解整理后,即自有其真实性也。

九六至一○七　此段分基本的判断,与经验的判断。基本的判断之最要者,为世界是善,世界是有条理的,有秩序的,世间诸律即是埃提。善即是此诸埃提之总系统。所谓个别事物参与(methexis)埃提之说,自逻辑方面言之,即个别事物与律例间之关系而已。

本篇最后结论,谓本体有两种,一为可感觉的,一为可理解的。吾人由可理解的本体,以知可感觉的本体。两者互相为用,不可划分。柏拉图之埃提,犹康德之范畴,苟无感觉,则皆空无所有耳。故从逻辑观点言之,埃提仅为人类理知解释世界时所由之途径。此世界即可感觉的世界,非别有一世界也。

(十)《理想国篇》(Republic)　埃提论之见于本篇者,以卷五之四七六 A 至卷六之四八六及卷六之五○七 B 两处为最明显。埃提乃研究个别事物时所采之观点。此观点与事物自是分离。然此仅为逻辑的分离,非此观点分离后,犹个别事物之另为一物也。

第六卷五〇二至第七卷五一八之间,柏拉图于叙述理想国中监护者所应受之教育时,论及善之埃提。善之埃提,与普通埃提不同,实为一切埃提之本原,一切埃提之埃提,一切法则之法则。自柏氏观之,宇宙为一极有条理之组织。所以致此者,善之埃提为之也。此善之埃提,有视为上帝者,实则非是。此篇中之善之埃提,为一种原理,为科学之最终理想,非有宗教意味,视善之埃提为一人格也。

本篇第十章内五九六以下,于埃提论述之颇详,有三点应加注意。(1)埃提之模型观。柏氏因论艺术教育而涉及埃提论。柏氏以为埃提乃一种元型,个别事物不过埃提之摹本。如具体之床,不过床之埃提之摹本。柏氏据是以攻击艺术,以为具体之床,已是床之埃提之摹本。而画师所画之床,更为摹本之摹本,其为无价值可知。通常根据此节,谓柏氏反对艺术。实则柏氏所反对者,乃伪艺术,乃摹仿个别事物之艺术。至仿造埃提表现埃提之艺术,柏氏固未尝反对也。(2)人造物亦有埃提。如上文所论之床,虽为人造物,亦有埃提。总之无论何物,苟可加以科学解释者,皆有埃提。(3)柏氏不承认埃提为物。用第三人法以证其说。以为苟床之埃提为一物者,则此埃提与床之后,必更有一埃提以统一之。由此后推,以至无穷。此与《巴门奈底篇》(*Parmenides*)同为柏氏反对以埃提为物之证。

(十一)《塞阿德都篇》(*Theaetetus*) 本篇讨论智识之由来。大意谓智识由来之主因,不在感官,而在心之本身之活动。感官所得印象,仅为一种材料,必经过心之基本概念或范畴(koina)认识后,方得成为智识。有与无,似与不似,同与异,一与多,奇与偶,美与丑,善与恶等,皆是范畴(《塞阿德都篇》一八〇五 A 至一八六〇)。范畴可分为道德的、艺术的、逻辑的、数理的四种。要皆与生俱来,非感官经验之产物。各种范畴,属于一般的、心所自有、无待外求,可谓之为普通埃提。若勇、公、牛、床等之埃提,为一部分相同事物之解释,可谓之为特别埃提。求智之事,即在运用普通埃提以求得特别埃提而已。

（十二）《巴门奈底篇》 自来学者,颇有疑本篇为伪作,以为柏氏于篇内,不应自毁其素所主张之埃提论。又有以篇内所述之埃提论,为其晚年之定论,与早年主张,迥乎不侔,不惜以今日之柏拉图,攻击昨日之柏拉图者,要之皆非也。此篇之巴门奈底氏,实代表柏拉图,至少年苏格拉底及亚里士多德,则代表亚氏门弟子辈误解埃提论者。柏氏早年与晚年学说,始终一贯,畸轻畸重则有之,自相矛盾则无之也。篇内少年苏格拉底以埃提为一物,巴门奈底用第三人法以破之。夫柏氏自始即不认埃提为物,《理想国篇》第十章中之埃提论,言之至明。如以第三人法攻击柏氏,直可谓无的放矢。然则少年苏格拉底之非柏氏代表,从可知矣。

篇内少年苏格拉底为巴门奈底所逼,因谓凡可加以科学解释者,即有埃提(《巴门奈底篇》一三○)。通常根据此节,以为柏氏自认埃提论之不可通。实则凡可加以科学解释者皆有埃提一语,非特可通,且为柏氏埃提论逻辑部分之真正主张也。

篇内述埃提有五种:(1)逻辑的埃提,如似与非似,一与多,静与动等范畴;(2)伦理的埃提,如美、善、公等之概念;(3)生物的埃提,如人、马等之概念;(4)原素的埃提,如火、空气、水、土等之概念;(5)混合物的埃提,如发、泥、秽物等之概念。

本篇结论,谓可理解界与可感觉界不能分开。苟无可感觉界,则埃提为毫无意义之抽象名词。柏拉图始终不认两世界可完全划分。事物世界至能为智识之对象时,即为埃提世界。知乎此,则一埃提可寓于数物内之说,与一埃提与数物发生关系时仍能保持其单一性之说,不难了然矣。盖所谓物者,不过若干共相即若干埃提之一总系统而已,非有他也。

（十三）《斐里勃篇》(*Philebus*) 本篇研究善与快乐及善与智识之关系。欲明此中关系,柏氏因分本体为四种:(1)无限 X,(2)有限 A,(3)混合体 X 是 A,(4)原因 X,所以是 A 之原因。此第四项"原因",即是善之埃提。诸法则之法则,与《理想国篇》五一七〇所述善之埃提,为一切本体与现象之原因,同一意义。此第一原因之各种运用方法,即是埃提。此种运用方法,可用算学方式表出之,此即此篇中最足令人注意之点也。

(十四)《泰米斯篇》 本篇中之上帝,创造世界,"因彼是善,故创此世"(《泰米斯篇》二七 D 至三〇 B)。亚丹氏(J. Adam)以为此之上帝,即《理想国篇》第六章中之善之埃提。上帝者,善之埃提之人格化而已。雷德氏(H. Raeder)则又谓上帝与善之埃提不同,上帝乃从善之埃提中产出,实则上帝与善之埃提,各有所指,非一而二二而一者也。当柏拉图采取科学态度时,则标明善之埃提。至为宗教情绪所感动时,则称上帝。科学的态度与宗教的态度,虽不必冲突,然实大异。本篇中之上帝,与善之埃提之关系既如此,上帝与诸埃提之关系,则何如乎?此篇中之埃提,不依傍上帝,埃提乃一种模范,上帝仿效之以创造可感觉的事物。《理想国》第十章中,有时以上帝代善之埃提。此之上帝,为诸埃提之创造者,而本篇中之上帝,则以独立之埃提为模范,以创造可感觉界而已。埃提乃模型,上帝乃一建筑师,按照模型以创造可感觉界者也。

以上诸对话篇中埃提论之有贡献于科学方法者,已加阐述。要而言之,柏氏所谓埃提,即科学家苦心钻研所欲发见之自然法则。然与生俱来之各种思想范畴,柏氏亦称之为埃提,且视为诸埃提中之最重要者。(《莎斐斯德篇》三五四〇)

柏氏之埃提论,有逻辑的方面,有心理的方面,此文开端,即已言之。由逻辑的方面而论,埃提实非存在于另一世界之物,而仅为一观点。吾人采取之,以了解可感觉界者也。埃提有似工具,舍为吾人应用外,其本身无甚大意义。此理柏氏于《巴门奈底篇》及其他对话篇中发挥尽致,不容犹疑。然自心理方面言之,柏拉图之埃提为玄想之对象,则又确为事物。逻辑思想之对象为质,玄想之对象为物。此物不受时空之拘束,独往独来,四无挂碍,自成一个体。

盖玄想之对象之特点，即为个体。玄想最紧张时，则此个体容光焕发，成为美丽之物。其所以如此者，想象力为之也。

柏氏埃提论之见于《筵话篇》（*Symposium*）及《斐德罗篇》（*Phaedrus*）中者，与见于其他诸篇中者不同。此二篇中所述之埃提，实是极强想象力之产物。欲同此种埃提，当用心理学上所谓出神（ecstasy）与集中（concentration）以解释之。此类埃提为玄想之对象，而非论辩之对象。此之玄想，犹佛家所谓禅定，当玄想时，各种埃提，成为庄严华美之物。玄想者，仰望想象，与之冥合。此与视埃提为观点为自然法则者，完全不同。仅仅以理智方法解释埃提论，必扞格不通，以为埃提既为自然法则，何以又为独立存在之物乎。柏拉图之埃提论，其影响西洋思想者，反以心理部分为大。如新柏拉图学者，及剑桥柏拉图学者等，传柏氏埃提论心理之部，而为之推波助澜者也。

柏拉图主张埃提论，其动机大半为伦理的，而非逻辑的。其逻辑的部分，实为其伦理部分（即心理部分）之副产物，虽附庸蔚为大国，然伦理倾向，始终显然。《理想国篇》第五章末尾数节，述其主张埃提论之动机，颇为明显。柏氏以为道德基乎智识，然智识之可能与否，视埃提之有无以为断。埃提永恒不变，故能产生智识。若个别现象，倏起倏灭，随时变迁，只能产生意见，不能产生智识。柏氏因求道德之根据，故竭全力以证明埃提之必有。苟无终古不变之埃提，则道德可随时随地，任人摧毁，乾坤亦几乎息矣。

柏氏回忆（anamnesis）之说，实为埃提论之中坚。氏于其早年所作之《米诺篇》及晚年所作之《泰米斯篇》内，于回忆说，均有阐发。至《斐都篇》及《斐德罗篇》内，回忆说亦占甚重要之地位。回忆有两种：（1）经验的回忆。更分二种。（甲）回忆相似之个别事物，如见一松树，而忆及在他处所见相似之松树是。依《米诺篇》（一八）所论，此种回忆，枝枝节节，只是意见而已。（乙）由智识所成之回忆。所忆者非个别事物，而为共相。所谓回忆，即竭力思索一物之前因后果，而得一原则。此二种记忆，虽稍有别，但皆在理性的研究范围之内，只得称为经验的回忆。（2）更有一种回忆，与经验的回忆，大相径庭，可称为超越的回忆。《米诺篇》中，仅启其端，至《斐德罗篇》内则有较详之叙述。

> 患此狂者，当其见此世之美，即回想及于真美，欢欣鼓舞于不自知，思奋飞远适，而有所不能，鼓翼仰望，秽其尘容，人皆目之为狂。此所谓狂，实至高无上之感兴，必有此狂，始得谓之爱美者。盖有如前言，人之灵魂，必曾见真如，否则不能有人形也。然前生之事，未必尽能记忆。所见之时，或不甚久，或不幸入世之后，习俗易人，竟忘其昔之所见，其能牢记者，实不多觏。故当其偶见前世之影像，则惊讶莫名，无真知灼见故也。公平节制，以及一切灵魂所视为宝贵之德，其此世之摹本，皆无光辉，与原本较，仅得其仿佛耳。能于影像中见真相者盖寡，即有之，其事亦至不易也。（《斐德罗篇》二五〇）

此所回忆，既非肉眼所见之物，亦非一原理、一观点，乃动人情感，使人忻慕之埃提，为道德行为之原型，精神生活之归宿者也。柏拉图之哲学，不特启发理智，且足引动情感。情感之事，非尽可言说，惟有修养经验，身历其境者，始得体味之耳。

凡有此种超越的回忆之经验者，喜游心天庭，周览本体，俯视下界之乐，有如土苴。柏氏于《筵话篇》内即描写此种经验。所谓天王星神之爱，即人性中向上之力。此与但求尘世快乐之流俗之爱不同。《筵话篇》内，发挥此理颇精，且饶诗意。篇中苏格拉底谓闻之于女巫第沃马氏曰，爱非神，亦非人，乃介乎人神之间之一巨灵。惟爱为能使人渴求智慧，神则既智，无事更求，下愚倓然自足，不知求智，此其所以为下愚也。此所谓爱，爱智也，爱理想也，爱埃提也，此皆哲学家所有事。真正之哲学家，不能忘情当初天游时所见之埃提妙境，身在人寰，心系上界，劳神焦思，以求复睹光明。动静语默，一以埃提为依归，不愿或违。爱慕埃提至极，于肉体之爱，不复措意。《斐德罗》及《筵话》两篇中，有数段形容肉体之美，动人绮思，然柏氏着眼在精神之美，肉体之美只是一种阶梯，当层累而上，以至于埃提世界之美。此埃提世界之美，方得谓之为至美谓之为至善也。

> 士之率循正道，以至于爱者，应以尘世之美，为其阶梯。由此层累而上，由一美形以及二美形，更及其他之美形，由美形以及美行，由美行以及美念，由美念以至于至美，如此可谓知美之真谛矣。苏格拉底乎，若此默思至美之生活，固士之所宜有。此至美也，苟能见之，则黄金华衮、俊童少艾，今之所未有，而思有之以为快者，皆将掉首不顾，弃之如遗矣。人苟能见此神圣之美，纯洁无疵，不染尘垢，仰望想象，与之冥合，以孕育真正之德业，其所得为何如乎？夫观美以心，然后得美之真，而非美之伪，然后得立德以配天，而垂无穷，诚欲求不朽者，必由是道矣。（《筵话篇》二一一）

理想国篇第五章中论埃提时，包含丑与恶之埃提。夫上节所述，哲学家既为爱埃提之人，安有哲学家而爱丑与恶之理乎？此其解释，在知柏氏立论时所采观点之不同。依伦理观点言，丑与恶不能谓之为埃提，只能谓之为埃提之无有。无美之埃提故丑，无善之埃提故恶。然依逻辑观点言，则美善丑恶皆为埃提，皆可作研究之对象。故凡柏氏采科学家态度时，各种埃提，等量齐观。丑恶大小之埃提，与美善之埃提，一视同仁，毫无轩轾。及至讨论埃提之价值，及其需要时，则各种逻辑的埃提，即不复述及，隐受排斥焉。

柏氏对话篇中，美与善自始至终相提并论。此非谓柏氏无往而不主美即善善即美之说也，亦非如裴德（Walter Pater）所臆测，以为柏氏所重，在乎美而不在乎善也。柏氏于《法制篇》（Laws）内（七二七 D），于唯美主义者，深加抨击。推柏氏之意，以为在埃提境界内，美善合一。然埃提的美，与美之表现于实际者，则断然有别。实际之美,仅为能与吾人以快乐之物之一种,其去取当视快乐种类之高下而定。如快乐同为一类,则快乐愈多,自愈可贵。如不同类,则不能以快乐之多寡而定去取。易言之,即美学必须受伦理学相当之支配。柏氏于《理想国篇》内至驱诗人艺术家于国外。夫柏氏富艺术之天才,安有不知艺术之重要。其所以反对者,实因艺术有时不特使人注重当前快乐,流连忘返,且足使人远离埃提世界。艺术作品,只是埃提摹本之摹本。其去埃提有二重之间隔,以伪乱真,为害实大。然柏氏所反对之艺术,乃摹仿个别现象之艺术。至真正之艺术,能利用幻境,以表示埃提世界者,柏氏方称颂之不暇,安肯贬斥之乎?

自心理方面言之,柏氏之埃提,实即道德观念之具体化而已。其所以能具体化者,全恃想象。道德观念,人类所共有。道德之应用,可随时地而改变。道德之原理,则天经地义,终古如斯。然所谓观念,视之无形,听之无声,虚无缥缈,不可捉摸,肉眼所不能见,如欲见之,则必以心眼。(《筵话篇》二一九)此心眼即是想象,非干枯呆板之理性也。运用想象之力,使道德观念,成为华美庄严独立存在之个体。无形者使之若有形,无声者使之若有声,不可捉摸者使之若可捉摸。道德观念,经想象力具体化之后,其所得结果,即柏氏所称之埃提也。今有万金于此,可以取,可以无取,熟思默察之后,觉取之伤廉。因深知乎廉之埃提,故决不取此逻辑也。然既深知廉之埃提后,渐觉廉之埃提,如玉之洁,如冰之清,其为可爱,迥非金钱所可比拟,此想象也。由逻辑言,廉之埃提,是一理也。由想象言,廉之埃提,是一物也。廉之埃提如此,其他各道德之埃提如此,最终之善之埃提亦如此。要之,柏氏之埃提,是理亦是物。彼以柏氏之埃提论为自相矛盾,以为埃提既为理,即不可为物者,盖知其一而不知其二,知有逻辑之部,而不知有心理之部也。

(《柏拉图五大对话集》,国立编译馆,1933 年)

陈君时先生暨叶太夫人七十双寿序

吾国以农立国，乡为国本。伊古以来，圣君贤相，莫不首重乡治。黄帝设井田，唐虞立邻朋里邑之制，迄乎夏殷，其制不改，至周代而乡遂之法，视前益备。孔子曰："我观于乡，而知王道之易易也，岂不盛欤？"原吾国乡治，与西洋之地方自治，貌似而实异。地方自治在严人，我之权界虽小，利害毫发不稍。假借我不欲加诸人，亦欲人无加诸我。其志盖以攘外，故尚法。吾国乡治在泯人，我之权界同风俗、齐巧拙、通货财，守望相助，疾病相扶持，其志盖以修内，故尚德。尚法者治其身，尚德者兼治其心。吾国之不当舍乡治而浮慕西洋地方自治。其理不灼然耶。虽然，尚德岂易言哉？必也一乡之中，代有钜人长德挺生其间，守朴完素，敦厚崇礼，动静语默，皆足为世法。乡之人闻其风而慕其义，至于不威而惧，不教而劝，中心悦服，如七十子之于夫子。然后乡治尚德之效，乃可睹也。我姻伯君时陈先生，则可以当之矣。陈氏世居杨舍，有盛德。先生生而诚笃，不苟言笑。稍长，服膺阳明之学，躬行实践，不屑屑于章句。事亲至孝，教子有义方。嗣君初白兄等，秉其教，皆能自树立。初白兄历官闽赣冀浙等省，所至有声。次丹兄办理吾乡地方事务，不辞劳瘁，众论归之。女公子伊璇主持遗族女校，校誉因以日隆。先生家故素封，然自奉则甚俭，戚族乡党中之贫乏者，饮之必给，急难无告之人，周之必无缺礼，公益慈善事业，资助之无不惟其力是视。他如续修宗谱，屡葺宗祠，创建支祠，凡事关本原之大者，无不经之营之，以底于成。处世以容忍退让为主，自壮至老，为人排难解纷，难以悉数。辛亥光复，先生被推任乡董。首行乡约，办团练，以安反侧，四境赖以无事。十余年来，先生颐养林泉，不复问外事。然一乡大计，必得先生一言，众始翕服无异辞。噫！若先生者，非吾所谓一乡之钜人长德者耶？姻伯母叶太夫人，温恭淑慎，群女师慕。其所以相夫教子，化成乡里者，彰彰在人耳目。甲戌仲春之初，为先生七十寿辰，太夫人亦六十有七。嗣君初白兄等，将谋奉觞上寿，且远道征文及余。余惟寿文非古也，世之寿文，谀媚几如俳优之辞，方深讥其陋，敢效之耶？然奚斯颂鲁，麦邱视齐，因事致敬。古有此义，先生与太夫人皆以淳朴之德，克享遐龄。寿其人乃所以寿其德也。推察其延年受祉与仪型乡里之由，然后知今日言治国而不言治乡，与虽言治乡而不能以身作则以正人心、淑民德为先务，徒貌袭西洋之地方自治，朝颁条文，夕立名目，高谈经济，侈陈建设，以为已尽其能事者，皆舍本逐末，劳而寡效者也。余既承初白兄等之属，不敢以世俗末议陈长者之前。敬略述先生及太夫人行谊，因以明夫吾国以德治乡之理，使吾乡后进，知所效法，且以自勉焉。先生及太夫人闻之，倘肯为尽一觞乎？

（《国风（南京）》1934 年第 4 卷第 5 期）

中学英文教师与拉丁文

近年来中学毕业生，英文成绩，不甚优良，颇为一般人所诟病。论者每以此归咎于中学英文教师之毫无教法，或虽有教法，而其法不善。以为救之之道，仍在于教法之改革。余谓此事原因复杂，未可一概而论。教师教法之不善，固为一大原因，然法之运用，仍在乎人。如摹仿法、改良法、谈话法、心理法、归纳法，以及伯立兹法、关恩法、史温彼得法，均各有利弊，得失互见。即公认优点最多之直接法，在我国学校环境之下，完全采用，亦尚多窒碍。愚见以为教师对于教法，固应讲求，而对于本身之学问，尤应力谋充实。学问充实之后，往往能触类旁通、会心不远，产生因材施教、适合环境之良好方法。事实如此，不可诬也。中学英文教师，充实本身学问之道甚多，此篇所提及者，仅拉丁文一端，其他暂置勿论。

浅人不察，见拉丁文三字，必加嗤笑，以为此死文字，活泼泼之中学英文教师，何需乎此。然苟稍加研究，知死活亦真难言，此死文字亦自有其用处。教师之学问，犹商店之资本，资本不厚，则周转不灵。有十分资本，只做六分事业，以其余四分，作准备金，必要时随时取用，则此商店决无倒闭之虞。如资本微薄，凭挪借登广告度日，则迟早不免于倒闭。教师学力不充者，亦时感周转不灵之苦，所知有限，悉索敝赋，仅供平日教课之用，学生稍稍发问，即可将其问倒，信仰一失，虽有种种教法，亦无济矣。拉丁文之于英文教师，犹商店之有准备金，必要时得随时取用焉。此义既明，请略述拉丁文与英文之关系。

英吉利人,在渡海占据英伦之前,已借用拉丁字,如 street,wall,chalk 等字,即由拉丁字 strata,vallum,calx 变成。及入据英伦后,皈依基督教,所有宗教方面之字,如 pope,bishop,monk,nun,temple,disciple 等皆拉丁字也。一〇六六年,威廉(William the Conqueror)率诺曼军渡海征英,克之。诺曼法文(实即一种破败之拉丁文)之势力,遂遍及全英,对于英文影响绝巨。故英文字汇中,诺曼法文字之成分甚多。十四、十五世纪,英国文人莫不知拉丁。高桓(Gower,1320—1402)作诗,英文拉丁并用。文艺复兴之后,文学、哲学大盛,学者耳目所接,尽是拉丁,故此时期有大量之拉丁字输入。迨科学继起,其名词复大都取给于拉丁。足征英文与拉丁关系。二千年来,始终密切,未有间断。据专家计算,一部英文字典中,约有百分之七十之字,来自拉丁。今日之英文,其主体及日常应用之字,固是盎格鲁-萨克逊(Anglo-Saxon),而文学哲学中,拉丁字至夥,至研究法律、医学、生物学、工程等科,其专门名词,科学名词,更多采自拉丁,故谓盎格鲁-萨克逊为英文之母,则拉丁其父也。

吾国人研究英文及其他外国文字,不可不注意文法。教会中外国妇人,不学无术者居多数,本身不明文法,故教英文亦不讲文法。其实英美人受高深教育者,往往读过拉丁。既读拉丁,即莫不明拉丁文法,既明拉丁文法,即莫不明英文文法。盖拉丁文法,较近代英文文法为复杂,为完密。中学英文教师,如读过一年拉丁,对于英文中名词、代名词、动词、副词以及其他之种种变化,因有比较,而得更深切之了解。为学生讲解时,虽不必述拉丁文法,而学生已隐受其赐矣。

凡事莫不有本,不识字而读书作文,谓之忘本。周制八岁入小学,教以六书,昔人主读书应先习许书部首五百四十字,实含至理。读英文又何独不然。浅人以为英文字由二十六字母拼成,不过一种符号,有何道理可言。然试问二十六字母之拼法,千变万化,何以今日每一英字，必如此拼而不彼拼乎？在识字者观之，每字为一极有意思之符号，在不识字者观之，每字为一极无意义之符号。无意义之符号，因无联想，而难于记忆，应用时且每致错误。然则所谓识字，不过使每字成为有意义之符号，应用时不致错误而已。读一英字，最好能知其字根。英诗人辜律己（Goleridge）曾言，选择一字时，首宜考虑者，即此字之根也（The first thing to consider in the choice of a word is its root）。如下列诸字 patriotism, urbanity, optimism, pessimism, imperialism, proletariat, fraternity, negotiation, internecine, transportation, subservient, annihilation 骤视之，若甚复杂可畏。苟教师稍明拉丁，将字根解释，则每字均有意义，且极简单，学生闻之，必感兴趣，略读数遍，便可记忆而应用矣。再学生作文，舍文法错误外，用字不当，亦是一大病，如 aggravate 用作 irritate，stupendous 用作 immense，amazing 用作 remarkable，effect 用作 affect，ardent 用作 energetic，optimistic 用作 amiable，而 His left leg is decapitaled 与 All letters should be endorsed on the face of the envelope 等奇句，亦从不明字义而来，欲纠正此类谬误，非曾读拉丁者，言之不能亲切详明也。

英文中采用拉丁字头（prefix）及字尾（suffix）甚多，许多新字，皆由此等字头、字尾及其字根组合而成。英文之能孳乳不已，实赖乎此。今将普通拉丁字头及字尾列下。

字头：ab, de, ex, ad, in, con(com), re, pro, dis, sub, per, inter, ob, ante, trans, prae, contra, bene, male, ne, circum, super

字尾：ia(y), tia(ce), entia(ence), anus(an, ane, ain), alis(al), icus(ic), ivus(ive), osus(ous, ose)

由此等字头、字尾所组成之英字，一开卷触目皆是，不胜枚举。

读拉丁，对于决定英字拼法，颇有裨益。如拉丁字有重复声母者（double consonant），英字除在字末外，每保存之。如拉丁字 terra 有两 r，由此而成之英字 terrestrial 亦有两 r。拉丁字 carrus

有两 r,由此而成之英字 carriage 亦有两 r。下列英字 accommo-date, immaterial, accelerate, sufficient, efficient 之有两 c 两 m 两 f,由于拉丁字头 ad, con,in, sub, ex 因声母同化关系,而变为 ac, com, im, suf, ef。又英字拼法中,极易混淆者,为 ant 与 ent。如读过拉丁,不难推知。大抵由第一动字变化所成之字为 a,如 expectant, emigrant。由其他动字变化所成之字为 e,如 continent,regent,agent,efficient。此外英字拼法,每因无音字母及弱音字母之存在,而生困难。如 laboratory, repetition, library, separate, auxiliary, comparative, debt, complement, reign, receipt 等,倘知其拉丁字之本来面目,则此种困难,甚易除去也。

英文中采用拉丁缩写及成语极夥,如 i.e. ,e.g. ,N.B. ,P.S. , A.D. , s.v. , No. ,viz. , etc. , ult. , prox. , circ. , et al. , ad infinitum, inter alia, de facto, de jure,status quo, in memoriam, ex officio, ex eathedra, per annum, sub rosa, pro. tem. ,ipso facto, dramatis personae, per se 等,英文书报中,随处可以遇到。通常用机械方法强记,不知其所以然,如教师为学生讲解时,将拉丁原意说出,必能引起学生之兴趣,岂非大快事乎!

以上仅就拉丁与英文,在文法、字义、拼法、缩写字、成语等几方面,略述其关系。至拉丁与英国文学、西洋哲学、法律、科学之关保,因限于篇幅,且以离题较远,概未论及。然即就此文所言,已足证明活泼泼之中学英文教师,有需乎此死文字之处正多,非真风马牛不相及也。吾国学校,以英文列为必修科者,已三十余年矣。考其实效,能免于学鲜卑语,以伏事公卿之诮者,有几何哉。自马眉叔、严几道、辜汤生于其著述中,稍稍论及拉丁文之重要外(天主教徒间有读拉丁文者,又当别论)。普通学习外国文者,视希腊、拉丁,与四书五经同一可厌,功利之毒,乃至于此。窃不自揆,思稍易此风。两年来授中央大学外国文学系学生以拉丁文,学生颇乐就之,且相告语,谓读一年拉丁文,较读一年其他外国文为有用。以是益信中学校英文教师,为充实本身学问计,在大学求学时代应读一二年拉丁文,并非陈义过高,绝不可行之事。当今百事混乱,漫无标准,有志者,惟有排除功利浮薄之见,本其学识上之良知,勉力行之,不畏人嗤笑,读拉丁文亦若是而已矣。

(《国风(南京)》1935 年第 6 卷第 9—10 期)

南京高等师范学校二十周年纪念之意义

国立南京高等师范学校成立于民国四年九月十日，为国立东南大学、国立中央大学之所从出。今年民国廿四年九月十日，为成立二十周年之日。其事重大，世乃漠然视之，相忘于无形。南高校友有悲之者，聚而言曰："他人之忘吾校，亦固其宜。吾辈既不愿自忘其校。奈何亦默尔而息乎?"遂议定就《国风》杂志刊印南京高等师范学校二十周年纪念号，而征文及余。余南高校友，且深爱南高者也，乌可以无言? 则请言此次纪念南高之意义。

南高自成立至今，已二十年；改为东大、中大，已十三年。然吾辈犹惓惓不忘，必欲纪念之，则南高必有其可纪念者在。南高之可纪念者果何在? 曰在南高之精神。南高之精神何由见? 曰视乎南高之毕业生。语云：十年树木，百年树人。人才养成，本不易易。然二十年来，南高毕业生中能自树立不因循者，已不乏人。此诸人者，有共同之精神。见于面，盎于背，一望而知其为南高生焉。此共同之精神为何? 曰以余观之，"笃实而有光辉"一语，足以尽之。吾为此言，非效流俗人之所为，阿其所好，以相标榜。社会人士之深知南高生者，类能道之。夫笃实而无光辉，其蔽也愚；有光辉而不笃实，其蔽也妄。吾南高诸人无他求，求不为愚人，不为妄人而已矣。敢揭四事，以申吾说。

（一）保持学者人格

南高成立，在五四运动之前四年。当时学风淳朴，士耻奔竞。宣传游行津贴利用诸术，尚未发明。同学大半来自寒素之家，布衣布履,生活淡泊。校长教授如江易园、刘伯明、柳翼谋、王伯沆、秉农山、竺藕舫诸先生,高风亮节,超然物表。同学受其感化,益敦品励学,笃志潜修。五四以还,学潮澎湃,学府中教师学生之怀野心者,辄倾心结纳,互为鼓吹,以猎名位。独南高仍保持其朴茂之学风,屹然如中流之砥柱。同学于其教师,别择至严,教师中品端学粹者,备受敬礼。学博而制行有亏者,即不为学生所重视。其结交豪绅,奔走权门之徒,则直为清议所不容。彼时意气如云,激浊扬清,不免稍过。静言思之,其能无今昔之感乎?南高风气既如此,故同学于学问上有师承,而于地位权势上则无系统。十余年来,在各方稍有成就者,大抵皆无所依傍,艰难困苦,独自奋斗得之。今日老同学相见,每以"白手成家"四字相解嘲。成家与否不可知,白手则事实也。惟其无所依附,赤地新立,故迄今同学中不产生要人名流。他人或加怜悯,吾同学则谓"赵孟能贵者,赵孟能贱之"。南高之不产生要人名流,乃南高之幸。以此自慰,且以此自傲焉。

(二)尊重本国文化

南高时代师生讲学论道,对于本国文化,自始至终,采取极尊重之态度。此可于当时师生合办之刊物,如《史地学报》《学衡》杂志、《文哲学报》,以及后来由南高旧人所主办之《史学杂志》《地理杂志》《方志月刊》之通论及专门论著中知之。当举世狂呼"打倒孔家店""打倒中国旧文化"之日,南高诸人,独奋起伸吭与之辨难。曰中国旧文化决不可打倒,孔子为中国文化之中心,决不可打倒。"风雨如晦,鸡鸣不已",南高师生足以当之。今之新人,但能取其一二义而引用之,便可名家。廿一年秋季,南高旧人曾就《国风》杂志刊印圣诞特刊,提倡尊孔。翌年而尊孔之说洋洋盈耳。见诸命令,形诸祀典,与新生活运动相表里。而此诸人者,力避挟策干时之嫌,退藏于密,惟恐人知,不敢应声附和以哗众而取宠。此独往独来不慕荣利之态度,真吾所谓南高精神"笃实而有光辉"之一种表现也。

（三）认识西方文化

南高师生一方尊重本国文化，一方复努力认识西方文化。就其所得，发为文章，纠正时人对于西方文化肤浅偏颇之见解。此类文字，散见于《学衡》杂志。刘伯明先生于《学衡》第三期曾为文批评梁漱溟所著《东西文化及其哲学》，以为梁书以近代之科学与德谟克拉西概西方文化，实为不根之谈。盖西方文化以希腊文化与基督教义为根本，科学与德谟克拉西则皆导源希腊，仅为希腊文化之一部。基督教之教义为西方文化主要原素之一，以耶稣言行为中心，不可与神学及教会相混。宗教基于感情及想像，亦非科学所得侵犯。其言至允，要之西方文化，其主要原素有三，即宗教、人文、科学是也。当时南高师生，对于西方文化，自始即有此认识。如对于一切宗教运动，苟出真诚，绝不鄙视，有时且著论拥护之。对于人文，则梅迪生、吴雨僧、汤锡予先生等，竭力提倡希腊文、拉丁文之研习，希腊哲学、文学之研究与其名著之翻译。梅吴及胡步曾先生且介绍美儒白璧德、穆尔之人文学说，加以发挥，以为此学说以人为本，兼有宗教科学之长，而无其流弊。其批评西方近代文化，更能穷源竟委，洞中肯綮，足供吾人之参考。吾南高诸学子，今日知于琐碎之考据、轻薄之小品以外，别辟蹊径，以宗教家之精神，宝爱中西真正之文化。考据、义理、词章，三者并重，俨然有一面目者，盖濡染已深，渊源有自，非一朝一夕之故矣。

（四）切实研究科学

科学精神，在不计利害，实事求是。昔人所谓"明其道，不计其功"，与"君子谋道不谋食"，实即科学家为真理而求真理之精神。不过科学家之道，指自然界之道而言。对象虽异，精神则一。热衷之徒，只能侈谈科学，以自文其陋，而不能实际研究科学。至其行事，一以自身利害为主，更无所谓科学精神与方法也。南高同学之学自然科学者，大都能甘于寂寞，穷年兀兀，作实验室、研究室之工作。成绩优异,蜚声外邦者,颇有其人。如数学、物理、化学、生理、动物、植物、人类各门,每门均有特出之人才。国内各大学及研究所,几莫不有南高校友之踪迹。二十年内之成绩已如此,再越十年、二十年,其成绩当更有远过于今日者。此非笃实而有光辉之明效大验乎?

以上所言,足申吾说。高等教育以文理为主,吾文但就文理立论,以概其余。至南高校友十余年来在社会上事功之成就,亦甚重大,要皆为南高精神之表现。此次纪念南高成立,其意义即在于纪念此"笃实而有光辉"之南高精神,保持此精神,且发扬光大之。是则吾全体南高同学之责矣。

(《国风(南京)》1935 年第 7 卷第 2 期,收入本书时,略有删节)

论近日之学潮

    数年来强敌入境，国几不国，乃外侮虽亟，而士气消沉，民意益不得伸，有志之士，疾首痛心，非一日矣。去岁十二月，北平学生因反对华北自治，始列队请愿，作大规模之游行，参加者万人。风声所播，举国响应，态度之严肃，情绪之激越，凡有血气者，莫不感动。说者谓吾国国格之得稍保存，人心之得不全死，赖有此世故不深、廉耻未泯之青年学生耳。吾人对于两月来之学潮，无论其持何见解，作何主张，于当初大多数学生动机之纯洁，宗旨之正大，要当截断众流，加以深切之认识者也。

    物不平则鸣，今之学潮，不平之鸣也。不去其不平，而但求其不鸣，是不去其因，而但求去其果，安得有济。然则若之何而可以去其不平。曰有学校以外之不平，有学校以内之不平。学校以外国事之不平，吾今不暇论，吾但论学校以内之不平。历次学潮，其始每由于国事，其后则相激相荡，往往演变而为学校内部之纷争。及形势既成，真相渐露，然后张皇幽渺，力图挽回，或终爆发，或幸而不爆发，要皆掩饰一时耳目之计，非消弭学潮根本之道也。

    近日学潮大都发生于大学，此固由大学生智识较高，能力较强之故，然大学生活之虚伪冷酷，机械变诈，实为产生学潮之主因，此正吾所谓学校以内之不平也。寻常时无外界刺激，青年情感已觉抑郁不抒，蠢然思动。及遇刺激，遂一发而不可收拾，始之所以对外者，一转瞬间，变而为对内矣。故根本消弭学潮之道，必自改善大学学校生活始。欲改善大学学校生活，必自每一大学成一师生相了解、相信任、相敬爱之有生命的团体始。此意言之者未始无人，而实行之者则甚少，办学者多数缺乏大公无我之精神，不欲行此，以与其自身利害相冲突耳。敢就个人平时观察所及，思虑所得，约略言之。

今之大学，实际已衙门化。一校中显然有三阶级：一校长及职员阶级，一教员阶级，一学生阶级。三阶级之外，复院与院分，系与系分，各自为谋，几于老死不相往来。一校之中，彼此情意隔阂，痛痒不相关，此犹一身不遂，躯干虽伟，灵魂已失，行尸走肉而已。以如此麻木不仁之教育，而欲担当解除国难之大任，虽有十百国难教育专家，十百国难教育方案，亦无所施其技矣。

今人不喜有人格，而好高谈人格教育，人格感化。夫已无人格，安能教人，已无人格，安能感人。况感化云云，必先有共同生活而后可言，今之办大学者，人格果皆高尚耶？即假令其人格皆甚高尚，然其生活与学生迥异，亦断不能收感化之效。军队中最重阶级，最讲服从，然名将治兵，犹必与士卒同甘苦。况学校中自校长以至学生，同为砥砺德行、研究学术之人乎？平日不以家人子弟待学生，以得其爱戴与信仰，一旦有事，乃欲以口舌取胜，顾左右而侈谈国难，亦无益矣。德不足以服人，智不足以知青年之心理，德智俱穷，则出之以威逼利诱，求助于警宪，乞灵于津贴，大学教育之庄严，扫地以尽，此真贼夫人之子，可为长叹息者也。

办学者必先有人格，然后可以言人格教育、人格感化固矣。然人治之后，必继之以法治，一国然，一校亦然。我国儒家向重人治，然徒善不足以为政，孟子已先言之。晚近潮流所趋，学者尤好言法治，然其言法治，非真欲置法自治，立仪自正，禁胜于身，令行于民也。身为弱者，聊自解嘲，及一朝得势位，居上凌下，则亦舍法治而言人治，舍自由而言统制矣。由今之道，无变今之俗，则一国不能治，一校亦不能治。然则所谓一校中之法治者何也，曰学校组织，必遵法令，不得以私意修改，此法治也。财政公开，有预算，有决算，有月报明细表，昭告全校，咸使闻知，不视为一二人之秘密，此法治也。用人行政，一秉大公，黜陟进退，悉凭成绩，此法治也。他若校务之决定，校规之颁布，考试之举行，学生之去留，必经法定程序，既定之后，不得徇情任意更改，此亦法治也。人与法兼备，始可进而商讨大学生活之改善。

大学中研究院学生，以探讨高深学问，开拓智识领域为职志。其生活何如，尚可存而不论。至大学本部学生，志在成为通才，作社会之中心人物，故不特须有丰富之智识。更须有健全之体格，完美之品性，与士君子之风度。此数者与良好之学校生活，大有关系。吾国现行大学制度，大半采自美国，非天经地义不可更改者也。美国哈佛大学前任校长洛尔氏，五六年前，深感美国大学生活之散漫与机械，师生间冷淡隔膜，无人格上之接触，乃参酌英国牛津、剑桥两大学之制，于大学本部实行其斋舍计划（house plan）与导师制度（tutorial system）。每斋学生不过百人，打破一切地域、院系、年纪之界限。斋设斋长，聘教授中齿德俱尊、学问优长者任之，斋长而外，并有导师数人，饮食起居，藏游作息，与学生共，一若以父兄而兼师保。学生之家世、思想及行动，莫不知之，师生相处讲习，情意沟通，即有少数学生别有怀抱者，亦可先事防范，施以特殊之训练。此实白鹿、象山之遗规，归而求之，盖有余师。以视今之大学，三种阶级，隔阂重重，间有训育委员会，亦几同虚设，负训育之责者，名义上为校长，而校长簿书期会，日不暇给，实际负训育之责者，乃为校长左右之办事人，及三数舍务员。此辈素不为学生所重视，其职务惟侦查学生行动，几等于探警。大学中训育之重任，乃在此等探警之手，无惑乎青年心理抑郁，一遇外界刺激，虽受压力，而学潮仍此起彼伏而无已也。然则大学中如何使训教合一，如何使学校成一师生相了解、相信任、相敬爱之有生命的团体，诚教育界当今最迫切之问题矣。

（《国风（南京）》1936 年第 8 卷第 2 期）

严几道

侯官严几道先生,以民国十年谢世,迄今十五年矣。先生以清咸丰三年生,实鸦片战争后之六年,及其卒,春秋六十有九。此六十余年中,新旧纷更,世变之亟,亘古未有。先生一方深受我国人文教育之陶冶,服膺先儒遗说,一方复崇奉西洋十九世纪之自然主义。二者性质不同,先生则兼收并蓄,加以折衷。观其《天演论》自序,欲以经术缘饰物理,假天演之学说,为维新之政论,吴挚甫所谓借赫胥黎之书,用为主文谲谏之资者也。综先生一生,苦心弥缝于新旧之间,大抵民国以前,谋新之意富,民国以后,率旧之情深。虽其立论随时变迁,有畸轻畸重之异,精神则终始一贯,与梁任公喜以今日之我,与昨日之我挑战者,固不同也。

先生早慧,十一岁师事同邑黄宗彝。宗彝为学,汉宋并重,于是先生始治经,饫闻宋元明儒先学行。十四岁应募为海军生,入马江学堂肄业。十九岁以最优等卒业,派登扬武兵船,巡历黄海及日本长崎、横滨各地。二十二岁以日本构衅台湾,随沈文肃东渡调敌,并勘量台东各海口。二十四岁(光绪二年,即西历一八七六年)以驾驶学生,派赴英国,学习高等算学、海战公法、建筑海军炮堡诸术。湘阴郭筠仙侍郎方使英,引与论中西学术政制之异同。二十七岁(光绪五年,即西历一八七九年)卒业东归。

十九世纪之英国,就大势言之,有三种运动:一民主运动,一科学运动,一精神复兴运动。世纪初期,英国受经济势力之影响,由农业航海国家变为工业国家。政治组织,随之更改,一八三二年改革法令颁布之后,继之以一八六七年、一八八四年、一八八五年之改革法令。平民势力,日益扩张。同时科学猛进,实际生活,顿改旧观。思想界风气亦丕变,功利学派,乘时而兴,边沁、穆勒,尤称健者。天演学派,斯宾塞尔、赫胥黎等继起,益排斥旧闻,推尊自然科学。潮流所激,宗教方面,起绝大波澜,新智识与旧信仰冲突日烈。教会内部,有牛津运动,以恢复宗教信仰相号召。教会以外,哲士魁儒怵于世人志趋日卑,功利物质之说盈天下,则起而著书立论,以挽救颓风自任。卡莱尔(Thomas Carlyle)、安诺德(Matthew Arnold)、罗斯铿(John Ruskin)、毛立思(William Morris)最为著称。先生留英时,深受民主运动与科学运动之影响,尤以受斯宾塞尔、赫胥黎二氏之影响最为巨。

西洋旧文化,植基于《圣经》、希腊罗马典籍、中世纪及文艺复兴时代之文学。学士大夫,咸受此种文化之陶镕,渐渍之久,不易撼摇。英国十九世纪初年,新派人物,落寞寡合,不得志于士大夫,则移其目光于民众。民众略受教育,无传统之文化,惟其无传统之文化,正足为新派之天然拥护者。斯宾塞尔与赫胥黎,新派巨擘,挟其民众,于士流之外,别树一帜。斯氏以一八二〇年生,一九〇三年卒。其父美以美会信徒,颇激烈,任乡校科学教师,几五十年。斯氏幼从父读,十七岁即为铁路工程师。赫氏以一八二五年生,一八九五年卒,其父亦学校教师。赫氏幼为医院练习生,获伦敦大学医学士学位后,任海军副外科医士职。两氏之家世,及早年学历,盖如此。两氏均不信耶教,尤深恶文学,惟笃守达尔文天演之说,宣扬科学,主张进化,谓人文教育,无裨实用,个人修养可缓,社会改造宜先。民众乐其说之便己,益趋附之。先生留英三载,正两氏学说流行之日也。

先生初归国,意气甚盛。时李文忠经营北洋海军,辟先生总教习天津水师学堂,文忠患其议论激烈,不之近。先生自维出身不由科第,所言多不见重,乃发愤治八比,欲博一第,以与当事周旋。斯宾塞尔、赫胥黎之在英国,恒挟民众以凌轹士夫,先生转欲纳栗应试,置身台阁,此则环境限之也。甲午(光绪二十年,即西历一八九四年)之后,先生维新之念益坚。乙未(光绪二十一年,即西历一八九五年)作《论世变之亟》曰:

> 中西事理,其最不同,而断乎不可合者,莫大于中之人好古而忽今,西之人力今以胜古。中之人以一治一乱,一盛一衰,为天行人事之自然,西之人以日进无疆,既盛不可复衰,既治不可复乱,为学术教化之极则。

又曰:

> 西人于学术,则黜伪而崇真,于刑政,则屈私以为公。斯二者,与中国理道,初无异也。顾彼行之而常通,吾行之而常病,则自由与不自由异耳。

又曰:

> 士生今日,不睹西洋富强之效者,无目者也。谓不讲富强,中国自可以安,谓不用西洋之术,而富强自可致,谓用西洋之术,无俟于通达时务之真人才,皆非狂易失心之人不为此。

又作《原强》,称述达尔文与斯宾塞尔之说,结论曰:

> 生民之大要三,而强弱存亡,莫不视此:一曰血气体力之强,二曰聪明智虑之强,三曰德行仁义之强。……今日要政,统于三端:一曰鼓民力,二曰开民智,三曰新民德。

又作《救亡决论》曰:

> 今日不变法,则必亡。变将何先,曰莫亟于废八股。……举凡汉学、宋学、词章小道,皆宜且束高阁也。……盖欲救中国之亡,则虽尧舜周孔生今,舍班孟坚所谓通知外国事者,其道莫由。而欲通知外国事,则舍西学洋文不可,舍格致亦不可。

又作《辟韩》，杂采郝伯思、洛克、穆勒等之政治学说，假辟韩之名，行攻击传统政治之实，张文襄见而恶之，谓为洪水猛兽。如曰：

> 君也者，与天下之不善而同存，不与天下之善而对待也。……君臣之伦，出于不得已也。……民之自由，天之所畀也。

又曰：

> 秦以来之为君，正所谓大盗窃国者耳。国谁窃？转相窃之于民而已。既已窃之矣，又惴惴然恐其主之或觉而复之也，于是法与令，猬毛而起。质而论之，其什八九，皆所以坏民之才，散民之力，漓民之德者也。斯民也，固斯天下之真主也，必弱而愚之，使其常不觉，常不足以有为，而后吾可以长保所窃而永世。（以上所引各节均见《严几道文钞》）

诸文辞意激昂，《原强》《辟韩》，曾登梁任公所办之《时务报》，先生此时，俨然一维新人物也。

戊戌（光绪二十四年，即西历一八九八年），先生草拟万言书，极言变法之要，于百日维新，深示同情。八月变起，王文勤密示意先生离京。有感事诗咏之云："求治翻为罪，明时误爱才，伏尸名士贱，称疾诏书哀，燕市天如晦，宣南雨又来，临河鸣犊叹，莫遣寸心灰。"然当日审慎周详实未身与其事。丙申（光绪二十二年，即西历一八九六年），致梁任公书中，即论变法之难，谓一思变甲，即须变乙，至欲变乙，又须变丙。万言书中，亦云一行变甲，当先变乙，及思变乙，又宜变丙，由是以往，胶葛纷纭。此义盖得之于斯宾塞尔之《群学肄言》，其后译《群学肄言》，序中于维新之士，隐然指斥，谓其"搪撞号呼，欲率一世之人，与盲进以为破坏之事。"丙午（光绪三十二年，即西历一九〇六年）序其《政治讲义》曰：

夫人之力求进步，固也，而颠济瞀乱，乃即在此为进之时代。其进弥骤，其途弥险，新者未得，旧者已亡，怅怅无归，或以灭绝。是故明者慎之，其立事也，如不得已，乃先之以导其机，必忍焉以须其熟，知名勇功之意不敢存，又况富贵利行之污者乎。夫而后有以与时偕达，有以进其群矣，而课其果效，恶苦则取其至少，善乐则收其至多。噫！此轻迅剽疾者之所以无当于变法，而吾国之所待命者，归于知进退存亡之圣人也。（《严几道文钞》卷三）

其后民国五年，先生致书熊纯如云：

嗟嗟，吾国自甲午戊戌以来，变故不少矣，而海内所奉为导师以为趋向标准者，首屈康、梁师弟。顾众人视之，以为福首，而自仆视之，则以为祸魁。（《学衡》杂志第八期与熊纯如《书札节钞》第十八，以下引《学衡》各期所登此种《书札节钞》简称《书札》）

翌年复有书云：

时局至此，当日维新之徒，大抵无所逃责。仆虽心知其危，《天演论》既出之后，即以《群学肄言》继之，意欲风气者稍为持重，不幸风会已成。（《书札》五十一）

由此可知先生虽主维新，然对于康梁辈之卤莽灭裂，轻易妄发，甚不谓然也。

戊戌以后，先生既摈不用，则殚心译述，所译有约翰穆勒《名学》《群己权界》，斯密亚丹《原富》，孟德斯鸠《法意》，斯宾塞尔《群学肄言》，甄克思《社会通诠》，耶芳斯《名学浅说》诸书。约翰穆勒《名学》，及耶芳斯《名学浅说》两书，可与明季李之藻所译《名理探》，在学术史上，有同等之地位。吾国逻辑之学，素不发达，思想笼统，成为心习，先生首先翻译西洋逻辑名著，提倡慎思明辨之风，其功实伟。斯宾塞尔《群学肄言》一书，为先生稳健思想之源泉。此书之译，欲使当日新人读之，祛其客气，研求实学，为改革之预备，所以矫正戊戌以前所译《天演论》之流弊者也。斯密亚丹《原富》一书，奠经济学之始基。书中鼓吹自由贸易，掊击保商政策，谓一切当任其自竞，开明自营，于道义不背，大利所存，必其两益，其说甚辨。顾英哲卡莱尔、罗斯铿等，以此学教人孳孳为利，有失人性之尊严，斥之为猪的哲学（pig philosophy）。《原富》实一言利之书，其根本思想，与儒说不相容。然先生遂译之，亦自有故，译事例言中云：

> 科学之事，主于所明之诚妄而已，其合于仁义与否，非所容心也。且其所言者，计也，固将非计不言，抑非曰人道止于为计，乃已足也。从而尤之，此何异读兵谋之书，而訾其伐国，睹针砭之论，而怪其伤人乎？

时当庚子（光绪二十六年，即西历一九〇〇年）之后，国势危败，观此书吴挚甫序：

> 国无时而不需财，而危败之后为尤急。……中国士大夫以言利为讳，又怵习于重农抑商之说，于是生财之途常隘，用财之数常多。而财之出于天地之间，往往遗弃而不理，吾弃财不理，则人之睨其旁者，势必攘臂而并争。……不痛改讳言利之习，不力破重农抑商之故见，则财且遗弃于不知，夫安得而就理。是何也。以利为讳，则无理财之学，重农抑商，则财之可理者少。

知译者之用心深矣。

孟德斯鸠《法意》，为西洋论政、论法之巨著，犹经济学之有斯密亚丹《原富》也。先生译之，实为当时谈西学者，别辟一天地。译笔亦平实，不若《天演论》《群学肄言》译本之有意为文，喜骋辞华。书中案语特多，大都读书有得，独抒己见之言。如云：

向所谓三代，向所谓唐虞，只儒者百家其意界中之制造物而已，又乌足以为事实乎，思囿乎其所已习，而心常冀乎其所不可期，此不谓之吾国宗教之迷信，殆不可以。（《法意》卷三章五案语）

此怀疑古史之说也。如云：

必逮赵宋而道学兴，自兹以还，乱臣贼子乃真惧尔。然而由是中国之亡也，多亡于外国，何则非其乱臣贼子故也。……异族之得为中国主者，其事即兴于名教。（《法意》卷五章十四案语）

此攻击名教之说也。如云：

三代以还，汉律最具，吾国之有汉律，犹欧洲之有罗马律也。萧相国明其体，而张廷尉达其用，朱博曰，太守不知经术，知有汉家三尺法而已，至哉斯言，此汉明法吏之所以众也。王荆公变法，欲士大夫读律，此与理财，皆为知治之要者，蜀党群起攻之，皆似是实非之谈，至今千年，犹蒙其害，呜呼酷矣！（《法意》卷二十四章十案语）

此主张法治之说也。如云：

孟子非至仁者欤，而毁墨，墨何可毁耶？且以其兼爱为无父，又以施由亲始为二本，皆吾所至今而不通其说者也。夫天下当腐败否塞，穷极无可复之之时，非得多数人焉，如吾墨，如彼斯多噶者之用心，则熙熙攘攘者，夫孰从而救之？（《法意》卷二十四章十案语）

此提倡墨学之说也。如云：

宗教本旨，以明民也。以民智之稚，日用之不可知，往往真伪杂行，不可致诘，开其为此，禁其为彼，假托鬼神，震慑愚

智，虽其始也，皆有一节之用，一时之功，洎乎群演益高，则常为进步之沮力。（《法意》卷二十四章二十二案语）

此排斥宗教之说也。如云：

> 吾闻礼法之事，凡理之不可通者，虽防之至周，其终必裂。裂则旁溃四出，其过且滥，必加甚焉。中国夫妇之伦，其一事尔，他若嫡庶姑妇，前子后母之间，则以类相从，为人道之至苦。过三十年而不大变者，虽抉吾眼，拔吾舌可也。（《法意》卷二十四章二十六案语）

此反对旧日礼法之说也。廿年来流行新说，先生每引其端，特不肯推波助澜，言过其实而已。盖其论旨，在乎求是，非欲挟一偏之见，以号召党徒也。先生胸有所主，人文思想，根深蒂固，西洋自然主义，功利之说，于先生有开拓解放之益，而无泛滥横决之弊。观下列案语：

> 谓民品未臻，则于德行，好为苟难，又常以溪刻清苦者为近道，此其言至可思，而为吾国言道学者对证之圣学。虽然有辨，盖人之生也，成于形气，而志虑帅之。任形气者，每乐于放肆，而循志虑者，或类于拘牵，放肆之势顺，所乐者也，拘牵之势逆，所苦者也。而人禽之关，实分于此。夫所谓圣贤人者，其功夫无他，质而言之，能以志虑驭其形气，使循理已耳。循理何？抑当前之可乐，以求免于后世之悔吝与祸灾也。使从心所欲，而未见可悔，将圣者犹为之，不然，又乌可以不介介乎？是之谓操守。嗟乎，操守者，所以自别于禽兽，而以拯社会于危亡者也。（《法意》卷二十五章四案语）

其人文思想之深刻，为何如乎。

先生之译穆勒《群己权界论》一书，初名《自由论》。穆勒此书，实论政之作。其中所言自由，先生谓即大学絜矩之道，此则为勉强、为比附。大学教恕,安人必先修己,治平必先诚正,公德私德,范围有大小,而本质无区别。穆勒之书教争,扬己必先抑人,自由必先去干涉,私德公德,划疆而治,若不可逾越,欲以向外发展之方法,求内心精神上之无拘牵。此种学说,为政治议论则有余,为人生理想则不足。先生初译此书,不过欲借此以矫当时朝士迂执专断之弊。其译例中,屡言人得自由,必以他人之自由为限,然终不免为人所误解。民国三年,先生为《庸言报》作《民约平译》一文,其意即在破除时人对于自由平等之迷信。

> 自由平等者,法律之所据以为施,而非云民质之本如此也。夫言自由,而日趋于放恣,言平等而在在反于事实之发生,此真无益,而智者之所不事也。……今吾国人之所急者,非自由也,而在人人减损自由,而以利国善群为职志。(《庸言报》第二十五、六两期合本)

《书札》中复云:

> 一切学说法理,今日视为玉律金科,转眼已为蘧庐刍狗,成不可重陈之物。譬如平等自由民权诸主义,百年已往,真如第二福音,乃至于今,其弊日见,不变计者,且有乱亡之祸。(《书札》三十九)

自由之说,先生躬自介绍之,而其后恶之如此。不知先生者,谓为反覆,知先生者,则既谅其用心之苦,复觉无易由言之训,为不可磨灭也。

甄克思《社会通诠》一书,英文原名"政治简史"。其书在西方非有赫赫之名,然经先生翻译,在我国思想界,发生极大影响。图腾、宗法、军国诸名词,成为当日新人物之口头禅。维新派视此书为主张变法有力之根据,足以推倒旧派尊君父之说。君父者,宗法社会之产物耳,宗法社会进而为军国社会,则君父失其所附丽,又曷足尊乎?夏穗卿序《社会通诠》,"以为今日神洲之急务,莫译此书若"，且以我国之不脱离宗法社会，归罪于孔子，谓"孔子之术，其的在于君权，而径则由于宗法。盖借宗法以定君权，而非借君权以维宗法，然终以君权之借径于此也，故君权存而宗法亦随之而存。"时革命党章太炎等，万力主排满，揭帜民族主义，以此书中案语，每以民族主义，与宗法社会相提并论，则大惠。章氏草《〈社会通诠〉商兑》一文，痛驳之。谓甄氏所言之宗法社会与中国固有之宗法社会，未必能合。中国今宗法，必有差愈于古宗法者，古宗法亦有差愈于甄氏所见之宗法者。民族主义与宗法社会，决非一事，其外延甚巨，足以虚受图腾、宗法、军国三种形式。革命党之民族主义，乃军国社会之民族主义，而非宗法社会之民族主义也。观夏、章两氏之议论，知《社会通诠》影响之大。书中案语，以"周孔者，宗法社会之圣人也"一语（见《国家之议制权分》第十二首节后）为最可喜，亦最有语病。此与近人以社会阶级，及经济制度，解释文化，同为偏颇之见。夫周孔之人格与教训，自有其普遍性与永久性，非宗法社会四字所能限。使周孔而仅仅为宗法社会之圣人，则当随宗法以俱去，此狂妄者之所喜言，而先生岂谓是乎。民国初年，先生所作《费鉴清家传》，有云："世道方革，或谓宜破家族为军国民。其尤悖者，乃云用家族主谊，则贪官污吏，为孝子顺孙。邪说诐行，沦胥以铺，辛壬以来，其效盖可睹矣。嗟夫，使吾国乡里多善人，以孝悌忠信相助，其所保全，顾不大耶。"《书札》中复云："宗法之入军国社会，当循序渐进。任天演之自然，不宜以人力强为迁变。如敦宗收族固也，而不宜使子弟习于倚赖，孝亲敬长固矣，而不宜使耄耋之人，沮子孙之发达。"（《书札》四）此则不激不随，持平之论矣。

先生生平，最重教育，译著而外，办学之时为多。始管理北洋学堂十余年，继任安庆高等学堂监督、北京大学校长等职。人事牵掣，未能多所表见，然关于教育及文化之言论，散见于译著及书札中者，则往往精到异常，至可宝贵。先生于我国近数十年来，各方缺乏真才，深致太息。

吾国大患，自坐人才消乏。盖旧式人才，即不相合，而新者坐培养太迟，不成气候。即有一二，而孤弦独张，亦为无补。复管理十余年北洋学堂，质实言之，其中子弟，无得意者。……且此不独北洋学堂为然，即中兴诸老，如曾左沈李，其讲洋务，言培才久矣，然前之海军，后之陆军，其中实无一士。（《书札》五十七）

欲救此弊，仍有赖乎教育。其为广造善因，抑或谬种流传，则全视办教育者之主张而定，不可不慎也。先生对于教育之主张，简言之，即尊重本国文化，研究西洋科学而已。其于尊重本国文化方面，有云：

中国目前危难，全由人心之非，而异日一线命根，仍是数千年来先王教化之泽。（《书札》四十九）

行年将近古稀，窃尝究观哲理，以为耐久无弊，尚是孔子之书。四子五经，固是最富矿藏，惟须改用新式机器，发掘淘炼而已。其次则莫如读史，当留心细察古今社会异同之点。古人好读前四史，亦以其文字耳，若研究人心政俗之变，则赵宋一代历史，最宜究心。中国所以成为今日现象者，为善为恶，姑不具论，而为宋人之所造就，什八九可断言也。（《书札》三十九）

洛生气质极佳，今日出洋，学得一宗科学，回来正及壮年，正好为国兴业。然甚愿其勿沾太重之洋气，而将中国旧有教化文明，概行抹杀也。不佞垂老，亲见脂那七年之民国，与欧罗巴四年亘古未有之血战，觉彼族三百年之进化，只做到'利己杀人，寡廉鲜耻'八个字。回观孔孟之道，真量同天地，泽被寰区。（《书札》五十九）

读经自应别立一科，而所占时间，不宜过多，宁可少读，不宜删节，亦不必悉求领悟。至于嘉言懿行，可另列修身课本之

中，与读经不妨分为两事。盖前者所以严古尊圣，而后者所以达用适时。(《书札》四)

寒家子女，少时皆在家塾先治中文。经传古文，亦无不读。非不知辞奥义深，非小学生所能了解，然如祖父容颜，总须令其见过，至其人之性情学识，自然须俟其年长，乃能相喻。四子五经亦然，以皆上流人不可不读之书。此时不妨先教讽诵，能解则解，不能解置之，俟年长学问深时，再行理会，有何不可。且幼年讽诵，亦是研练记性，研练记性，亦教育中最要事也。若少时不肯盲读一过，则终身与之枘凿，徐而理之，殆无其事。(《书札》六十三)

立国根木，端在于此，圣人复起，不易斯言。然先生对于当时号称治旧学者，则又颇有微辞。如云：

古圣贤人，所讲学而有至效者，其大命所在，在实体而躬行。今日号称治旧学者，特训诂文章之士已耳，故学虽成，其于社会人群，无裨力也。(《书札》补录二)

复云：

晚近中国士大夫，其于旧学除以为门面语外，本无心得。本国伦理政治之根源盛大处，彼亦无有真知。故其对于新说也，不为无理偏执之顽固，则为逢迎变化之随波何，则以，其中本无所主故也。(《书札》二十六)

此与研究佛法，正不必崇拜俗僧，同一理由。今日俗僧多矣，先生之言，不可不知也。其于研究西洋科学方面，有云：

人莫病于言非也，而相以为是，行祸也，而相以为福。祸福是非之际，微乎其微，明者犹或荧之，况其下者乎？殆其及之而后知，履之而后艰，其所以失亡者，已无艺矣，此予智者罟擭陷阱之所以多也。欲违其灾，舍穷理尽性之学，其道无由。而学

矣,非循西人格物科学之律令,亦无益也。(《原富》译事例言)

今世学者,为西人之政论易,为西人之科学难。政论有骄嚣之风(如自由、平等、民权、压力、革命皆是),科学多朴茂之意。且其人既不通科学,则其政论,必多不根,而于天演消息之微,不能喻也,此未必不为吾国前途之害。故中国此后教育,在在宜著意科学。使学者之心虑,沉潜浸渍于因果实证之间,庶他日学成,有疗病起弱之实力,能破旧学之拘牵,而其于图新也审,则真中国之幸福矣。(《严几道文钞》卷四)

今风会所趋,莫不曰科学救国,然知科学精义,言之深切著明若先生者,殊不多觏。先生之于教育,所见如此。其于政治,则倾向君主立宪,谓共和非不善,特其时未至,其俗未成,其民不足以自治,姑徐图之,以君主立宪为过渡耳。然此不过学理上之空论,实际先生既不主清室复辟,更不主袁氏称帝。列名筹安会一事,纯出杨度等诡谋。先生不能坚拒于前,又不能即日离京,登报辨明于后,甚可惜也。或曰先生年老多病,且染烟癖,军警环视,出京恐非易易,理或然欤。终不与筹安会议,不受利诱,不为文劝进,其志节亦可大白于天下矣。要之先生为人,似长于思虑,而短于应物,"瞻前虑后,计密成迂"(《书札》三十一),先生盖有自知之明。然其识解之宏通,议论之精辟,求之近世,殆无伦比。今者国事益亟,举足有覆亡之虞,番番老成,瞻言百里,宁得一先生,不愿得千百头脑简单、冥行妄动之徒也。

先生于民国四年,日本提出二十一条要求之后,慨然告人曰:"倭乘群虎竞命之时,将于吾国求所大欲。若竟遂其画,吾国诚破碎,顾从其终效而观之,倭亦未必长享胜利,如此谋国,其眼光可谓短矣。倭虽岛国,卅年以来,师资西法,顾所步趋,专在独逸。甲午以还,一战克我,再役胜俄,民之自雄,不可复遏,国中虽有明智,然在少数,不敌众力。又国诚贫,见我席腴履丰,廓然无备,野心乃愈

95

勃然,此我所以为最险也。"(《书札》九)又曰:"颇闻要求条件,乃日本海陆军人党所为,政府亦知其为危险,顾欲保势力权位,遂为所牵,其说尽信。去年德之趋战,强半亦军人党所催成也。大抵尚武之国,每患此弊。西方一德,东方一倭,皆犹吾古秦,知有权利,而不信有礼义公理者也。"(《书札》十一)又曰:"中国之弱,其原因不止一端,而坐国人之暗,人才之乏为最重。中倭交涉,所谓权两祸而取其轻,无所谓当否。……若政府长此终古,一二年后,正难言不与敌以间隙耳。大总统固为一时之杰,然极其能事,不过旧日帝制时一才督抚耳。欲与列强君相抗衡,则太乏科哲学识,太无世界眼光,又过欲以人从己,不欲以己从人。其用人行政,使人不满意处甚多,望其转移风俗,奠固邦基,呜呼!非其选尔。顾居今之日,平情而论,于新旧两派之中,求当元首之任,而胜项城者谁乎?此国事之所以重可叹也。"(《书札》十二)又曰:"日本自变法以来,其建国宗旨,法律军伍,乃至教育医疗诸事实,皆以独逸为步趋,以战为国民不可少之圣药。外交则尚夸诈,重诇侦。其教民以能刻苦厉竞争为本,事属利国,虽邪淫盗杀,无不可为。凡此种种,皆奉德教以为周旋者也。……总之东方日本,其野心与德正同。平日自言其国,每十年斯与人作战一次,其学校诸生,毕业后游于人国者,大抵皆侦探也。"(《书札》三十八)先生二十年前之议论,若为今日而发者,国人不竞,先生乃获知言之名,悲夫。

先生自欧陆开战以来,于各国胜负进止,最为注意。一日十二时,大抵六时看西报。及新出杂志,当时审知外情者,莫先生若。民国六年于《公言报》著论,力排浮议,主张加入协约,谓:

> 疆场之事,一彼一此,固不敢料德奥之必败,然以一盈一竭之理言,则最终胜负,皦然可睹。"(《书札》三十七)

至云:

> 雪非吐气,固亦有日,然非痛除积习不能,盖雪非必出于

战,战必资器,器必资学,又必资财。"(《书札》九)

国之实力,民之程度,必经苦战,而后可知。(《书札》十三)

今日之事,其解决不在战陈交绥之中,而必以财政兵众之数为最后。(《书札》十六)

今日之战,动以国从,故其来也,于人国犹试金之石。不独军政兵谋,关乎胜负,乃至政令人心道德风俗,皆倚为衡。(《书札》四十四)

更足证先生对于现代战争认识之深,非他人所能及也。

先生晚年对国事益悲愤,然坚信中国不灭,旧法可损益,必不可叛。临终草遗嘱,告诫子孙,犹谆谆以此为言。先生于民国九年元旦,因长孙生,曾有诗云:"震旦方沉陆,何年得解悬,太平如有象,莫忘告重泉。"今国家景象如斯,先生重泉有知,喜乎?悲乎?余幼读先生所译书,即心向往之。其后于《学衡》杂志中,读先生与熊纯如书札,益叹其卓识远虑为不可及。最近阅王蘧常著先生年谱,于先生之身世、思想、人格,更有所窥。先生于中西治术学理,实能究极源委,有以探其异同得失之所在。文艺修养之深厚,亦迥越恒流。早岁游英归国,急于用世,愤士大夫顽梗竺旧,遂慨然以解放思想自任。所译各书,大率当时西洋新人物讲功利富强之言。然先生旧学湛深,其翻译西籍,志在补偏救弊,有目的,有分寸,与盲从西人,一往不返者大异。暮年观道,益有所悟,所作书札,名言谠论,尤卓然不可磨灭。平生师友中,服膺郭筠仙、吴挚甫、陈伯严诸人,以其"旧学淹贯,而不鄙夷新知"(《严谱》),"各具新识,而游于旧法之中,行检一无可议"也。(《书札》五十五)余观先生一生,甚似英国之自由保守派(liberal conservative),不顽固,不激进,执两用中,求裨实际。惜国人数十年来,理智衰落,意气用事,不学无术,行险侥幸之徒,托名进取,恣意破坏。而言保守者,复十九愚谬畏葸,因循乏远志。遂令泱泱大邦,千亿神明之胄,迄无重心,迄无标准,迄鲜足为青年所共瞻仰之老成人。内无以自定,外无以应敌,徒相与回旋于混乱与专制之间而已。言念先生,感喟曷极!

（《国风（南京）》1936 年第 8 卷第 6 期）

李纲与今日之中国

　　当今中国局势,甚似北宋末叶。彼时之有金祸,犹今日之有日祸。吴乞买,则昭和也。金兀术、粘没喝、干离不,则荒木、松井、板垣、长谷川也。金人之狡诈残忍,思并吞中国,则俨然今日之日本军阀也。然宋有抗敌英雄曰李忠定公纲者,可为百世师焉。靖康、建炎之际,朝议和战靡定。宰执如李邦彦、唐恪、耿南仲、汪伯彦、黄潜善辈,不知出一计、决一策,以与金人抗。惟日以迁都、输金、割地、请和为言。独李纲忠诚勇毅,力排和议而主战守。其所谋划,皆安危至计,体大思精,一一可见诸措施。惜乎钦、高二帝,庸儒无远志,见贤而不能用,用之而不能久。朝臣复妒功害能,必排去纲而后快。纲去,国事遂不可问。以纲之处境,与今日情势较之。外寇鸱张,祸迫眉睫,此其所同也。然一则暗主佞臣,畏敌忌贤,朝议纷纭,和战莫决。一则举国一心,同仇敌忾。昔犹闻模棱之论,今则苟非汉奸,无有舍战守而言求和者,此其所异也。纲之处境,可谓艰难,观其《象州答吴元中书》:"嗟乎!子胥欲霸吴而尸浮于江,苌弘欲兴周而血化为碧,孔融以为汉而见收,田丰以言效而不免。昔之贤,智如此,何独我哉!"足以知其胸中之郁结矣。夫李纲抗敌失败之英雄也。纲之失败,宋室之不幸。然其抗敌之精神与言论,固当常留天地间,亘千古而不可磨灭。中国夷狄之患,自古有之。往哲垂训,莫不以攘夷为急。《春秋》大义,即在尊王攘夷。彼时之王,今之中央政府也。必尊王而后可以攘夷,必全国统一,服从中央政府,而后可以抗日。尊王与攘夷之不可分,犹统一与抗日之不可分也。吾国历史上，凡媚敌求和者，莫不为大奸慝。以宋而言，如李邦彦、汪伯彦、黄潜善、秦桧是也。凡抗敌主战者，莫不为大忠臣。以宋而言，如寇准、李纲、宗泽、岳飞是也。兹文所论，仅及李纲，然纲实为代表人物。论纲而中国文化中传统抗敌之精神，乃昭然如日月之照耀于天壤间焉。

李纲抗御金人之大计，具详于《邀说十议》。高宗建炎元年五月，召公为尚书右仆射，兼中书侍郎。六月公至行在，入见，涕泗交集，帝为动容。然初未受右仆射之命，以十议邀说高宗，度其能行乃肯受命。其议国是曰：

> 和、战、守三者一理也，虽有高城深池，弗能守也，则何以战。虽有坚甲利兵，弗能战也，则何以和。以守则固，以战则胜，其和可保。不务战守之计，惟信讲和之说，则国势益卑，制命于敌，无以自立矣。

> 山河财用有尽，而金人之欲无穷。少有衅端，前所予者，其功尽废，遂当拱手以听命而已。昔金人与契丹二十余战，战必割地厚赂以讲和，既和，则又求衅以战，卒灭契丹。今又以和议惑中国至于破都城，灭宗社，易姓建号，其不道如此，而朝廷犹以和议为然。是将以天下畀之敌国而后已，臣愚，窃以为过矣。

此与建炎元年，公至江宁上封事中所论者大旨相同，封事中之言曰：

> 自古夷狄为中国患，所以待之者，不过三策，曰和，曰战，曰守而已。长驱深入，吾城池坚而人心固，则可守。凌犯无已，吾士卒勇而形势利，则可战。虏气既慑，吾辞理直而威力强，则可和。故能守而后可战，能战而后可和，三者虽殊，其致一也。

> 和、战、守三者一理，能守而后可战，能战而后可和，实千古不

刊之论。旬日来日寇因沪战失利，颇思局部讲和，俾得倾其全力以犯北方。报载日政府有挽英美调停沪战之说，确否不可必。然敌人阴贼险狠，安知其无比诡谋，九国公约会议中，英美为自身利害计，或亦将提出停止沪战为先决条件，此正纲所谓以和议惑中国也。所幸当局已明白表示始终抗战之决心，非俟日本军队完全撤退，吾人之抵抗决不停止，此则令人振奋无已者也。

纲之议战曰：

> 昔周用乡遂之兵而出无不胜，汉用羽林孤儿七郡良家子而制服四夷，唐用府卫之兵而威振天下，齐用管仲之法而九合诸侯，秦用商鞅之令而卒并六国。然则有天下国家者强兵战胜之术，概可睹矣。为今之计，莫若法乡遂府卫之制而寓兵于农，法羽林孤儿七郡良家子而参以募兵，改法更令，信赏必罚，以壮国威，以养士气，使之有勇而知方，然后兵乃可用也。

> 国家承平之久，文事太胜，以武弁为羞，而学者以谈兵为耻，至于战卒贱辱之甚，无以比者，正当趣之时变，以武为先能言兵者，稍褒崇之，置武功爵，益养死士，有以得其心而作其气，则战胜于一日之间，有不难也。

此所言者，与近年政府推行壮丁训练，颁布征兵制度，集中训练军官，实施军事教育同一用心。广西民团训练，寓兵于农，源本乡遂府卫之制，其规划组织切实可行，且已著有成效。今全面抗战已经发轫，欲求最后胜利，则广西民团训练办法，似有推行全国之必要。斟酌损益，是在各地之有司。

纲之议守曰：

> 夫以四方万里之远，而金人欲以力经营之，故其力之所及者，靡不悉取，而其力之所未及者，留衅以为异日之图。此必至之理也。为今日守备之策，当以河北、河东之地，建藩镇，立豪杰，使自为守，朝廷量以兵力援之，而于沿河、沿淮、沿江置

帅府要郡以控扼。修城池，备器械，屯兵聚粮，坚壁清野，教车战以御其奔冲，习水战以击其济渡，使进无所掠，退不得归，则其势必不敢深入，至于陵边隅，破城邑，则不能保其必无也。但能备御今冬，不至越轶，使国势渐定，人心稍安，则自此得益修军政，吾无患矣。

此节所述一若为今日大局写照，虽时移世易，应付之道，古今异宜。然抗敌之基本策略，此节言之甚明，恐今日亦不能外此耳。

纲之论伪命曰：

> 昔李唐有安禄山之乱，大臣如达奚珣、陈希烈之流皆相贼用事，而其余受伪命者，肃宗反正以六等定其罪，然后唐之威令伸，以有中兴之功。今宜依此考核其罪之轻重，以秉权用事者为一等，以受伪官迁职者为一等，以北面而臣事之者为一等。其有致仕及曾乞致仕而不许者，犹有羞恶之心，并与旌别，应以忠义为贼所杀，如李若水等，皆追赠而优恤其家，则善者知劝，恶者知戒，天下之士风丕变矣。

非常时期赏罚最宜严明。处乱世当用重典。非此则善者不知劝，恶者不知戒。人亦何乐而不为恶乎？此次抗战开始，中枢曾颁惩治汉奸条例及军律等等，最近空军将士之陆迁、张自忠、刘汝明之撤职查办，李服膺、曾正祥之就地枪决，皆足一正国人之观听。自九一八以来，赏罚不明久矣，及今图之，犹未为晚也。

《邀说十议》中，尚有议巡幸、议赦令、议僭逆、议本政、议责成、议修德，所言皆深切著明，精义所在，无间古今。纲一生志节谋略，具见其全集中，孤忠耿耿，终其身以攘夷修政为己任。靖康朝以死力争，勿迁都城。治兵备御，击退金虏。建炎入相，虽仅七十余日，然修军政，变士风，改弊法，省冗官，招买兵马，宽裕邦财，遣张所招抚河北，王璞经制河东，宗泽留守京城，西顾关陕，南葺襄邓，以为必守中原之计。使纲得行其志，宋室中兴，计日可待，又安用南渡为哉？今日者强敌深入，国命垂危，御侮图存，固赖全国人民之群策群力，尤赖为领袖者有李纲之志节，有李纲之谋略，公忠体国，久而弥坚。切风雨同舟之谊，怀亡国自我之痛，与敌周旋，生死以之，则少康造夏，其在斯乎？非然者中原尽失，江淮不保，蹙蹙靡所骋，效晋元且不可得。孔子曰："微管仲，吾其披发左衽矣。"吾又不暇为宋人哀也。

《《国命旬刊》1937 年第 2 期）

抗战精神与南宋理学

今之论者,每谓南宋理学之弊,在空谈性命,不知抗战。余不知其何所据而云然。宋代性命之学,奠定孔学之哲学的基础,受老庄与印度思想之影响,而不为其所转移,且益发扬光大,蔚为吾国学术之正宗。此正中国真正之文艺复兴,非清代考据之学所得强为比拟者也。国人本重实用,缺乏希腊求知求真之精神。宋儒即物穷理,剖析微芒,毫厘之辨,弗明弗措。此种为学问而学问之态度,方将赞扬之不暇,安能挟功利之见,谓为空谈?然兹事体大,非片言所能尽,余今不欲深论。余所欲问者,南宋讲学诸人,果皆不知抗战者耶?史册具在,可以覆按。凡稍读宋史者,当知自北宋程氏而后,凡讲理学者,莫不黜和议而主抗战。其不主抗战,惟知乞和割地,以图苟安固位者,乃秦桧、汤思退、史弥远、贾似道诸奸耳。今不责置身廊庙,畏怯无耻之诸奸,以误国之罪,反谓南宋之亡,由于在野儒生之讲学,呜呼,是诚何心哉?南宋学者,以朱文公熹为宗主,而熹即为主战最力之人。观其隆兴元年秋八月上孝宗封事,极言讲和之非。

> 今日之计,不过乎修政事攘夷狄而已矣,非隐奥而难知也。然其计所以不时定者,以讲和之说误之也。夫金虏于我有不共戴天之仇,则其不可和也,义理明矣。……夫议者所谓本根未固,形势未成,进不能攻,退不能守,何为而然者。正以有讲和之说故也。此说不罢,则天下之事,无一可成之理。何哉?进无生死一决之计,而退有迁延可已之资,则人之情,虽欲勉强自力于进为,而其气固已涣然离沮,而莫之应矣。其守

之也必不坚,其发之也必不勇,此非其志之本然,气为势所分,志为气所夺故也。

且彼盗有中原,岁取金币,据全盛之势,以制和与不和之权。少懦,则以和要我,而我不敢动。力足,则大举深入,而我不及支。盖彼以从容制和,而其操术常行乎和之外,是以利伸否蟠,而进退皆得。而我方且仰首于人,以听和与不和之命。谋国者惟恐失虏人之欢,而不为久远之计。进则失中原事机之会,退则沮忠臣义士之心。盖我以汲汲欲和,而志虑常陷乎和之中,是以跋前疐后,而进退皆失。

至于请复土疆,而冀其万一之得,此又不思之大者。夫土疆我之旧也,虽不幸沦没,而岂可使彼仇雠之虏,得以制其予夺之权哉?顾吾之德吾之力如何耳。我有以取之,则彼将不能有,而自归于我。我无以取之,则彼安肯举吾力之所不能取者而与我哉?且彼能有之,而我不能取,则我弱彼强,不较明矣。纵其与我,我亦岂能据而有之。……以堂堂大宋,不能自力以复祖宗之土宇,顾乃乞丐于仇雠之戎狄以为国家,臣虽不肖,窃为陛下羞之。

侃侃直陈,意气激越,岂曲士陋儒,硁硁自守之徒,所能窥测其万一者耶?吾尝谓中国昔日之奏议,当于西方之演辞。西方自希腊、罗马始,即为民主,听者为人民,故有演辞。中国昔为君主,听者为帝王,故有奏议,奏议即对帝王之演辞也。诸葛武侯之《出师表》,陆宣公之奏议,夫人知之。就宋而论,王安石、苏轼之万言书,与李纲、朱熹之封事,皆足以与西方德谟森尼斯、西塞罗、柏克、韦勃斯脱、林肯之演辞,并垂不朽。德谟森尼斯为西方最古而最伟大之演说家,其最著名之金冠论,即为排斥和议,激励雅典人民抗御马基敦南侵之演辞。与朱熹上孝宗封事,后先辉映焉。

熹主战论之见于其文集中者,不及一一举。封事而外,要以《与陈侍郎书》及《戊午谠议序》所言为最切至。

　　夫沮国家恢复之大计者,讲和之说也。坏边陲备御之常规者,讲和之说也。内拂吾民忠义之心,而外绝故国来苏之望者,讲和之说也。……今也进不能攻,退不能守,顾为卑辞厚礼,以乞怜于仇雠之戎狄,幸而得之,则又君臣相庆,而肆然以令于天下曰,凡前日之薄物细故,吾既捐之矣。欣欣焉无复毫分忍痛含冤迫不得已之言,以存天下之防者。呜呼!孰有大于祖宗陵庙之雠者,而忍以薄物细故捐之哉。(《与陈侍郎书》)

　　士大夫狃于积衰之俗,徒见当时国家无事,而桧与其徒皆享成功,无后患,顾以亡雠忍辱为事理之当然。主议者慕为桧,游谈者慕其徒,一雄唱之,百雌和之。……平时号贤士大夫,慨然有六千里为雠人役之叹者,一旦进而立乎庙堂之上,顾乃惘然如醉如幻,而忘其畴昔之言。厥或告之,则曰,此处士之大言耳。呜呼!秦桧之罪,所以上通于天,万死而不足以赎者,正以其始则倡邪谋以误国,中则挟虏势以要君,使人伦不明,人心不正,而末流之弊,遗君后亲,至于如此之极也。(《戊午谠议序》)

忧愤郁结,垂涕而道,正直之气,发乎义理之不得不然。非张脉偾兴,危言耸世者比也。熹于南渡前后人物中,独推崇李纲,称之为一世之伟人。(见《邵武军学丞相陇西李公祠记》)且谓:"使公之言,用于宣和之初,则都城必无围迫之忧;用于靖康,则宗国必无颠覆之祸;用于建炎,则中原必不至于沦陷;用于绍兴,则旋轸旧京,汛扫陵庙,以复祖宗之宇,而卒报不共戴天之仇,其已久矣。"(《丞相李公奏议后序》)纲之数困于庸夫孺子之口,而不得卒就其志,熹读其奏议,所为废书而泣,叹息痛恨者也。熹恢复中原扫荡胡虏之志,不特见之于文,抑且见之于诗。读其《拜张魏公墓下》诗:"贱子来岁阴,烈风振高岗。下马九顿首,抚膺泪淋浪。山颓今几年,志士日惨伤。中原尚腥膻,人类几豺狼。公还浩无期,嗣德炜有光。恭惟宋社稷，永永垂无疆。"及《次子有闻捷韵四首》之第四首，"杀气先归江上林，貔貅百万想同心。明朝灭尽天骄子，南北东西尽好音。"第三首，"孤臣残疾卧空林，不奈忧时一寸心。谁遣捷书来荜户，真同百蛰听雷音。"可以知其爱国复仇之情为何如。夫岂空谈性命，不知抗战者耶？言者尽自反乎。

与熹同时讲学者，曰张栻。其上孝宗疏曰："今日但当下哀痛之诏，明复仇之义，显绝金人，不与通使。然后修德立政，用贤养民，选将帅，练甲兵，通内修外攘进战退守为一事。且必治其实，而不为虚文，则必胜之形，隐然可见。虽有浅陋畏怯之人，亦且奋跃而争先矣。"与熹持论相同。熹弟子曰黄榦，倜傥有谋。知安庆府时，金人破光山，安庆去光山不远，群情震恐，榦独筑城备战守。后金人破黄州、沙窝诸关，淮东西皆震，独安庆安堵如故。旋入荆湖幕府，奔走诸关，与江淮豪杰游，而豪杰往往愿依之。晚年归里，编礼著书，与弟子讲论经理，娓娓不倦。李蟠亦熹弟子，至岳州教士曰："古之人皆通材，用则文武兼焉。"中国教育之真精神，一语道破，可谓一言兴邦者也。熹殁后，讲学之风不绝。虽末流所至，不免如稗史《癸辛杂识》中所述者，然激发忠义，砥砺廉隅，使权奸畏惧，人心不死，有足多者。文天祥从容就义，万变不渝，正气一歌，惊天地而泣鬼神，然天祥固巽斋门人，而晦翁三传弟子也。柴市死后，衣带中有赞曰："孔曰成仁，孟曰取义，惟其义尽，所以仁至。读圣贤书，所学何事。而今而后，庶几无愧。"此理学家之言也。今人既慕天祥之忠烈，复斥儒家性命之学为空谈，不揣其本，而齐其末，井蛙夏虫之见，安足以知吾国之民族英雄哉。

理学之见讥为空疏，为无用，盖不自今日始。当朱熹时，陈亮好言事功，诣阙上书，即曰："始悟今世之儒士，自以为得正心诚意之学者，皆风痹不知痛痒之人也。举一世安于君父之仇，而方低头拱手以谈性命，不知何者谓之性命乎？"意在诋朱熹、吕祖谦等，然亮主战，熹亦主战，亮主复仇，熹亦主复仇，未有以异也。熹则谓亮才高气粗,答亮书曰:"顾此腐儒,又何足为轻重,况今世孔、孟、管、葛,自不乏人也耶。来喻恐为豪士所笑,不知何处更有豪士笑得,老兄勿过虑也。"言婉而讽,其投分之浅深可知。全祖望称亮专言事功,而无所承,其学粗莽,晚节尤有惭德,可谓公论。然亮实才士,尝曰:"堂堂之阵,正正之旗,风雨云雷,交发而并至,龙蛇虎豹,变现而出没,推倒一世之智勇,开拓万古之心胸,自谓差有一日之长。"语虽夸诞,其气概殊不可企及。后世之学之者,无其才识,徒事叫嚣,则不足道矣。儒家精义,在发展理智,以收训练意志之功。其所重在意志之凝聚,而不在感情之张扬。所谓是集义所生者,非义袭而取之也。以意志统率情感,则浩然之气,至大至刚,塞乎天地之间,沛然而莫之能御,故老庄言柔,儒家则莫不言刚。朱熹序金华潘公文集曰:"阳之德刚,阴之德柔。刚者常公,而柔者常私。刚者常明,而柔者常暗。"又曰:"凡自古圣贤之言,杂出于传记者,亦未有不好刚而恶柔者。若夫子所谓刚毅近仁,而又尝深以未见刚者为叹,及乎或人之对,则又直以有欲病根也不得为刚,盖专是为君子之德也。"可为知言矣。今之游士,好弄小慧,摭拾浮辞,释儒为懦。沾沾自喜,矜为创获。扣槃扪烛之谈,徒自暴其轻薄而已,于儒学何损焉?儒者惟言刚,故疾乡愿而称狂狷。孔子曰:"不得中行而与之,必也狂狷乎。狂者进取,狷者有所不为也。"狂者狷者,虽不能从容中道,然皆独立不屈,胜尚跪随重利禄之乡愿万万。吾国自清季以还,文化衰落,君子之真精神几隐灭不可见。重以英美功利之说兴,享乐之念切,资本主义之益未得,而其毒沦肌浃肤,不可补救。历来所谓维新人物,类皆貌为志士,心实乡愿,鱼烂土崩,有由然矣。斯拉夫民族,僻处西北,阴沉严毅,乘时而兴,以改革民生相号召。国内之急进者,闻其风而慕之,艰苦卓越,凌厉奋发。若药不瞑眩,厥疾弗瘳,剥极则复,理或然欤。昔也卤莽灭裂,则国人弃之,今也苦战抗敌,则国人敬之。其言行合乎我国之文化精神与风俗人情,则国人敬之,其言行背乎我国之文化精神与风俗人情，则国人弃之。今日之事，抗战为急。余因述南宋学者之抗战精神，纵论及此，虑之稍远，遂不觉其言之深也。

（《国命旬刊》1938 年第 5 期；后更名为《朱熹与南宋学者之抗战精神》刊于《新阵地》，仅文字略有出入）

抗战建国之古希腊

近顷国人时有以西方古代希腊抵抗波斯侵略之战，以与今日之抗战相提并论者，余甚善之，以为比拟切当。两者皆为民族的自卫的神圣抗战，虽古今异时，中西异地，然其精神意气与对于世界文化意义之重大，则初无二致。值兹抗战建国周年纪念之期，回念过去，默思未来，不胜其悲愤热烈之情。爰重读希罗多德《史记》，节译其有关系者数事，以激发吾志气，且以为邦人勖焉。

希罗多德生于纪元前之五世纪，为西洋史家之鼻祖，后世称为"史父"。其所著《史记》，叙述希腊与蛮夷之斗争，而归结于击败波斯之神圣抗战。全书分九卷，前六卷述抗战以前事，其性质有如导言，后三卷记抗战本事，最虎虎有生气。希腊文学常带悲剧性，此一部希腊抗战光荣史，亦即波斯帝国崩溃之悲剧也。

希腊波斯之斗争，前后经四十余年，然希氏《史记》所载，仅为其中波斯入寇一重要部分，共十有四年。自纪元前四九二年波斯大将马道尼率兵占希腊东北部色雷斯、马其顿起，中经马拉松、温泉关、萨拉米、密卡利、布拉底诸大战，至前四七八年波斯海陆军大部被歼灭为止。西方第一部历史名著，即为一优秀民族之抗战建国史。今日忧患中读之，益令人望古遥集，振奋无己者也。

希腊抗战在军备物质上，远不如波斯。然希腊人知民族存亡在此一举，杀敌致果，义无反顾。故将士咸能效命疆场，至死不屈。温泉关之战，斯巴达王里盎尼达率兵三百人死守此关，无一生还者。此在西方为极有名之史实，形诸诗歌，称道不衰。当波斯王薛西斯于纪元前四八〇年,率海陆大军,入寇希腊。希腊联军初拒之于奥灵匹山旁,继退温泉关。其地背山面海,形势险要,为希腊中部屏障。联军据之,使波斯大队骑兵战车,皆失其效。守三日,敌不得逞。至四日波斯军因得一希腊奸人导引,自后迂回而至。里盎尼达与其所率之斯巴达兵三百人,腹背受敌,苦战一日夜,俱不屈死,合葬于死难之地。时诗人雪蒙德为之铭曰:"嗟尔路人兮,往告吾邦。守命不渝兮,长眠此方。"呜呼,其志哀,其事烈矣。

雅典大政治家泰米托克,实抗战中一民族英雄,雅典得蔚为大邦,泰氏之功最伟。纪元前六世纪,雅典海军虽具规模,然其地位亚于陆军。泰氏政策,则在移扩张陆军之力,以扩张海军。排除一切疑虑与阻力,以完成其政策,使雅典在希腊为一一等之海军国。马拉松战前泰氏为执政时,即通过巩固派拉罗半岛防务计划于公民大会。劳林银矿发现,政府骤得巨资,有主散之民间者,泰氏则力主以此增造战船。二年后雅典遂拥有战船二百艘。前四八〇年夏温泉关不守,波斯兵长驱南下,雅典岌岌可危。泰氏献策,令全城退出,妇孺老弱,登船赴伊琴那、脱洛真、萨拉米诸地暂避。时联军战船近四百艘,泊萨拉米海湾。波斯王薛西斯既陷雅典,联军大部欲南退至考林斯土腰,以待反攻。泰氏则坚持不可,□雅典之全城退出,盖欲诱波斯庞大之海军,至狭小之萨拉米海湾,一举而聚歼之,是战略,非畏怯也。今若退守考林斯土腰,放弃希腊中部伊琴那、萨拉米、麦加拉诸邦,陷大于厄,而图苟安自保,是畏怯,非战略也。时波斯海军已至萨拉米海湾,泰氏乃计诱薛西斯封锁萨湾,使希腊战船欲退无路,不得不出于一战,希腊果大胜,波斯海军大半被毁。此皆泰米托克之远识谋略,创办海军于先,利用地理出奇制胜于后,有以致之。扶危定倾,抗战建国之英雄,泰氏足以当之。

希腊抗战中所表现之精神最可崇敬者,厥为各城邦之真诚团结,抗战到底,不为敌人所离间。希腊本以城为国,城邦观念根深蒂固,不可动摇,阋墙之事,往往而有。雅典与斯巴达两大城,以人民性格及教育之不同,尤争为雄长,彼此不相下。然一旦强敌压境,各城邦即泯弃嫌怨,合力御侮。马拉松战役中,雅典斯巴达首先携手。其后十年,波斯二次入寇,雅典与伊琴那本世仇,亦言归于好。诸邦陆军归斯巴达统率,海军本可由雅典指挥,然因诸邦属意斯巴达,雅典即慨然相从,不加阻挠。且益悉力备战,召回放逐之政治家,如亚理斯底、柴锡伯等,授以兵柄,使为将领。前四八〇年,萨拉米海战,希腊虽获大胜,然危机未减。波斯有骑队掩护步兵,纵横驰骤于大陆之上,希腊则无之。加之希腊南北诸邦,如雅典之与斯巴达,因环境利害之不同,勉力协作,困难时生。敌人遂思乘机离间,波斯将马道尼占雅典后,即退出,遣马基顿王亚历山大游说雅典人。然雅典人竟不为其甘言所动,严辞拒绝之,此则可大书特书者。希氏《史记》中载两方往还之辞甚备。

马道尼使者马基顿王,既至雅典,曰:"雅典人乎,今先告君等以马道尼之言。马之言曰:'余奉国王命曰,雅典人冒渎天威之罪,余一切赦之。尔速往雅典,归其上地。波之所欲,悉以与之。使居之如自由之民。余所焚毁之神庙,如雅典人与吾和好者,尔重建之。'余奉此命,苟君等不以为过,余必遵行之。余今正告君等,曰:'君等何狂妄若此?敢与君等所不能胜不能久抗之吾王战耶。吾王军队之多,战斗之勇,君等知之。余所统率之大军,驻在君等境内者,其实力之雄厚为何如,君等亦知之。君等固绝不能战胜吾军。假令能之,其能战胜吾国内之大军耶。幸勿自尊大以触吾王之怒,使君等有亡国杀身之祸也。今和议既发自吾王,毋宁早日罢兵,于令名无损,与吾永好,毋相欺害。从此长享自由,不亦美乎?'雅典人乎,马道尼属余为君等告者如此。余之善意,诸君固早知之,余可无言。但愿君等于马道尼之言,三致意焉。以余观之,君等欲与吾王长相抗拒,实不可能。苟其能之,余奚必来此喋喋辞费。吾王神威,无远弗届。君等倘对此优待条款,犹不及早议和,则君等来日大难,吾思之不寒而栗矣。诸君当知雅典在希腊各邦中,处境最艰难,且将沦为战场,独受其祸。君等盖听马道尼之言乎?吾王不顾念其他希腊人,而独与君等言和,宽其既往,求为友好者,此非无故,幸熟虑之。"

先是斯巴达人闻亚历山大游说雅典,则大惧。虑雅典将中敌离间之计,急遣使往阻。雅典人逆知其然,故迟迟不答亚历山大。俟斯巴达使者至,然后会集之。首告亚历山大曰:

> 波斯军力数倍于我,不待君之烦说,吾侪固已知之。然吾侪实爱自由,誓当力战弗屈,幸勿以和议之说相扰也。君辞虽巧,言志已决。君其速返,告马道尼曰,天目在上,吾侪与波斯王不能两立,彼侮渎神明,毁我寺庙,吾侪仗神灵呵护,定当扑灭此獠。君亦不须再来,君吾邦上宾,甚愿君之行事,不使吾侪对君有不利也。

复告斯巴达使者曰:

> 君等虑吾侪与蛮夷构和,不可谓非。然君等视吾侪为何如人,岂攘利忘义之徒耶?聚全球之金银,全球之土地,亦不足使吾侪与野蛮之波斯人为友,以奴隶吾同胞也。彼焚吾寺庙,毁吾神像,吾衔之入骨,不与共戴天。凡希腊人皆吾同胞,文字同,风俗宗教同,同拜神明,同参祭典,使雅典人而卖友事敌,其何以立于天地之间。苟君犹未深知者,请重为君告曰:雅典虽余一人,亦必与波斯王相周旋。君等肯慨助,周吾困乏,吾侪之所深感。然吾侪愿自忍苦,不敢劳君等也。幸速出大军,勿再迁延。以吾观之,吾侪拒和之日,即波斯王重行人犯之期。今彼犹未至亚特加,吾侪合兵先入皮沃西亚,此其时矣。

希腊抗战胜利之关键,在雅典与斯巴达能捐除宿嫌,一致对外。其同仇敌忾之精神，于译文中，犹能得其仿佛。余于希腊抗战建国事，仅举荦荦数大端，其他细节，概未论及。读古史有如观模型，比例虽异，结论则同。其与今日抗战情形相似处，读者可自得之。希腊抗战，终获胜利，希腊民族受胜利之刺激，竟得一新生命。龙骧虎步，度越当年。用是产生裴立克里黄金时代之希腊文明。光明璀璨，震古烁今，可谓盛矣。噫嘻，孰谓吾中华民族而不能如古希腊耶？

（《国命旬刊》1938 年第 10 期）

国立浙江大学文理学院中国文学系课程草案

　　大学课程，各校不同，而中国文学系尤无准的。或尚考核，或崇词章，或以文字、声韵为宗，或以目录、校勘为重。譬如耳目口鼻，皆有所明，不能相通；一偏之弊，殆弗能免。昔姚姬传谓学问之途有三：曰义理，曰考据，曰词章。必以义理为主，然后考据有所附，词章有所归，世以为通论。而学问之要，尤在致用。本学术发为事功，先润身而后及物。所得内圣外王之道，乃中国文化之精髓。旷观史册，凡足为中国文化之典型人物者，莫不修养深厚，华实兼茂，而非畸形之成就。故中国文学系课程，不可偏重一端，必求多方面之发展。使承学之士，深明吾国文化之本原，学术之精义。考核之功，足以助其研讨；词章之美，可以发其情思；又须旁通西文，研治欧西之哲学、文艺，为他山攻错之助。庶几识见阔通，志节高卓。不笃旧以自封，不骛新而忘本。法前修之善，而自发新知；存中国之长，而兼明西学。治考据能有通识，美文采不病浮华。治事教人，明体达用。为能改善社会，转移风气之人材，是则最高之祈向已。爰本斯旨，草拟本系课程如次。

　　考据、义理、词章三者，实乃为学之于科学性、思想性与艺术性的相互结合。居今日而论学，须本姚氏之言而申之，不可滞于迹象。故所谓义理者，非徒宋儒之言心性也；所谓考据者，非仅清人之名物训诂也；所谓词章者，亦非但谓某宗某派之诗文也。凡为学之功，必实事求是，无证不信，此即考据之功也。考证有得，须卓识以贯之。因小见大,观其会通,此即义理之用也。而发之于外,又必清畅达意,委析入情,此即词章之美也。考据赖乎学,义理存乎识,而词章本乎才。孔子之修《春秋》也,"其事则齐桓、晋文,其文则史,其义则丘窃取之矣。"其事则考据也,其文则词章也,其义则义理也。非三者相辅,不足以成学。明乎此意,庶可免拘率之见,偏曲之争矣。复述课程于次。

第一学年(凡画⊙者,为必修科)

⊙国文兼习作

选授历代名篇,讲明中国文章之体裁及流变,赓续高中国文未竟之功,增进学生发表之能力。

⊙语言文字学概要

讲明中国语言文字之形义、声韵、文法,使学生得语言文字学之基本知识。

⊙《论语》《孟子》

《论语》《孟子》为儒家要籍。二千年来,浸渍深厚,本课讲明两书精义要旨,使学生深解熟读,期能涵养德行,开启神智。

外国文学、中国通史、教学及自然科学、社会科学皆为本学年必修科。

第二学年

⊙国文习作

教学生习作各体文章,注意修辞之训练。

⊙《诗经》

⊙唐宋文

⊙唐宋诗

《尚书》

音韵学

就第一学年语言文字学之基础,而益求深研,充分利用西方语言学之知识,以治中国声韵,考古审音,祈其精密。

小说研究

英文名著选读、西洋通史、哲学概论皆为本学年必修科。

第三学年

⊙史汉研究

⊙宋明理学

义理之学,至宋明而精。本课选授两代名家学案,尤致意于其由学术,发为事功,以期养成学生体用兼备之用。

⊙楚辞汉赋

⊙六朝文

《仪礼》《礼记》

古文字学

就第一学年语言文字学之基础,进而研治金文、甲骨,以撢文字之原。

训诂学

翻译

与外文系合开。

讲明翻译之原理与方法,教学生练习译西文为中文,求其能忠实畅达,文字优美,而蔚为译界之人才。

第二外国语

本学年学生必须选修外文系文学批评。

第四学年

⊙诸子研究

指导学生研读诸子之方法,于老、庄、墨、荀、韩非诸子中选一种或两种。

⊙中国文学史

⊙词选

《周易》

《春秋》三传

专集研究

曲选

校勘学

目录学

中国哲学史

中国政制史

与史地系合开。

本学年学生必须在外文系选修一科,或诗,或戏曲,或小说。

治学之道,贵由博返约。先务广览,后求专精。本草案于经史子诸要籍,皆列入必修,或选修之科。但祈精读,不务矜奇。至第四学年,始授目录、校勘之学。其途逐示以方法,深造自得,学成专家,则期诸英卓之士。

本草案于《诗》《书》《礼》《易》《春秋》诸经,皆开专科。惟以时间所限,不能均列必修。《诗经》于文学关系尤为密切,故定为必修,其余则在选修之列。至于先后之次,则依孔门教学之法,先易后难,首《诗》《书》,次《礼》,而《易》《春秋》殿焉……

六艺本王官旧典,孔子复董理之,各发新义,以授弟子,实为中国文化之渊源,近人考古,虽多所献疑,然自汉以后,二千余年政治教化,学术文章,受其影响至深。故欲治中国学术,不得不首致力于此。……近世弟子,喜谈流别。不读先秦诸子,宋明儒书,而言中国哲学史;不读《毛诗》《楚辞》,名家专集,而言中国文学史。强记姓名,侈论宗派。听其言,似博通古今;叩其实,乃芜无所得。充其量,不过如章实斋之所谓横通,于学之事无与焉。本草案定中国文学史、哲学史等科于第四年级,于学生研读群书之后,加以综合融贯之功。庶几轻重无违,本末得所。

昔章实斋谓九流之学,出而用世,必兼纵横,以见文采之不可以已也。今成轻视之事,无复揣摩之功。论学则征引万言,芜杂烦冗;应世则短函小札,达意未能:令人复兴苏氏黄茅白苇之叹。本草案特重国文习作,使学生成能为清通修洁之文,足供应用。

　　文字之学,古人幼而习之,故称小学。汉晋文士,多精于此,而未尝自炫。宋元以降,字学荒芜。清人董理绝业,致力颇深,然亦不过以为读经之助。至于声韵之学,昔人尤为矜奇。今世以欧西科学方法,考定古音,简易明确,并无秘奥。本草案定语言文字学于第一学年,所以植其基础。第二、第三学年始开音韵学、古文字学、训诂学等科,所以导其深研。方今世变之烈,振古未有。吾国文章学术,皆在蜕故变新之中。惟将循何种之方式途径,则不得不借资欧西。采人之长,以益吾之短。本草案兼重西文。凡英文名著、文学批评、翻译、西洋诗、小说、戏曲、第二外国语等,皆在必修或选修之例。使学者收比较之功,得攻错之益。高明之士,可以自寻创造之途。

　　(选自刘操南《浙江大学文学院中文系在遵义》,《浙江大学在遵义》,浙江大学出版社1990年版)

对于教育部最近修订大学中国文学系科目表草案之意见

此次教育部修订大学中国文学系科目表，有一事可以提出讨论者。按原表中有外国语六学分，则为必修科，修订时改为世界文学史，用中文编述讲述，殊欠妥□。中国文学系科目表中列外国语为必修课，吾人认为□□□□，盖居今日而言学问，必以阔识虚怀，高瞻远瞩，不可抱残守缺，固步自封。凡为一现代之中国大学生，皆须通一种外国文，有阅读之能力，否则等于一半之文□。实际上大学中除外国文学系，不计外理工□□□□院史哲诸系学生多通外国文，中国文学系学生亦未□□居于后。且即以读中国文学系而论，如创作小说剧本，必须多读西洋文学名著，以资取法。治文学史文学批评，亦有赖于西洋书中之方法及原理，而声韵之研究，古籍之考证，欧西汉学家多所贡献，足供参考。故今日大学中国文学系学生□自通一种外国文，有阅读之能力，始可吸收新知。□□陷于冬烘孤陋，原表列外国语为必修科，吾人极所赞同。此次修订时将外国语取消，闻提议者所持理由为"本系学生颇以为苦"。夫制定大学科目，应以是否有修习之必要为标准，而不应顾及学生之以为苦与否，畏难趋易，人之恒情。假使凡学生以为苦之科目皆可取消，则大学可以停办。至于以为世界文学史，用中文编述讲授，则尤为滑稽。大学教课重在学生课外自动阅读参考书，而不仅赖教师在课室中之讲授，如阅读世界文学史，所有重要参考书多为西文。学生苟无读西书之能力，必不能用参考书，惟每星期在课室中听教师作三小时之讲授,则于高中何异?教者既无兴趣,学者亦无心得,告朔饩羊,徒具虚文,故吾人主张将"世界文学史"一科取消仍照原表列"外国语"为必修科,以培养中国文学系学生读西书之能力。学生如能研读西书,则对于中国文学之研究批评与创作,多所启发,大有裨益,即对于世界文学史之知识,如能自读名著,亦将胜□在教室中听教改用中文讲授,足所得也。

（浙江大学档案馆藏"国立浙江大学档案"）

现代生活与希腊理想

现代生活，外观虽富丽窬皇，气象万千，内容实甚寒伧。其最大病源在缺乏精神上的理想。独裁制之盛行，与侵略战祸之蔓延，充分表现人类行动，已失去理性之控制，而为暴力所支配。履霜坚冰，其来有自，有识者固早已恧焉忧之。夫今之所谓现代生活，实指现代西洋人之生活而言，至东方之现代生活，不过西洋现代生活之微弱的模仿而已。现代西洋人之人生观，就大较言，似已失去重心。觉世间一切无可信，一切不足信，精神飘流，随波起伏，激之东则东，激之西则西。耶教之潜势力，在今日虽仍未可侮，然已非西洋人共有之信仰。而旧信仰既倒，新信仰终未建立。人心浮动惶惑，中无所主，各种偏宕之理论、狭隘之主义，乘机兴起，以号召愚众。今日西方文明，可谓盲目的活动，人力物力，掷诸虚牝，非徒无益，而又害之。物质上交通工具之改进，机械之发明，使人类千里一室，謦欬相闻，而精神上则彼此仇恨，视同胡越，咫尺之间，邈若山河。物质愈接近，精神愈暌隔，物质愈一致，精神愈分歧，矛盾混乱，莫此为甚。或曰，野蛮者无标准之谓也，使此定义而确，则现代生活能免于野蛮之讥者，盖几稀矣。

西方文化发源地有二：一为帕勒斯坦，一为希腊。前者产生耶教，后者产生哲学、科学、文艺、政制。现代生活，缺陷孔多，补偏救敝，仍不得不归而求之于帕勒斯坦与希腊。事有必至，无可避免。此犹解决目前中国问题，虽他山之石，可以攻错，而最后答案，仍须从本国文化源头上着想也。耶教精义何在，前途何如，在现代生活中究应占何位置,彼土学者,腐心焦思,论之已详。兹事体大,姑从阙如。本文所欲约略言之者,乃在希腊文化与其所含之理想。

观察文化厥有两法。如法官审案,搜集一文化功罪之证据,必详必备,证据既齐,然后鉴空衡平,加以判断,此一法也。此法言之匪艰,而行之维艰。且揭发一民族之劣点,每足以因此而误解此一民族。如外人中有所谓中国通者,列举中国人之吸烟、缠足、懒惰、贪污等等,谓由此可以了解中华民族,其为荒谬,固已尽人知之。注重一文化之功绩,认识其意义,估计其对于人类历史永久之贡献,此又一法也,陈义尚不甚高,所见或非全貌,然平易近情,切实可行。今兹所述,盖取此法。

西洋文艺复兴,为古学重振之时期。常人语及古学,每以希腊、拉丁并举,不分轩轾,实则二者精神面目迥异。文艺复兴之风格,与其谓为希腊的,毋宁谓为拉丁的。以当时第一人文学者彼得·兰克之博学多闻,且不甚能读希腊文学,其他可知。真能欣赏希腊文学,了解希腊文化,乃在十九世纪,此实第二次之文艺复兴也。十九世纪中,清如山泉之希腊思潮,与汹涌澎湃、泥沙俱下之现代思潮相汇合,世莫之察。然有识之士,受希腊影响者,人数虽少,而其效则甚深且巨。英国大诗人雪莱,于希腊流风,倾慕备至。尝谓古代雅典社会,虽有缺陷,然从无一时代力、美、德三者,有如此之发达者,亦从无一时代使天地间冥顽之力,受人类不违真美之意志之支配,有如此之贯彻者。雪莱一代文豪,讴歌希腊,不及其文学,彼知希腊之有造于今世者,固不限于文学艺术,其生活形式尤足资楷模也。

约翰·穆勒,学术权威,逻辑名家,然赞美希腊,与雪莱如出一辙。穆勒天资过人,三岁即读希腊文,八岁读拉丁文,十二岁已能解释亚里士多德之修辞学。穆勒读芝诺芬之回忆录,因敬慕苏格拉底之为人,以为若苏氏者,可为生民之表率者也。穆勒之言曰:"审问一切,不畏难中止,非经消极批评之严格考核,使错误矛盾、思想混乱诸弊一扫而空,则不从自己或他人处接受任何主张。尤要者采用一字之前,必须于此字之意义,完全明了,承认一命题之前,必须于此命题之意义,完全明了。此数者吾人所得于古代辩家之教训也。诸家于消极方法,虽充分运用,然对于真理之真实性,并不因此而怀疑。对于真理之追求,并不因此而漠视。一种寻求真理与应用真理于正当途经之崇高热忱,诸家莫不有之。亚里士多德不减于柏拉图,虽就文笔之动人而言,亚氏诚远逊于柏拉图也。故熟习古代文字(此指希腊、拉丁而言),不仅为最佳之文学教育,且为伦理与哲学修养奠其贞固之始基也。"于苏氏及诸哲品德,言之可谓深切著明。

雪莱、穆勒,所见略同,此其故可深长思也。夫希腊之可贵,不在其物质之成就,而在其精神之启示。现代生活建筑于三种观念之上,即科学技术(指科学之应用与现代文化以物质躯壳者而言),及一种人生理想。此三者希腊皆已有之。希腊人乃科学与技术之创造者,至人生理想,彼之所有,过于今人。请先论科学,科学目的,在寻求宇宙之合理解释,扩张知识领域,以谋文明之进步。此种观念,来自希腊。希腊人恃其天才,崛起于迷信巫术之中,赤地新立,以创造一种对于人生采取科学态度之文化。人类知识上之造诣,似莫有过于此者。希腊人实际科学贡献如亚里太克(盛时在纪元前一五六左右)太阳中心理论之发现,亚启米达(纪元前二八七——前二一二)水力学上基本原则之说明,欧拉图芝尼(纪元前二七六——前一九六?)推算地球周围为七八五〇里,以及德漠克里都(纪元前四六〇?——前三六一)之论原子,安那孟特(纪元前六一〇——前五四七)之论进化,就其时代言之,弥可珍贵,然真可珍贵者,乃在自野蛮与原始迷信之黑暗中,透露一线曙光,为迄今犹不可多得之科学性格耳。科学性格之主要条件,为热烈求知,服从理性,以及谦抑、谨慎、忍耐、勤勉诸美德,德漠克里都曰:"我宁愿发现一科学事实,不愿为波斯大帝也。"又曰:"人生乐趣不在身

体，不在财货，而在于正义与丰富之智慧。"安那若哥拉（纪元前五
〇〇——前四二八）曰："生自可乐，因有生吾人始能观察天象与全
宇宙之秩序也。"此热烈求知之说也。柏拉图于《法律》一书中曰：
"法律典章，不应居于知识之上。使理智而为法律典章之臣仆，实
是罪恶，理智者固当君临一切者也。"此服从理性之说也。德谟克
里都曰，"真理深藏于密，吾人实一无所知"，"人类之意见，无异儿
戏"。此谦抑之说也。欧匹卡末（纪元前五四〇？——前四五〇）
曰："冷静与怀疑乃心之经纬。"海拉克里都（盛时在纪元前五一三
左右）曰："吾人不应对于最重大事，作轻率之判断。"德谟克拉都
曰："发现一己之谬误，较发现他人之谬误为佳。"此谨慎忍耐之说
也。欧匹卡末曰："天鬻美物于人，其价则努力也。"此勤勉之说也。
以上所录，语虽简略，意则昭彰。次论技术，常人每谓希腊有科学
精神，而无科学技术，此说未可尽信。现代发明之机械，希腊诚无
之，然希腊人非不知技术之重要。柏拉图《法律》一书中，叙述文化
之成分有四，而技术居其一。大悲剧家伊斯克里斯于《波罗米梭
斯》一剧中描写人类由原始生活渐次上进，至于不可想像，其物质
之基础，即为技术之发展。希腊人技术之成就，亦颇可观。雅典女
神庙建筑之精美，至今犹为人称道不衰。亚启米达所制机器，表示
大科学家用其心力于实际之发明。然应用科学于希腊终不发达，
希腊人以为科学研究，诚为人类极高尚之活动，惟为实际利益而应
用之，则殊可鄙。此种观念或不免谬误，但较近世视科学为利薮，
一若科学价值，全在实用者，犹觉略胜一筹也。

　　现代应用科学之成就，可谓登峰造极，迥非希腊人所能梦见。
然希腊人既思知物，复思知人。今人心理，似仅思知物而不思知
人，即当其思知人之时，亦每视人为物，以物之观点视人，而不以人
之观点视人。此则论人生理想，希腊学说，足可供参证者也。希腊
人以为万物各有其"德"，耳有耳德，目有目德，刀有刀德，尺有尺
德。耳之德在善闻，目之德在善见，刀之德在善割，尺之德在善量。

于人亦然,农工商贾,教师医生,各有其德,即各有其职,以精益求精。惟农工商贸,教师医生,皆人也,人必有人德。吾人一生所应致力者,即在发现此人德,以完成之耳。此发现人德完成人德之理想,足以使人舍去各种小范围内之目的,以寻求人生之总目的,自下而上,由近及远,与时偕行,进步无穷。且内容丰富,多方发展,无狭隘固陋之弊。怀此理想者,力求精善,不问精善之结果,但问精善之本身。势位名利,不稍措意,有无所为而为之态度焉。最佳之希腊文学与艺术作家,无所为而为之态度亦最明显。观察人生,不激不随,不偏不倚,不受自我表现与功利观念之毒,描写各物,适如其分,不加渲染。十九世纪之伤感文艺与最近盛行之宣传文艺,皆非希腊人之所尚,其无所为而为之态度使之然也。

希腊人之人生理想既如此,然则对于现代人类之两大活动政治与经济究持何态度乎?希腊人以为政治问题乃人的问题。国家存在,在使人民得有一种良善生活,此理至明,然为政者往往急于应付当前环境,视为缓图,是大惑也。亚里士多德《政治学》一书中,言之再三,曰,"国家为生活而建立,为良善生活而继续存在",又曰,"政治社会为高尚之行为而存在,非仅为公共生活而存在也",又曰,"政治之重要工作,在造成国民之良好品格,俾彼等能有高尚之行为也"。柏拉图视政治原理为道德原理之扩大,二者不能分离,亦不当分离,于当日名政治家如裴列克里辈责之甚严,以为彼等所尽力图谋者,乃国家之富强,而非风俗之淳美也。《法律》一书中且曰,"国中不应有金银,亦不应借权子母习技艺以牟利。……惟耕稼所得,法律不禁,然即此亦不可因利忘义,以陷溺其身心,身心苟无修养,虽富无益也。吾固屡言之,财富最不足重。世人咸感兴趣之三事中,正当之财富,应居末位,身体之注意,应居第二位,精神之修养,应居第一位……"立法者宜时自省,"何者为我之正鹄乎,我之所为,将达此正鹄乎,抑将失此正鹄乎"。柏拉图政治思想,一往不返,稍嫌迂远。然当此举世扰攘,人将相食之日,得其说而存之,如晨钟暮鼓,亦足发深省也。

希腊思想,视政治一事,不仅应有人的目的,且应用人的方法以达此目的。现代国家,规模庞大,管理綦难,加以科学之影响,技术之暗示,使人于不知不觉间,知有工具而不知有用此工具之人,思以机械方法,解决政治上一切问题。今日民主,明日独裁,今日自由,明日统治。计划风起,章则云涌,每议必会,无家不专,令人目眩神迷,不知所措。柏拉图曰:"君以为国家宪法由一树一石中跃出乎,抑由决定一切之国民性格中自然流露乎。"凡百制度,皆为运用此制度之国民而建立,且须逐渐改易,以求适合于运用此制度之国民之性格。惜乎从事实际政治者,每忽视此浅显之原则,搪埴冥行,迷而忘返,为可异耳。

柏拉图名著《理想国》,亦可谓广义的讨论政治之书也。此书在西洋文化中之地位,舍《圣经》而外,莫可与匹。其主旨在发挥"治国在乎得人"之理。欲求改良政治,必先改良此改良政治之人。此书于选举、议会、财政诸端,今人所认为甚重要者,彼皆置而不论,惟兢兢于治国者之品格,如何陶冶此品格之教育,及如何保持此品格之个人生活。柏氏颇主张一种独裁制,惟柏拉图式之独裁制与纳粹式法西斯式之独裁制大异。非以暴易暴,以一种政治势力代替另一种政治势力,或以一种政治机构,代替另一种政治机构,乃以一种品格,代替另一种品格也。柏氏所倡革命,在乎以哲学家治国,此哲学家者,非后世狭义的哲学家之谓,乃柏氏心目中之理想人格。对于真理,有极热烈之爱慕,对于永久价值,有极清晰之认识,心身二者受严格及长期之训练,习劳苦,安贫困,志一神凝,不诱于物,然后献身政治,为国宣劳焉。柏氏以为苟此等人而不在位,或在位者而非此等人,则国家与人类,永无和平之望也。

柏拉图于《理想国》第八章中根据希腊社会描写各种政体之嬗变,最富兴趣。柏氏以为政体为国民品格之反映,有何种品格即有何种政体,由政体可以观察品格,亦可由品格以推测政体也。柏氏之理想政体,为贤人政治(原文之意为最好人之政治),其次为侠士政治、寡头政治、民主政治,最下者为独夫政治。独夫政治来自民主政治,犹民主政治之来自寡头政治也。二者皆由于太过,一由于过富,一由于过自由,过爱自由,卤莽灭裂,实为民主政治降而为独夫政治之原因。人民欲痛饮自由之酒,不醉无归,政府不允其所求,则人民詈之辱之,治者与被治者同科,不分尊卑。混乱不仅为国家之法律,且为家庭间及禽兽间之法律。父与子,师与弟,老与少,一切平等。父畏其子,师畏其弟,少者聪明,不后老者,老者且偷闲以学少年,恐他人视之为不合时宜也。仆与主平等,男与女无别,即禽兽亦憧憧往来,无所顾忌,鸡犬驴马,咸趾高气扬,旁若无人焉。最后人民感觉锐敏,达于极点,任何法律,皆当推翻,任何主人,皆当打倒。猗欤盛哉,独夫政治由此而起矣。独夫之兴,每托名于为民众谋自由,为民众谋解放。民众拥护之,其敌则欲击杀之,乃亡命走海外,已而复回,号于民众曰,汝等盍不组织军队以保卫我,民众立允之,盖见彼之危而不自见其危也。军队既得,此伟大之保护者,乃翦除异己,高车驷马,俨然独夫矣。独夫初则笑容可掬,蔼然可亲,曰吾之来将以废除债约与土地垄断也。及外患既平,犹穷兵黩武,以保其权位。国中弱者,迫于饥寒,辛苦作工,其强者则驱之战于四方,于是独夫失民心矣。昔年袒泽,有起而与之抗者,独夫毅然清除之,其所清除者,皆勇者、智者与富者。国人恶之愈甚,其自卫亦愈力,须军队亦愈众。然则安从得养兵之费乎,则夺神庙之宝库(希腊邑国,藏金于庙),尽取国中之财富,以与其徒众,倒行逆施,陷国家于万劫不复之地。国人至是始悔养虎贻患,欲除而去之,已无及矣。柏氏生二千载前,其所刻画之自由男女,非今日所谓前进之青年乎。其所刻画之独夫,非希特勒、墨索里尼辈乎。古今人情,相去不远,读柏氏书,益觉其文如日月,光景常新焉。

现代生活,经济为各种活动之中心。工人商贸,意气如云,举世滔滔，莫知其非，而柏拉图与亚里士多德当日所见，则不尽同。以为人之最可宝贵者，既为理智，则人生理想，应为理智之充分发展，工商业之活动，与理想不符。然两氏非摒除工商，视为小道也。工商之有价值与否，视其目的而定，工商本身无可责，可责者往往为以工商为业之人耳。工商满足社会需要，不可或缺。苟优秀公民，设肆立厂，服务人群，不孳孳谋私人利益，则方当敬重之不暇，安肯菲薄之乎。柏拉图经济主张最为人惊异，且最为人误解者，厥为彼之共产主义。柏氏之共产主义，实为一种牺牲主义，禁欲主义。其范围仅限于治者，其目的为全社会，而非推行于全社会也。治者为社会中最优秀之分子，惟其为最优秀，故最应牺牲，最应禁欲。治者之于一国，犹理智之于一身。理智不当为欲念所支配，犹治者不当为经济所支配。今之社会主义者曰，欲实现民主政治，必须先握经济权，然后以经济权控制政权。柏拉图曰，欲实现贤人政治，经济权必须与政治权分开。政权与经济权操于一手，而欲政治廉洁，效率增加，南辕而北其辙，安可得乎。柏氏以道德论政治，悬鹄至高，中道而立，能者从之。亚里士多德则富于常识，熟谙人情，《政治学》一书中，批评共产一节，颇可玩味。"人与人同居一处，有相同之关系，本一难事，而尤以有公共财产为甚。结伴旅行，即是一例，每因琐屑细事，而意见纷歧，口角不已。于仆役亦然，日常生活中最有关系之人，吾人往往亦最易与之龃龉。财产公有，弊如上述。现时措施，苟以良好风俗与法律改进之，或更妥善，且可有两种制度之优点也。财产在某种意义上，应为公有，惟为普通规则计，应为私有。因各人有一特殊利益，则彼此不至怨望，各治其事，进步更速。惟在好人间，就用而言，诚可如俗谚所云'朋友，有物大家用也'。即在今日，此原则之踪迹，约略可寻，足见非不可行者。在有秩序之国家，此原则已相当存在，或更可付诸实施。盖每人虽各藏私财，然朋友有无相通，事极寻常。如斯巴达人互用奴仆犬马，若己有之。旅途中偶然绝粮，则取诸田野，不以为异。夫财产宜私而用之宜公,立法者之责在使人人有慈惠之心斯可矣。抑吾人觉一物为己所有时,其乐无穷,盖爱己与生俱来,非尽无益,与无可辩护之自私有别。自私之害,不在爱己,而在爱己太过,犹凡人鲜不爱钱,而守财奴则爱钱太过也。饮助友朋,欵接宾客,为人生一乐。然此非有私财不可,如国家统制过严,此数利皆不可得矣。共产制度,貌似忠厚。常人每易轻信以为倏忽之间,别开天地,人人相爱,家家互助。尤当彼等习闻指责之言,以为社会种种罪恶,皆自财产之私有而起,实则社会罪恶,别有所由,一由于人心之罪恶而已。"此节所言,初无奥旨,夫妇之愚,可以与知。人类好奇但求快意,亚氏又将奈之何哉。

希腊理想,洁净精微,末学肤受,未敢妄议。然即就兹篇所及,已觉微长足录,于现代生活诸问题之解决,或者有壤流之助。历史固不重演,但亦不容抹杀。来者不可度,往者犹可知,一民族一文化之前途,仍当于此民族此文化中求之。此理皎然,无问中西。孟东野诗云:"治旧得新义,耕荒生嘉苗。"况所谓旧者未必旧,所谓荒者未必荒耶。抑吾又有不能已于言者,建国大业,其惊天地,泣鬼神,牢笼万物,鼓舞群伦之原动力,固当出之于中国文化。至补偏救敝,增益其所不能,则不得不求助于希腊文化。西洋之所以为西洋,在于希腊。西洋之所以翘然有异于中国者,在于希腊与耶教之在西洋,源远流长,根深柢固,功罪参半,不宜轻訾。其信天悯人之怀,一瞑不视之勇,令人起敬起爱。惟语涉谶纬,迹近迷信,忍性违理,偏至激越,与我国和平中正之国民性,重人伦近人情之传统文化,不甚相合。而希腊文化,尊重逻辑,服从理性,以增进知识、探求真理,为人类至高尚之活动,反足以药我国人思想笼统、认识模糊、急功好利、愚而自用诸病。盖希腊人之所长,在于智慧之开发,如旭日初升,阳光四照,万物形态,无不呈露。吾国文化修养之所重,则在品格之陶冶,人情之谙达,与实际生活之处理。夫人生要道,不外道德与知识。吾国人对于道德之修养,与意志之训练,归而求之,似有余师。耶教面目虽异,而其精神贯注处,亦在道德。吾人心知其意,固无不可,拘于迹象,邯郸学步,则惑矣。希腊文化,着重智识,而不轻视道德。其讲道德,亦用知识之观点讲之,苏格拉底所谓道德即知识也。孟子曰:"所恶于智者,为其凿也。"希腊之学,末流所至,诚不免于凿,然与中国学术配合,正可收截长补短相得益彰之效。学术问题,头绪纷繁。当此提倡科学追摹西化之日,引起对于希腊之兴趣与研究,似为一极重要事。现代文明,导源希腊,知有科学而不知有哲学,知有现代而不知有希腊,是犹知声而不知音,知音而不知乐也。

(《思想与时代》1941 年第 1 期)

柏拉图之生平及其教育思想

柏拉图为古希腊之大哲,英诗人辜律己有言,世人或生而宗柏拉图,或生而宗亚里士多德。柏、亚两氏,一师一弟,代表两种性格。柏拉图重理想,富热情,一意求真,而不忘淑世。亚里士多德崇客观,尚实证,智周万物,而弗免寡恩。大致言之,柏氏性格与吾儒为近,其志趣亦与己立立人、己达达人之旨,不甚相违。今欲述其教育思想,请先一言其生平,知人论世,或有取焉。

柏拉图以纪元前四二七年生于雅典,适当裴列克里光明灿烂之民主政治之末期,以纪元前三四八年谢世,春秋八十。柏氏殁时,雅典声威远非昔比,其后十年北方马基敦王腓力伯起而执希腊世界之牛耳。柏氏一生,目击城邦文明,由盛而衰,哲学宗教,政治社会,莫不在震荡之中。群言庞杂,智士横议,雅典少年,奔走于外来游士号曰智者之门,习其诡辩之术,变黑为白,反曲为直,于传统道德,诋隙蹈瑕,以相取乐。行道之人,闻其风,皆知攘臂而怀疑矣。苏格拉底挺生其间,既疑旧,复疑新,新旧皆疑,惟务其是。其怀疑传统,有类智者,惟智者志切荣利,但欲辩才无碍,出语惊人,以邀世宠。苏氏则虚衷体察,不曰予智,以逻辑为方法,以真理为依归,旧而不腐,新而不奇,故怀疑之迹虽同,所以怀疑之心则异。柏拉图世家之子,幼识苏氏,长而从游,心悦诚服,终身慕之。柏氏初颇有志政治,其戚克里底亚等,为少数党健者,纪元前四〇四年,少数党握权,违法乱纪,因没收民产,欲陷苏氏于不义。未几平民党复起执政,又诬苏氏以渎神之罪,置之于死。柏氏经此创痛,始无意政治，以为既欲从政，则必择党，今两党之待苏氏者若是，彼固失之，此亦未得，则牛羊何择焉？因去而之麦加拉，旋漫游意大利赛伦、西西里、埃及等地，归而建亚恺德麦学院于雅典，是为欧洲大学之始。时柏氏年四十，学院功课，以哲学、数学为主，尤重数学，有"不明几何，勿入我门"之诫。其后二十年，柏氏请学于此，未或他适。

柏氏济世之志，老而弥笃。苏格拉底被害后，柏氏痛定思痛，觉国事已无可为，非根本改革，哲学家治国，或治国者为哲学家，则政治永无清明之日。抱此情怀，远游意大利与西西里，耳目所及，益令人悲。惟于西西里岛之萨拉哥城，遇霸主迪安尼斯第一之婿狄恩，狄恩闻柏氏之说，则大悦。阅二十年，迪安尼斯第一逝世，迪安尼斯第二继位，狄恩辅政，请邀柏氏，且驰书告，柏氏曰，得志行道，此其时矣。柏氏知事未必谐，踌躇莫决，继思坐言而不能起行，使哲学益为人轻视，则魂魄犹有余羞。纪元前三六七年，毅然受聘，往西西里，时柏氏年已六十矣。

迪安尼斯第二年近三十，已非孺子之易受教，惟素远尘俗，习染不深。且平日以爱好哲学自许，柏氏二十年来，于学院中陶铸人才，备为世用，今迪安尼斯不能来学，则褰裳往教，亦无蔑焉。况西西里岛，横亘地中海中，为希腊文化之重镇，正可据之以抗迦太基。柏氏素怀希腊一统之志，苟于发扬希腊文化之大业，有所献替，则老当益壮，安敢自逸。然事有鲜言者，柏氏以钻研数学，为入德之门，而迪安尼斯欲求速效，不耐枯寂，朝士复意见分歧，互相倾轧。柏氏至移四阅月，狄恩被摈出亡。柏氏初犹徘徊不忍去，继知道不能行，浩然有归志，纪元前三六六年返雅典。过泰伦脱城，有比塔哥拉学派亚吉达者，有声此土，柏氏与之订交焉。既返，仍主讲学院，凡五年。时狄恩放逐未归，迪安尼斯以学为嬉，作辍无时，奋笔著书，侈谈玄理。纪元前三六一年，再召柏氏而弗及狄恩。狄恩方窜身希腊，促柏氏赴召，亚吉达亦寓书力言迪安尼斯好学，宜速往。

柏氏动容,毅然复出。既至萨拉哥城,告迪安尼斯曰,探索哲理,事至艰苦,非可游谈无根,掉以轻心。迪安尼斯闻其言,为之不怡,复因狄恩事,师弟意见参差,柏氏自思,奈何久作座上囚,遂因亚吉达之助,潜返希腊。

柏氏直接参与萨拉哥城政治,至此而止,其后十年,于兹邦政治,终未忘怀。纪元前三六〇年,遇狄恩于奥林匹克运动会,狄恩犹丐其相助,兴师问迪安尼斯之罪,柏氏峻拒,谓与之有宾主谊,不宜背之。纪元前三五七年,狄恩竟举兵逐迪安尼斯,而自执政柄,狄恩为柏氏弟子,信师说最笃。今大权在握,宜若可为,然狄恩刚愎,不能容物,党争复起,柏氏寓书劝以宽弘,弗听。狄恩终不克副柏氏之期望,为天纵之立法者,以与斯巴达之莱克格等媲美,惜哉。柏氏书札中称萨拉哥城为多难之邦,其信然矣。三五三年,狄恩被害,柏氏复致书狄恩诸友,勖以速行法治,召委员五十人起草宪法,且曰,此非理想政治,为救时计,不得已而思其次耳。纪元前三五一年,复致书狄恩友人,重申前意,并建议制混合宪法,以消弭党争,合被逐之迪安尼斯,狄恩之子,及迪安尼斯第一之幼子三人为执政团,另任三十五人组护法院,设众参两议会以定和战大计。柏氏于复兴希腊人城市,尤三致意,以为迦太基与意大利密志侵略,希腊文化,岌岌可危,凡希腊人宜同心协力,以御外侮。挽救之策,即在复兴希腊人之诸诚市,以为反抗侵略之根据地。

柏氏一生政治活动,非徒骛高远,无裨实际。使柏氏得行其志,则萨拉哥城,可有完美之宪法,而希腊势力之在西地中海者,植基稳固,或不至为迦太基、罗马所摧毁。柏氏之败,非战之罪。或者谓柏氏之于迪安尼斯,应付失当,然舍此而采其他方术,果能收大效乎?狄恩之刚愎自用,实尸其咎。而西西里岛中,俗奢民惰,政争靡已,急功好利之念,深中人心,揠穉苗以助长,齐寸木于岑楼,尤使柏氏疾首痛心。然此种经验,于晚年学说之发展,大有影响。柏氏忧患之余,深感客观无私之法治为足贵,而运于一心之人治，为可恃而未可过恃也。柏氏对于政治兴趣，不可谓不浓。然柏氏哲学家也，虽与问政事，其念念不忘者，仍在哲学问题。倾向抽象思想之哲学的冲突与不忘现实，坐言必当起行之感觉，时交战于胸中。哲学的冲动，尤深根固柢，得之天授。晚年所著《对话篇》，多论形而上学，以为纯粹理智，实较实践理智为尤要。惟柏氏深信人生正路，已有所见。平生思建一理想国家，借教育与政治之力，使此正路，永为人类所共由抗尘走俗，降心抑气，以与世周旋，悠悠此心，岂得已哉？

柏氏以哲学家而兼教育家，凡中西大哲学家，往往同时为大教育家，有崇高之品格，深厚之修养，渊博之学识，真挚之同情。出类拔萃，人伦师表。柏拉图即其一焉。柏氏重视教育，远过政治。由彼观之，国家本身乃一教育系统，有教育而后有政治，非有政治而后有教育也。《理想国》为论政之书，然于政治机构诸问题，略而不言，其念兹在兹者，为人才之如何造就。柏氏倡哲学家治国之政治制度，为其教育思想应有之结论。今日言教育者，于各科教法，学校组织，课程标准等，断断不已，而于教育目的，人生意义，则道听途说，不求甚解。然目的不明，则一切活动，均属徒劳。所谓最好制度，最好方法者，从何知之。为考试可得上第乎？为谋事可得多金乎？为置身社会，可作一奉公守法之国民乎？抑为发展人格，有知类通达之学识，有独立不倚之精神乎？柏氏笃其睿智，研讨教育，虽其所见，未必尽是，然使人祛除必理上之懒惰，对此问题，从头想起，肤廓之辞，半争之论，芟夷斩伐，如草木焉。人性不变，则柏氏忠实独到之思想，将永为后人所重视，又不仅教育一端而已。

教育之精义何在乎？自柏氏观之，在乎培养心灵。心灵生意盎然，活泼泼地，非吾人所能创，亦非吾人所能毁。然吾人能哺之，育之，或饥之，毒害之。譬之动植，其质愈美，则养之愈宜得其道，其事亦愈不易。天资卓异者，苟置身于恶劣社会之中，如播美种于劣壤，兰芷鞠为茂草矣。柏氏深觉心灵吸收力与消化力之大，耳濡目染，习焉不察。故对于生活环境，异常注意以为道德上之过失。由于教养之不当，而非由于天性之不卓。世间大奸巨憝，皆有造福人群之才能，其所以致此者，社会陷溺之，忽视之，应负其责。社会风气，推倒一切，虽有大力，为莫能御。指使青年，毁坏青年者非为以开风气自命之智者，而为风气本身。所谓开风气之智者，不过揣摩风气，别有用心之徒耳。欲矫正此恶风气，仅恃少数人支柱其间，其效难睹，必也尽力创造一种良好风气，其近悦人心，远弥六合，潜移默化，沦肌浃肤之功，较之恶风气当有过之而无不及。国家兴学育才，宗旨在此，而能否贯彻，胥视主持一国教育者之能否得人以为断。

此义既明，吾人可悬知柏氏所主张之教育制度，当为一种足以供给正在生长中之心灵以适当滋养品之制度，或为一种调整心灵环境，以适应心灵更高需要之制度。而此种制度之特点，又视对于心灵及其需要之观念而定，故欲了解柏氏之教育理论，必先了解柏氏之心理学说。柏氏以为人性乃一复杂体，包含三部。第一部为欲念，以肉体的满足与钱财为其主要目的物。欲念可分为必要与非必要二种，必要之欲念，乃吾人所不能去，满足之于人有益者。不必要之欲念，非徒无益，而又害之。此种欲念，可复分为二：其一虽属无用，尚受节制；其二则野性难制，蠢蠢欲动，贤智之士，犹时觉之，非痛加遏抑，祸将不堪设想。柏氏喻人性为三位一体，外貌似人，内实含人狮及多头之兽。此象征欲念之多头兽，繁殖甚易，其所繁殖者，或易驯，或不易驯。欲念一部，在人性中，虽占最大空间，而芸芸众生，又泰半为欲念而生活，然在柏氏教育系统中，并非最受注意。柏氏屡屡言"驯"，其于欲念，不过欲驯之，御之，俾之不妨害吾人较高的心理活动，且与吾人以进德修业之健康的身体基础而已。

柏氏之心灵分析，其第二部为血气。血气为勇敢之基，人与犬马共有之，廉悍坚忍，瞽不畏死，此其所长，然好勇斗很，不夺不厌，亦为凶猛与残酷之源。竞技比赛，与此部有关，培养此部，苟得其道，则成真勇，如奖之太过，则暴戾恣睢，专横好杀，诸恶并兴矣。比喻中所称之狮，盖指此也。至第三部，柏氏视为心灵中最重要之部分，柏氏名之曰哲学的部分。上述喻言三位一体中，内在的人（柏氏称内在的人，以别于外表的人形），即代表此部分。真正的人性，真正的人格，惟斯而已。此内在的人，为人性中神的部分，天之显示，不仅限于物质世界，人之心灵中亦有之。理想国非子虚乌有，仅属幻想，乃吾人胸中之"天国"，得其门而入，可终身居之，安身而立命者也。此神的人性，既为最真的自我，则其他部分之最高活动与最纯洁之满足，当在尽力追随与尽力服事此神的人性范围之内。笃实践履其所以为人之道，为有上述意义之人性而生活，人生最高鹄的，舍此将复奚求？

充分发展"哲学"的部分之人，谓之哲学家。哲学家在希腊文原意，为爱智者，故哲学家对于智识，或智慧，有本能的，急不暇择的贪求。譬之一人，食欲旺盛，胃力强健，凡足以疗其饥者，饱啖之不使有余。又如一人在爱恋之中，辗转反侧，寤寐以求，觉所爱一举一动，一颦一笑，莫非天地间之至美。此为哲学之初步条件，有此条件，未必即为哲学家。犹之有血气者，未必即为勇士。然真正之哲学家，无不备此条件，犹真正之勇士，无不有血气也。且此种初步条件，不仅为哲学品格之原，且为各种美德之原。凡倾其全力于高尚之对象者，天机既深，嗜欲自浅，仰观俯察，超然象外，觉人生若寄，死不足惧，心胸开拓，视人神两界，皆吾分内事，猥琐龌龊之思，无由而生，其待人接物，亦自和易近情，因贪得傲慢畏惧诸念，使人不和易不近情者，在彼皆无有也。立身如此，加之以天资之优异，易学而难忘，精微而朗畅，体常尽变，不蔽一隅，接纳真理，如恐不及，若而人者，虽谴责之神，欲吹毛求疵，亦不可得矣。

柏氏对于人性之见解，大略如是，其对于国家组织之见解，即为对于人性见解之扩大。为一国福利计，三种工作，不可或缺。其一为生产人生必需品之工作；其二为外抗敌人，内维治安之工作；其三为立法行政之工作。任第一种工作者，为农工商；任第二种工作者，为兵士；任第三种工作者，为哲学家。农工商人，欲念居先，故志在牟利，以求欲念之满足。兵士有血性，重意气，荣誉所在。拔剑而起，虽死不怨。哲学家天性爱智，平日蕲向，在乎真理。柏氏所论之教育，盖为任第二种、第三种工作者设想，其性质绝非所谓技术的，职业的，至对于任第一种工作者，觉并无与以公共教育之必要，此与近代观念，不免枘凿，然熟知希腊社会，与彼时贤愚所共有之意见者，固不以为异也。

在柏氏当时，普通希腊人之教育，以智育、体育为主。读、写、初步算术而外，大部为诗之背诵，其中即包含音乐，图画偶亦有之。大致因诗本可歌，本可入乐，故"音乐"二字，有时指文学教育，与音乐教育二者而言，柏氏所称之音乐，即此意也。"运动"方面，包括卫生舞蹈及操练，目的在增进健康与体力，且为军事服务之预备。此种教育方法，传自古代。骤视之，"音乐"属智育，"运动"属体育。然柏氏虽用旧语，参以新义，以为"运动"之主要对象，亦属心灵，而非身体，与"音乐"初无二致。"音乐"在假道耳目，利用实境，以陶冶心灵中哲学的部分，此哲学的部分，指想像情感而言，非指逻辑思辨而言。"运动"则强健身体而外，更可训练血气，血气与哲学的部分，虽有自然联合之趋势，然不经训练，则此种趋势不能成为习惯。"音乐"与"运动"一刚一柔，相互为用，过重"音乐"，其失也靡，过重"运动"，其失也野。夫心灵犹琴弦，教育之道，譬如调弦，或张于此，或弛于彼，使之由多而为一，由纷乱而为和谐。凡能兼采"音乐"与"运动"，施诸心灵，比例适当，恰如其量，以教育自己或他人者，则较之任何音乐家，更是当"音乐的人"之称，而无愧色焉。

"音乐"包括文艺，柏氏以为文艺，当随时随地，传达一种道德的暗示。青年所不当爱好者，文人艺士，即不当利用青年弱点，加以渲染，加以鼓励。故柏氏对于并世文学音乐，均主改革。文学有形式与内容两方,由改革形式而引起之讨论,成为文学批评之嚆矢,及亚里士多德《诗学》之论据。至改革内容,涉及宗教,因当时文学,以诗为主,而诗人即宗教之教师。故柏氏欲删定荷马之剧曲,以与彼之宗教见解相符,且似欲扩大国家权力,以统制信仰。诗人对于诸神之描叙,影响国民品格,国家宜审定之。文学形式,有同一影响,国家亦宜审定之。柏氏之意,心灵每与环境同化,如接触戏剧式的表现,则与此种表现之精神同化。剧中人物,或贤或奸,观者心领神会,随之变化,此种心理,波及实际生活,使言谈举止,有类俳优,模此范彼,汩其真情。最适宜之形式,为讲古事式之诗史,讲者态度,始终如一,即有变易,其所模拟者,亦只限于高尚人物。由柏氏观之,"秩序"与"永恒"为自然界道德界中最宝贵之特征,各种艺术,尤以戏剧为甚,徒令人性情浮动,歌哭无端,舍己之田,以芸人之田,为优伶而不为公民,玩弄人生而不实践人生。柏氏对于狭义之音乐,以为欲保持其伦理性之纯洁,当与文学同受国家之裁制。乐器宜慎选,音调节拍,宜力求简雅。音乐深入人心,其效至宏,较之其他艺术,更宜遵守。"一人一职"之政治原则,柏氏过求简雅,致声稀味淡,邻于禁欲,去奢去甚,不稍顾惜。夫艺术冲动之活泼发展,为人生要道,使艺术而为国家政令所束缚驰骤。则生意已尽,复可激发感化之足云,艺术天才如柏氏,宁不知此。彼之所谓艺术必合于道德者,盖出于艺术内容之自然,此实内发,非由外铄。艺术为人生之仿造,人生既为"善"之理念所充塞,则仿造人生之艺术,亦当为"善"之理念所充塞无疑,否则不成其为真正之仿造矣。柏氏主张艺术必善,自有其哲学上之论证,与持训诲主义以艺术为劝善或宣传之工具者,未可相提并论也。

　　柏氏教育理论,使彼之国家权力观念,前后似颇矛盾。为教育计,柏氏一方授与国家以新职权,一方则减少国家之旧职权,一方使国家统制艺术,一方则废除法律与法庭。通常以为国家权力,大部属于司法。如近代郝伯思、洛克之理论,且以国家之构成,由于抑强扶弱,有司法制度之需要而起。然柏氏视听讼折狱,无足重轻,方当一切废弃之,如欲废弃医药然。盖一为心灵有病之症,一为身体有病之症,理想国之人民,身心二者,皆不应有病。预防重于医治,"音乐"与"运动"之教育,施之苟得其道,则健康之心,寓于健康之身,律师医生,将何所用之? 真正之国家将锻炼国民之身体,与以食品,而不与以医药,将推行良好教育,培养心灵,而不激之以刑赏。法律仅能治标,而不能治本,柏氏视国家,不过一行政机构,无法律之牵制,无司法之劳形。惟其如此,故行政机构实一教育重心,国家行政,即在教育人民而已。教育人民,使有法律观念,则法律条文,直是赘疣。法律为一种精神,所谓立法者,非普通之立法人员,而为树立此精神之教育家耳。

以上为柏氏对于"音乐"与"运动"两项教育之见解,今请更约述之。柏氏所谓"音乐"教育,指人性全部相谐的发展而言,包括"运动"在内,目的在培养儿童与青年之身心。其效力之及于"欲念"部分者,间接多而直接少,或驯之,或节之,或抑之,提倡适宜之工作,适宜之情趣,以吸收"欲念",净化"欲念"。其效力之及于"血气"与"哲学的"部分者,纯为直接,取径于四肢感官,以引起两部分之正常活动。"血气"部分所用方法,为卫生与操练,"哲学的"部分所用方法,为诗歌与艺术。诗歌艺术,乃"哲学的"部分中想像与情感之滋养品,心灵得之,体味咀嚼,与之同化。经此预备,将来心灵对于理智思辨之滋养品,亦自能吸收同化,有不期然而然者矣。文学艺术之功效:其一,为告以神明与伟大人物之嘉言懿行,使知立身处世之道。其次,为造成身心之可爱环境,使知天地间何者乃真可爱。其三,为鼓励感官之迅捷与正确应用,好学敏求,细大不捐。其四,为涵育于声音与形式之严正的匀称之中,使有雍和肃穆之风。其五,为及其长成,使于己之言行,皆能中节,而不自觉其于他人言行,善善恶恶,亦不自觉焉。所谓不自觉者,柏氏非谓生而知之,或得之于天择也。盖谓心灵得"音乐"煦育之益,拳拳服膺,而弗失之，不加思虑，知其然而不必知其所以然，知其与心灵为一体，而不必能翘然持之，以观察之、批评之也。然此种不自觉的心灵状态，非特不反覆易变，抑且习与性成，无可摇惑。柏氏于此，以染为喻，其言曰，染者欲染毛作紫色，必先于各种颜色之瓶中，择其洁白者，爬梳之，抉剔之，然后施染焉。若此者，染可久留，否则入水而染去，则不染等耳。吾人择公民之可为军人者，教之以"音乐""运动"，教之以尚服从，守纪律，其受训练，如毛之受染，信仰坚决，不稍游移，质美而养正，哀乐恐惧，声色货利，旦旦而洗伐之，其力远过于举世之胰皂，然终不能涤去其所有之良好习惯与信仰也。

然则教育之功，至此而已乎？若此之教育，可谓完成矣乎？柏氏以为上述教育，仅为青年及军人而设，其缺点有二。心灵方面之重要智能，尚未开发，一也。此种教育，使"哲学的"部分，能爱美而不能求真，能认识善之各种形式，接于其目或想像者，而不能以心观察此诸种形式所不能完全表现之主要原理，对于个别之人与事，有牢不可破之信仰而不能明了此信仰所根据之通则。至教材内容大部寓于视而可见、听而可闻之形式中，个别人物之品格行为，形之于诗歌、音乐、图画、雕刻者，皆所以鼓励模仿者也。此时所有信仰，非得之于逻辑的必然，而得之于情感的适切，非如科学之有系统，前后贯穿，彼此呼应，而为一群不相联系，各自为政之见解，若此者，不得谓之为智识。柏氏之意，以为人间罪恶，其原在愚，真能知者必能行。世人对于真理，大半在若明若昧之间。然少数杰出之士，获得真理，非不可能，国家社会，正不妨让此辈出而任治理之责。柏氏深觉真正智识权威之建立，应为吾人之理想。人世间与全宇宙，均为一可理解的原则所弥漫，所联接，审知此原则，因而遵循之，乃智识与行为之最高造诣。拾级而上，以达此最高境界，个人与人类之真正教育，其在斯乎！"音乐"教育，于此则无能为役，仅示勇敢、节制、公平之实例与类型，而不明指此数者之所以为善，究竟何在，其殊途同归，百虑一致之公共目的，究竟何在，又安得谓之为真知乎？美德之见于此一形式者，或能知之，见于彼一形式者，则不知矣。见于此一时此一地者，或能知之，见于彼一时彼一地者，则不知矣。故第一期之教育，粗疏简略，不赅不备，必待第二期教育之充实与补足也。

第二期教育，以哲学与科学为主，目的在造就成年人为一国之治理者。此种规则，在雅典教育史上，非无前例。波洛泰格及其他智者，授青年之毕业于初级学校者以修辞与政治，有时并授以数学与逻辑。伊索格拉底教青年自十四岁至十八岁以修辞政治及人文课程，以为从事政治之预备。柏氏之制，不过就当时流行之高等教育，加以修正，以独创一格耳。《理想国》一书似成于纪元前三八七年，翌年而学院创立，故书中所倡，非仅空言，而实际推行于学院中者。欧洲最早之大学，为智识而求智识之学府，于是产生。学院师生，饮食与共，柏氏不歧视女子，故女子亦得入院肄习焉。

欧洲中世纪大学课程，有三科与四科两部。三科为文法、修辞、辩证（辩证包括逻辑与形而上学）。四科为算术、几何、天文、音乐，柏氏为大学之首创者，亦为此项课程之首创者。四科与辩证，柏氏视为高等学程，学院中研究之。惟学院课程中，无文法，更无修辞。修辞一科，当时少年竞习之，柏氏则以为立言不诚，志在欺世，是乃功名利禄之学，竭力排斥之。中世纪学生，于三科四科，同时研读，柏氏则将四科与辩证，慎重分开，必俟四科读毕，始得读辩证。柏氏重视数学，远在中世纪大学之上，希腊天才之产物中，其最奇特者，厥为数学。吾人不可因希腊文学及希腊哲学之光辉灿烂，而漠视希腊数学之奇迹。由赛尔斯在纪元前六世纪发现几何学上第一定理始，至赫派克斯在纪元前二世纪发明三角学止，数学进步，继续不已。在柏氏时，进步尤速，立体几何之学，方告成立。学术风气如此，柏氏复深受比塔哥拉学派影响，坚信数学为入哲学之门。其推尊数学，迈越等伦，盖非无故。亚里士多德由生物学、史学以窥哲学，柏氏则由几何学以窥哲学，倘吾人以亚氏比之十九世纪之赫胥黎,则柏氏乃十七世纪之笛卡尔也。

第一期教育,十八岁毕业,继之以军事训练两年。第二期教育,须时十年,二十岁起,三十岁止。第一期毕业者,非尽能入第二期,必择优秀聪异,好学深思之士,教育之,陶铸之,使蔚为国器,以负治理监护之责。十年之中,所习四科,贵在知其统类,观其会通。数学之功,即在发现通则,以贯穿各种不同之学问。四科既毕,乃自三十岁至三十五岁,进而研究辩证,辩证之于数学,犹数学之于第一期教育中诸学科也。数学为由感官之对象至思想之对象之阶梯,辩证则为一种工具,吾人用之以知思想之对象,终且用之以知最后惟一的思想之对象。吾人可称辩证为逻辑与形而上学,或仅称为哲学。要而言之,所谓辩证者,不仅为训练智力之各学科探讨,且为本体之原理之探讨,不仅为本体之原理之探讨,且为本体之最根本的原理之探讨,此本体之最根本的原理,即本体之原因,智识之鹄的,所谓善之理念者是也。知事事物物之理,且知善之理念之人,之辩证学者。柏氏欲从研究数学之人中,择其有通识,能知所学各科之相互关系,及各科与本体之关系者,从事辩证之学,期以五年,五年之中,几经考验,其生性与哲学相违者,则淘汰之,其余留者,则国之栋梁,哲学家而兼政治家矣。自三十五岁至五十岁,此十五年中,为国宣劳,惟力是视。战时则指挥军旅,平时则从事政治,以增加实际之经验。在此任职期内,复几经考验,至五十岁而成绩卓著,胜任愉快者,则可退而治纯粹哲学,为沉思默念之功。惟国家有事,仍须踊跃赴召,为国效力,非求名利,求心安耳,非保一身,保世世子孙,继志述事,绵延国运于无穷耳。

柏氏教育理论中,淑世与自修两观念,迭为起伏,其一生心事,亦复如此。人生目的,时而为"善"之理念之明悟,时而为社会人群之服务。教育意义,时而为处世接物之准备,时而为自我发展之完成。柏氏所描写之哲学家,对于实际社会,及实际政治,每每失望,知其不可,而勉为之。哲学家于哲学甘味,巳亲尝之,知众人皆妄,而政客多诈,如行道中,忽遇狂风,天日阴翳,沙石飞走,惟有疾趋墙隅,踉跄暂避。然柏氏觉避世终不如入世,哲学家最大工作,在乎报国。国民属于国家,国家教育人民,非欲使之有以自娱,实欲使之为巩卫国家之干城。哲学家不可无国,国亦不可无哲学家,哲学家为一种活的权威,代表一国大经大法之精神者也。《理想国》一书中,哲学家迫于公谊,由默想静观之上层世界,下降而入于俗务之窟穴中。故第二期之哲学教育,与第一期之"音乐"教育,内容虽异,揆其用心,均在淑世。真理既获,宜以诏人,静观有得必,求力行,然柏氏言下降,言迫于公谊,可见其心理上之矛盾。彼既知哲学家责无旁贷,不能不入窟穴,复觉静修之生活,终为最高尚之生活。其不费事功,努力为一实行家者,此非热中,而是牺牲。天下有道,丘不与易,柏氏之志,毋乃类是乎?

柏氏生平及其教育思想,略具于此。一大哲学家之人格思想,非他人所能尽窥,其所窥之深浅,视窥之者之学识之深浅而定。见仁见智,非可强为。柏氏一生出处进退,颇有吾儒风度,其教育思想,复与大学之格致、诚正、修齐、治平之道,有若干不谋而合之处。其论音乐与运动之道德效力,以及刚柔之当互济,文质之宜兼施,亦儒者之所恒言,而《礼记》中《乐记》《射义》诸篇,加以推阐发挥者也。惟我国传统教育,以偏重人格之陶冶,而忽略思辨之技术的训练。古代惠施,倚树而吟,据梧而瞑,外神劳精,以坚白鸣,其精神极似希腊辩者。然其学不传,《庄子·天下篇》称其书五车,而见于《汉书·艺文志》者,只余一篇,汉以后并此一篇亦佚。至《墨经》《公孙龙子》诸书,由来学者,索解无从,且视为怪说奇辞,亦不思索解。晚近稍有研读之者,皆受西洋思想之暗示,而非内喜之也。尝谓我国先秦学术,其重要性与决定性,可约略当之于西洋之希腊学术。两种学术之精深博大,所谓宗庙之美,百官之富者,正复相同。惟中国以人伦道德为最高价值,希腊则以纯粹观见为最高价值,伦理、政治而外,有天文、算术、哲学、科学,而悲剧史诗,雕刻建筑等,尚不在内，方面较多，兴趣较广。中国之代表人物，为孔子、孟子、荀子，希腊之代表人物，为苏格拉底、柏拉图、亚里士多德。亚氏尤为西洋现代学者之原型，与荀子有相似处，而其态度方法，与学问内容，则甚异。希腊有由克立特与亚启米达，中国则无之。中国古代，非无算数，然世求实用，会计当而已矣，与巴比伦、埃及之算数相类，有量地之术，而无几何之学。几何之学，希腊创之，最足表现希腊之天才，而柏拉图学院，有"不明几何勿入我门"之诫，其重视几何，盖可想见。故中国学术，儒家经典决定之，西洋学术，则以柏拉图、亚里士多德之著述为主之希腊经典决定之。何由致此，原因何在，有可解者，有不可解者。要之问一历史事实，无论其可解与否，吾人当承认之，不必妄自菲薄，更不必妄自夸大也。柏拉图之教育思想，及其课程内容，与吾国以往教育之讲致用，重人文，颇有出入。注重人文，理所当然，不须争辩。所当争辩者，不在课程内容之为人文，抑为自然科学，而在对于任何课程内容，所应有之精神，与应采之方法。今日吾国科学教育，尚在萌芽，而一般学子，致用之念，横塞胸中，但欲坐享其成，以应用他人已创之科学，而不思捐弃名利，辛勤研究，以贡献自己独得之科学，此与科学精神，根本违反。夫玩人丧德，玩物丧志，致用之说，亦未可厚非。然求真不可仅只视为实用之手段，且用有小用，有大用，有无用之用，若但急功近利，日求小用，则结果将一无可用。至柏拉图教育学理之最为近人如杜威等所抨击者，厥为其三种人民担任三种工作之说，以为不合于民主主义。此亦目论，卢骚凡人天生平等之说，本一偏之见，论人格，当然平等，论才能，则物之不齐，物之情也，当然不能平等，亦不必求其平等，强不平等者使之平等，则真不平等矣。柏拉图以为人人各尽其应尽之职，则社会安宁，国家兴盛。职有大小，而人无贵贱，尽职则贵，溺职则贱。惟何人宜于何种工作，如何选择而分配之，柏拉图于《理想国》一书中，终未明言。吾国数千年来，由士大夫统治，士大夫之来源，自战国以后，即不限于任何一阶级,科举制度,阶级观念益泯。故所谓士大夫,非世袭之贵族,而为自然之贵族,自然之领袖,吾国国是,当为民主政治,势所必然,不容犹疑。惟此种民主政治,为有限制之民主政治,而非柏拉图所深恶之无限制之民主政治。无限制之民主政治,暴民政治而已,非真正之民主政治也。真正之民主政治,一方固赖民意之发扬,一方尤赖有社会领袖之指导。如何造就真正人才,以作社会之领袖,人民之表率,此为建国事业中最大之问题,而亦柏拉图于二千年前,所终身思之以求解答者也。

(《思想与时代》1941 年第 5 期)

本校校歌释义

——三十年十一月十日遵义校本部纪念周演讲稿

今日承校长之约，来此对本校校歌，作一简明之解释，个人深觉欣幸。一国立大学之校歌，代表一大学及一国之文化精神，事极重大，非同等闲。本校以前尚无校歌，前年在宜山时，由校长敦请马一浮先生拟作一歌，迭经同人商议决定采用，并请应尚能先生制谱。此次暑假中由歌咏队试唱，成绩良好。现学生中已有一部分人能唱，不久全校师生均能唱校歌矣。对于校歌之意见，据个人所闻，大都赞成。偶有表示异议，感觉美中不足者，不外三点：一以为校歌太庄严，二以为校歌太难懂，三以为训诲意味太浓厚。其实国立大学之校歌，应当庄严肃穆，于纪念周、开学典礼、毕业典礼及因特故开大会时唱之，令人感发兴起，油然生其敬爱之心。如遇球技比赛，欢呼踊跃，情绪激昂，自可仿照外国大学之例，于正式校歌外，另备一种校歌，并行不悖，相得益彰。至第二点，校歌本身，并不甚难，实因吾人对于经籍太不注意，故觉其难。歌辞取材于《易经》《书经》及《礼记》诸书，为先哲嘉言，有至理存乎其间。一经解释，便觉豁然贯通。至第三点，此歌真箴诗为近，如韩愈五箴。虽称尔汝，实乃自责，师生彼此以最高理想互相劝勉，互相诰诫，而非任何个人，训诲其他任何个人也。

此歌分三章：首章说明国立大学之精神；次章说明国立浙江大学之精神，发挥校训"求是"二字之真谛；末章说明国立浙江大学现在之地位，及其将来之使命。

首章起四句，言大学之所以为大，以海象征大学，百川汇海，方成其大。大学为学问之海，与专科学校不同，应兼收并蓄，包罗万有。英文称大学曰 university，源于拉丁字 universitas，训"混一"，训"完全"，引申为宇宙。大学研究之对象为宇宙，凡宇宙间所有之事事物物，大学皆当注意及之，大学本身可称为一小宇宙也。大学学科繁多，然大别之，不外形上与形下两种。形上指体，即讲抽象原则之学，形下指用，即讲实际应用之学。大学生活，礼与乐应当并重。礼是秩序，尊卑长幼，前后上下，各有分际，不宜逾越。乐是和谐，师生相处，有若家人，笙磬同音，泯合无间。《乐记》："乐者，天地之和也；礼者，天地之序也。和，故百物皆化；序，故群物皆别。"程子曰："礼只是一个序，乐只是一个和。"礼属于智，在别其异，乐属于情，在求其同。形上与形下，礼与乐，皆一事之两面，相反相成，不可偏废，此为我国文化神圣之所在，亦即我国国立大学精神之所在。

次章言本校为一全国性之大学，成均为古代国立大学之通称，本校虽在浙省，其地位与古代成均无异。本校前身为求是书院，并已取"求是"二字为校训。"实事求是"一语，出《汉书·河间献王传》，为清代汉学家之口号。即事而求其是，即物而穷其理，乃所以求真。大学最高目的，在乎求真，必先能求真，然后美与善始有所依据。美国哈佛大学之校训为"真"（veritas）与本校校训"求是"不谋而合。习坎为易经次卦之名，《象》曰："水洊至，习坎，君子以常德行，习教事。水之美德为渐，为默，为恒。"徐子曰："仲尼亟称于水曰，水哉，水哉，何取于水也？"孟子曰："源泉混混，不舍昼夜，盈科而后进，放乎四海，有本者如是。"浙江大学因浙江而得名，浙江古曰"渐水"，亦曰"浙江"，吾校学风，取法乎水，渐近默成，恒久不已，所谓君子之道，暗然而日章。今学校规模已具，前途发展，正未可限量也，无曰四句，乃校训之绝好注解，虚衷体察，弗明弗措，革不忘因，新不蔑故。真理如日月，光景常新，惟其求真，故能日新，抱此日新之精神，方可开物成务，为人民之真正领导者也。

末章言本校使命重大,希望无穷,他日风声所播,可由一国而及于全世界。"念终始,典于学",是《书经·说命》文;"思曰睿,睿作圣",是《书经·洪范》文;"观其亨通,以行其典礼",是《易经·系辞》文;"知至至之,可与几也,知终终之,可与存义也",是《易经·乾文言》文。大学教育,当自始至终,以学术文化为依归,力求学生思想之深刻,识解之明通。本校有文、理、工、农、师范五学院,吾国素尊师道,后汉赵壹《报皇甫规书》曰:"君学成师范,缙绅归慕。"今之师范生,其所肄习,非文即质,质即理也。大学中虽设五院,而实为一整个之有机体,彼此息息相关,不宜自分畛域。大学与专科学校不同之处,即在每一学生,有自动之能力,系统之智识,融会贯通,所知先后,当行则行,当止则止。资质本义,复经数载之陶冶,毕业出校,自能斐然成章,达不离道,如玉之受琢,如金之在镕焉。"同人于野亨",《易经·同人》卦辞,"同人于宗吝",《同人》六二爻辞,言大学教育,应养成一种宏大之胸襟,廓然无垠,有如旷野,而不当局促于一宗一派之私,自生町畦。中华民族之文化,决非狭隘的国家主义,而为广大的修齐治平之理想主义。声名洋溢乎中国,施及蛮貊,本校所负之使命,即我国文化对于世界所当负之使命也。

(《浙大学生》1941 年复刊第 2 期)

章实斋在清代学术史上之地位

　　居今日而言中国学术，吾人于章氏实斋，宜三致意焉。深明西洋近代学术流别者，每谓欲了解十九世纪、二十世纪之学术思想，必先了解十八世纪之学术思想。履霜坚冰，其来有自，吾则谓论中国近代学术亦然。百年来学术风尚实导源于乾嘉时代，此中国之十八世纪也。欲了解此中国之十八世纪，而衡量其短长，则一得之愚，以谓莫若研究章氏实斋。乾嘉时代学术界之人物，大都囿于当时风气，随俗俯仰。独实斋昂首天外，高瞻远瞩，于当时风气，非特不为所囿，且能作严正而有系统之批评，是则可贵也。时贤于实斋，虽颇多论述，然或仅视实斋为文史家，摘其学说之一端，曲为比附，断章取义，违其初衷。或于实斋心事，略有所见，而繁征博引，时嫌支离。兹篇所述，思即其遗文，以知其人。夫知实斋之学易，知实斋之识难，知实斋之迹易，知实斋之心难。此实斋所以作《知难》之篇，而有身后桓谭之叹欤。

　　实斋论学之说，详《文史通义》内篇二之《原学》上中下三篇。思想精湛而有条理。曰"学也者，效法之谓也"。既曰效法，必有一足资效法之理想，此理想实斋称之曰"象"。象之所以可贵者，在"有适当其可，而无过与不及之准"。勉力以求合于此理想标准，即是学，即是效法。"平日体其象，事至物交，一如其准以赴之，所谓效法也"。然此理想标准，如土天之载，无声无臭，目不可得而见，耳不可得而闻。心所向往，稍纵即逝。人生禀赋不齐，高明沉潜，各得其偏，又安从而知适当其可，无过与不及之准以求合耶？实斋

150

之意,以谓是有赖乎"先知先觉之人,从而指示之所谓教也"。教也者,教人使自合于此理想标准也。学也者,学于先知先觉,以求自合于此理想标准也。此理想标准,为一种平衡,一种和谐,为均匀之发展,而非畸形之扩张。故实斋论学,不主逐时趋而主逆时趋,不主徇风气而主持风气,非立异为高。好恶故拂人之性,盖欲补偏救弊,求合于平衡与谐和之标准而已。实斋之言曰:

> 所贵君子之学术,为能持世而救偏,一阴一阳之道,宜于调剂者然也。风气之开也,必有所以取。……风气之成也,必有所以敝,人情趋时而好名,徇末而不知本也。是故开者虽不免于偏,必取其精者,为新气之迎。敝者纵名为正,必袭其伪者,为末流之托,此亦自然之势也。

斟酌新旧之间,不笃旧,不骛新。新者虽偏,其中精义,在所必取。旧者虽正,其中伪托,在所必去。学无新旧,惟其是耳。实斋对于新旧,所见如此。对于所谓考证、义理、辞章三者,亦莫不如此。

实斋深知考证之弊,其言曰:

> 夫近人之患,好名为甚。风气所趋,竞为考订,学识未充而强为之。读书之功少,而著作之事多。耻其言之不自己出也,而不知其说之不可恃也。(《与族豫守一论史表》,见《文史通义》外篇三)

又曰:

> 其为考索也,不求其理之当,而但欲征引之富,以谓非是不足以折人之口也。……古人之考索将以有所为也。旁通曲证,比事引义,所以求折中也。今则无所为而竞言考索,古今时异,名物异殊,触类而长。譬如董泽之蒲,可胜既乎。(《博杂》,见《文史通义》内篇六)

又曰：

> 或曰联文而后成辞，属辞而后著义。六书不明，五经不可
> 得而诵也。然则数千年来，诸儒无定论，数千年人不得诵五经
> 乎？故生当古学失传之后，六书、七音，天性自有所长，则当以
> 专门为业。否则粗通大义而不凿，转可不甚谬乎古人，而五经
> 显指，未尝遂云霾而日食也。(《说文字原课本书后》，见《文史
> 通义》外篇二)

然实斋非反对考证者也。实斋于荒经蔑古、高心枵腹之陋儒，
斥之惟恐不力。曰：

> 博学强识，儒者所有事也。……学贵博而能约，未有不博
> 而能约者也。以言陋儒荒俚学一先生之言，以自封域，不得谓
> 专家也。(《博约中》，见《文史通义》内篇二)

又曰：

> 有志之士，以谓学当求其是，不可泥于古所云矣。夫是
> 者，天下之公允也。然不求于古而惟心所安，则人各有心，略
> 相似也。是尧舜而非桀纣，亦咸所喻也。依傍名义，采取前
> 言，折中过与不及，参以三占从二人，皆可与知能，因而自信于
> 心，以谓学即在是，则六经束高阁，而五尺之童皆可抵掌而谈
> 学术矣。(《郑学斋记书后》，见《文史通义》外篇二)

实斋深知义理之弊，曰：

> 诸子百家之学，起于徒思而不学也。是以其旨皆有所承
> 秉，而不能无敝耳。……极思而未习于事，虽持之有故，言之
> 成理，而不能知其行之有病也。(《原学中》，见《文史通义》内
> 篇二)

> 言义理者，似能思矣。而不知义理虚悬而无薄，则义理亦
> 无当于道矣。"(《原学》下)

天人性命之学，不可以空言讲也。……儒者尊德性，而空言义理以为功，此宋学所以讥于大雅也。夫子曰：我欲托之空言，不如见诸行事之深切著明也。……圣如孔子，言为天铎，犹且不以空言制胜，况他人手。（《浙东学术》，见《文史通义》内篇二）

然实斋非反对义理者也。实斋论学，最重思想，最重发挥。谓"世儒之患，起于学而不思"。（《原学》下）又谓"近日学者风气，征实太多，发挥太少。有如桑蚕食叶，而不能抽丝"。（《与汪龙庄书》，见《文史通义》外篇三）推原其故，在宗仰王伯厚太过。崇尚博雅而忽略思想。误以襞绩补苴，谓足尽天地间之能事也。其言曰：

王伯厚氏，搜罗摘抉，穷幽极微。其于经传、子史、名物、制数，贯穿旁鹜，实能讨先儒所未备。其所纂辑诸书，至今学者资衣被焉。……然王氏诸书，谓之纂辑可也，谓之著述则不可也。谓之学者求知之功力可也，谓之成家之学术则未可也。今之博雅君子，疲精劳神于经传子史，而终身无得于学者，正坐宗仰王氏，而误执求知之功力，以为学即在是尔。（《博约中》，见《文史通义》内篇二）

实斋深知辞章之弊，曰：

立言与功德相准，盖必有所需，而后从而给之。有所郁，而后从而宣之，有所弊，而后从而救之。而非徒夸声音色采，以为一己之名也。……文章之用或以述事，或以明理。……其至焉者，则述事而理以昭焉，言理而事以范焉。则主适不偏，而文乃衷于道矣。迁固之史，董韩之文，庶几哉有所不得已于言者乎？不知其故，而但溺文辞，其人不足道矣。（《原道下》，见《文史通义》内篇二）

然实斋非反对辞章者也。实斋以谓道不离文，宋儒轻视文事，实为一偏之见。其言曰：

> 近日学者，正坐偏学而不知文耳。孟子曰博学而详说之，将以反说约也。夫博学自是学问，乃必云详说，又云说约。所谓说者，非文而何。宋人讥韩子为因文见道，然如宋人语录，又岂可为文乎？因文见道，又复何害？孔孟言道，亦未尝离于文也。（《与林秀才》，见《文史通义》外篇二）

又曰：

> 夫子教人博学于文，而宋人则曰玩物而丧志。曾子教人辞远鄙倍，而宋人则曰工文而害道。夫宋儒之言，岂非末流良药石哉？然药石所以攻脏腑之疾耳。宋儒之意，似见疾在脏腑，遂欲并脏腑而去之，将求性天，乃薄记诵而厌辞章何以异乎？（《原道下》）

实斋鉴空衡平于各家学术，好而知其恶，恶而知其美。乾嘉时代，以考证、训诂、讲经学，风靡一时。代表此风气者，为戴东原。实斋一生志业，即在反抗与矫正东原所代表之学风。故实斋于并世人中，知东原最深，反抗东原亦最力。东原则不知实斋也。东原以考证、训诂、讲经学，使经学成为一种考古学，与现实生活不生关系。实斋意主箴砭，倡六经皆史之说。使经学之研究，趋于合理。使经学成为指导现实生活之南针，而非不切实际、无裨国计民生之古董。东原之经学，为静的，考古的，而实斋之经学，为动的，实验的也。稽古所以通今，然不通今亦不足以稽古。六经之所以可贵，以其为民族智慧，民族经验之宝库。此智慧与经验，尤赖后人加以阐发，择其有普遍性、永久性者，因地制宜，随时与以新解释、新应用。此实斋六经皆史之说之微旨也，故实斋曰：

> 君子苟有志于学，则必求当代典章，以切于人伦日用。必求官司掌故，而通于经术精微。则学为实事，而文非空言，所

谓有体必有用也。不知当代，而言好古，不通掌故，而言经术，则謷悦之文，射覆之学，虽极精能，其无当于实用也审矣。（《史释》，见《文史通义》内篇五）

又曰：

> 道备于六经，义蕴之匿于前者，章句训诂足以发明之。事变之出于后者，六经不能言，固贵约六经之旨而随时撰述，以究大道也。（《原道下》）

实斋反对东原，不仅在其学术，而在其心术。实斋长于分析心理。其批评人物，每能从人情动机上着想。直抉隐微，一语破的。有察言观色、人马廋哉之乐。其专论东原，有《朱陆》及《书朱陆篇后》两文。谓东原学出于朱子，然饮水忘源，反以攻朱为能事。慧过乎识，而气荡乎志，有以致之。"盖其所见能过前人者，慧有余也。……不知即是前人遗蕴者，识不足也。其初意未必遂然，其言足以摄一世之通人达士，而从其并捽者，气所荡也。其后亦遂居之不疑者，志为气所动也。"充其好名好胜之心，且由自欺而至于欺人。

> 今之黠者，以其所长有以动天下之知者矣。知其所短不可以欺也，则似有不屑焉。徙泽之蛇，且以小者神君焉。其遇可以知，而不必且为知者，则略其所长，以为未可与言也，而又饰所短，以为无所不能也。雷电以神之，鬼神以幽之，键篢以固之，标帜以市之，于是前无古人，而后无来者矣。天下知者少，而不必且为知者之多也。知者一定不易，而不必且为知者之千变无穷也。故以笔信知者，而以舌愚不必深知者，天下由是靡然相从矣。

实斋分析当时学者心理，以《文史通义》内篇四之"所见"为最深刻，谓人藏其心不可测度，乃至造语者有时而穷，有未闻其语而见其人者矣。末段：

> 羿欲人之舍其操缦，而从己于射，因诋音为不足学也。既
> 舍操缦而从之矣，喜其慕羿，因恐其竟羿也，则曰惜其尝操缦
> 也。不可入羿之神也。询其何以为神，则避曰，不易言也。旷
> 欲人之舍其决拾，而从己于音，因诋射为不足学也。既舍决拾
> 而从之矣，喜其慕旷，因恐其竟旷也，则曰惜其尝决拾也，不可
> 入旷之元也。询其何以为元，则避曰，是难言也。未闻其语
> 也，吾见其人矣。

刻画入神，羿也，旷也，非东原而谁欤？然实斋曰：

> 凡戴君所学，深通训诂，究于名物制度，而得其所以然，将
> 以明道也。时人方贵博雅考订，见其训诂名物，有合时好，以
> 为戴之绝诣在此。及戴著《论性》《原善》诸篇，于天人理气，实
> 有发先人所未发，时人则谓空说义理，可以无作，是固不知戴
> 学者矣。（《书朱陆篇后》，见《文史通义》内篇三）

其言极平允，知东原者莫若实斋，实斋可谓有智识上之良心
者也。

戴东原外，别有一派。主性灵，夸才气，不重考据，欲离学问而
言文艺创作。代表此派者，为袁子才。实斋于子才，深表不满，评论
甚苛。推实斋之意，以为有学问者，不必能创作，然能创作者，不可
无学问。舍学问而矜创作，必流为暴戾恣睢，或轻薄无行之文人。
无高尚之理想，深厚之修养者，亦必无高尚深厚之创作。其言曰：

> 人之所应传者，义类多矣。而彼之诱人，惟务文学之
> 名，不亦小乎？即文学之所以应得名者，途辙广矣，而彼之所
> 以诱人，又不过纤佻轻隽之辞章，才子佳人之小说。男必张生
> 李十，女必宏度幼微，将率天下之士女，翩翩然化为蛱蝶杨花，
> 而后大快于心焉。则斯人之所谓名，乃名教之罪人也。斯人之

所谓名,亦有识者所深耻也。(《诗话》,见《文史通义》内篇五)

又曰:

> 声诗三百,圣教所有。……今乃丧心无忌,敢侮圣言。……六义甚广,而彼谓雅颂劣于国风,风诗甚多,而彼谓言情妙于男女。凡圣贤典训,无不横征曲引,以为导欲宣淫之具。……昔李白论诗,贵于清真。……清真者,学问有得于中,而以诗文抒写其所见,无意工辞,而尽力于辞者莫及也。彼方视学问为仇雠,而益以胸怀之鄙俗,是质已丧而文无可附矣。(《诗话》)

乾嘉时代,宋学不盛,亦无杰出人物,可为代表者。然实斋于宋学利弊,言之极明晰。固不能以其排斥袁子才,遂以迂生腐儒目之也。

> 宋儒之学,自是三代以后讲求诚正治平正路。第其流弊,则于学问文章、经济事功之外,别见有所谓道耳。以道名学,而外轻经济事功,内轻学问文章,则守陋自是,枵腹空谈性天,无怪通儒耻言宋学矣。……君子学以持世不宜以风气为重轻。宋学流弊,诚如前人所讥,今日之患,又坐宋学太不讲也。……五子遗书,诸家语录,其中精言名理可以补经传之缺。而义意亦警,如周秦诸子者,往往有之。以其辞太无文,是以学者厌之,以此见文之不可以已也。(《家书五》,见《文史通义》外篇三)

实斋之意,以谓"宋儒析理之精,践履之笃,汉唐之儒,未之闻也。"(《原道下》)然义理不可空言,必博学以贯之,文章以达之。故实斋既重学,复重文。曰:"文非学不立,学非文不行,二者相须,若左右手。"(《答沈枫墀论学》,见《文史通义》外篇三)而文之宜急务者,莫若古文辞。然实斋之于古文辞,有其独特之见解:

古文辞必由纪传史学进步,方能有得。……左丘明,古文之祖也。司马因之而极其变。班陈以降,真古文辞之大宗。至六朝古文中断,韩子文起八代之衰,而古文失传亦始韩子。盖韩子之学,宗经而不宗史,经之流变,必入于史,又韩子之所未喻也。近世文宗八家,以为正轨,而八家莫不步趋韩子。虽欧阳手修《唐书》与《五代史》,其实不脱学究《春秋》与《文选》史论习气,而于《春秋》马班诸家相传所谓比事属辞宗旨,则概未有闻也。八家且然,况他人远不八家若乎?"(《与汪龙庄书》,见《文史通义》外篇三)

实斋心目中之古文辞,为有断制,有剪裁,有组织,有内容,近于逻辑性之记叙文。与寻常所称之古文辞异趣。当时为古文辞者,自实斋观之,皆不过文士,学归震川、唐荆川之所谓"疏宕顿挫,其中无物。……得力于《史记》者,特其皮毛,而于古人深际,未之有见"。(《文理》,见《文史通义》内篇二)实斋论方望溪,谓"方氏不知古人之意,而惟徇于文辞。且所得于文辞者,本不甚深。其私智小慧,又适足以窥见古人之当然,而不知其有所不尽然"。(《答问》,见《文史通义》内篇六)其《古文公式》《古文十弊》等文,尤直摘当时古文之弊,而欲加以谠正焉。

实斋于当代之士,独推汪容甫为能文。谓容甫"工辞章而优于辞命"。(《立言有本》,见《文史通义》外篇)处考证盛行之日,不自安于辞章,歆心著述,欲有所树立,然"学虽博而无宗本,聪明有余而识力不足"。(《立言有本》)其《述学》一书,分内外之篇,拟于诸子。内其所外,而外其所内。薄其所长,而矜其所短,容甫乃不自知,惜哉。

实斋评议并世各派之文人学者,皆极透彻密察。虽其持论有时过于刻深,或于修短相衡之处,稍失允当。而分析心理,推究流弊,洞垣一方,卓有所见,不得不谓为诸家之知己。然当时通人未有能真知实斋,相悦以解,与以惬当之批判者,是可叹也。戴东原治学精悍，智足以知实斋，而争心矜气，作祟其间。或恶其异趋，不加深察。或心知胜己，故示屏绝。是以宁波道署一晤，适足以增相轻之意。汪容甫灵光奇气，并世鲜俦，其识议时溢出考据家之上。实斋初以为畏友，及武昌相聚，容甫文名已盛。实斋恬愉无华，或非其所喜。因迹废心，遂成龃龉。袁子才学术虽空疏，然批评当时考据风气，与实斋似有针芥之合。惟实斋既深恶子才，而子才盛负时名，亦视实斋为无足轻重，两人殆绝无虚怀论学之机。实斋曾与钱晓徵、孙渊如通书，言颇深切。又谓："通人如段若膺，见余通义有精深者，亦与叹绝。"（《与史余村简》，见《文史通义》外篇三）钱、孙、段在乾嘉考据家中，固最为识解通透。然以风气所趋，析向各异，其于实斋，盖亦在若明若昧之间。故实斋虽似许三人较为知己，而三人集中，未尝于实斋有真赏之论。至于当时桐城派古文家，奉因文见道之空语，抑扬控纵，以义法自娱。于实斋之文，既拘于成见，屏弃弗道。而于实斋之精思奥旨，又智不足以及此。有翁方纲者，曾询刘端临，实斋学问究何门路。（《家书二》，见《文史通义》外篇三）翁氏识解浅陋，以耳代目，其于实斋，相惊河汉，固无足怪。而其人居高位，工书法，颇为俗流倾心。其言亦最足以代表当时普通读书人对实斋之意见。夫高者如东原、容甫，下者如翁方纲，既举不足以知实斋，试再进而求之。朱竹君于实斋，笃师生之谊矣。毕秋帆于实斋，有知遇之恩矣。彼特以宏德雅量，礼贤下士，其视实斋与视孙渊如、洪稚存、黄仲则、武虚谷无异。非于学术所诣，有理智之深知。但以气类相投，为情感之契合。而实斋久受流俗冷落，觉两人温厚之情，足以暖其心灵。感激之言，发于不自觉。竹君、秋帆非能真知实斋者也。史余村、周筤谷，实斋屡与通书。且畅所欲言，似许其可与深论。而史、周诸人，亦碌碌无所表见。彼盖纯笃之士，其学识虽远下实斋，而颇知敬奉其言。实斋既不为当世通人所知，则与史周诸人，吐其所蕴，亦慰情胜无而已。余村、筤谷更非能真知实斋者也。余姚邵二云，远承家学，为东南文献之宗。以博洽见称,而能守约。以经训行世,而长史裁。以汉诂推尊,而宗宋学,与实斋交谊最笃。实斋作《二云别传》,谓"君与余论史,契合隐微。余著《文史通义》,不无别识独裁,不知者或相讥议。君每见余书,辄谓探其胸中之所言。间有乍闻错愕,俄转为惊喜者,亦不一而足。以余所知解,视君之学不啻如稊米之在太仓,而君乃深契如是"。(《邵与桐别传》,见《刘刻章氏遗书文集三》)则似许邵最为知己矣。然二云生时,实斋致书论学云:"足下于文,漫不留意。立言宗旨,未见有所发明。此非足下有疏于学,恐于闻道之日,犹有待也。"(《与邵二云论学》,见《文史通义》内篇三)夫实斋最重立言宗旨,最重闻道,今既不以此许邵,则二云之于实斋,殆犹未能契合无间。特以其承浙东学术之流,在训诂考证之风气中,犹能尊文献,重史学,遂与实斋有相合之点。而其人"居家孝友,与人忠信"。(《邵与桐别传》)亦无乾嘉学者偏宕矫慢之弊习。故实斋盱衡当世,遂有"微斯人,吾谁与归"之感。而自后世观之,二云恐犹未能深知实斋,如庄周之于惠施也。当时有大名崔东壁者,治学虽与实斋不同,而识解超特,自辟户牖。设与实斋会晤,上下其议论,或能相赏于形迹之外。然东壁声光暗晦,尤远甚于实斋。此两大学者,幸生同时,而竟不能相遇,以互证其所得。此后世治学术史者,所为慨然深惜者也。

近人论学,好以叛徒自诩,或以此誉人,受者惊喜,视为殊荣。夫叛徒有有价值与无价值之分。当新旧蜕变之际,趋新厌旧,人之恒情。黠者潜窥其机,迎合举世蠢蠢欲叛之心理,首发荡决藩篱之论,一唱百和,得名以去。若此所谓叛徒,观其迹,似先知先觉特立独行之杰士。而察其心,实揣摩风气哗众取宠之乡愿,此无价值者也。若卓尔之士,深造自得。于当时学术风尚之利病,确有所见。不忍缄默,出而著书立说,思障横流。世人不察,褒如充耳。或且群起攻之,视同寇仇。斯人者,其境虽啬,其志益坚。如跣足行大漠中,向荒山而痛哭,冥心独往,义无反顾。若此所谓叛徒,一国文化得之则生，不得则死，此有价值者也。有价值之叛徒，每不为并世所知。百年之后，秋潦尽而寒潭清，恩怨既泯，是非渐著。读其书者反得从容与以比较公允之认识。章氏实斋，盖吾所谓有价值之叛徒也。实斋有系统之学识，一贯之主张，充以热情，持以毅力，屡折而不馁，穷居而无闷，尚友古人，默期来者，在乾嘉诸学者中，为最有个性之人物。实斋一生景仰余姚邵思复氏，其为学宗旨，欲学邵氏萃合马、班之史，韩、欧之文，程、朱之理，陆、王之学，以成一子之书。虽性耽史学，然其所重在史意，不在史法。在著述成家，不在方圆求备。自谓与刘知几截然两途者在此。实斋有此怀抱，惜不能绅金匮之秘书，为藏山之鸿业，仅小试之于方志。盖方志为一地之史，所修和州、亳州、永清三志及《湖北通志稿》等，不过应用其理论，作一种试验而已。而其最大兴趣，乃在学术史，尤在学术批评。《文史通义》《校雠通义》二书，得《汉艺文志》《文心雕龙》《史通》《通志》之启发，自成一家之言。于中国学术源流及宗旨，辨之最晰。《校雠通义》辨源流，《文史通义》辨宗旨，源流明，则各种学术地位之高下轻重，其间相互之关系，豁然呈露。宗旨之正伪，亦随之而大明。故治《文史通义》者，不可不先治《校雠通义》也。实斋推原官礼以周公与孔子并重。谓孔子述而不作，经之与史，仅为程度上之区别，而非性质上之区别，六经特圣人取此六种之史，以垂训者耳。此六经皆史之说，与古文学家相近。然其主通令致用，重思想，重发挥，不仅为个别事实之考订，而为原则原理之推求，又与今文学家有暗合之处。惟今文学家，每言大而夸，师心自用。好以单简之公式，解释复杂之史实。削足适履，牵强附会。流弊所及，至束书不观，为荒诞不经之议论。或且卤莽灭裂，为实际政治之冒险。此与实斋精神，根本不谋，不可不辨也。要之实斋在我国学术史中，为一伟大之批评家。其学说之有系统，影响之能及于久远，可与法国批评家圣柏甫、泰恩勃、伦底欧、英国批评家安诺德等相伯仲。廿余年来，国人在文化学术各方面，竞言创造。然创造贵有计划,无计划之创造,非徒无益,且又害之。创造之前,应有严正而成系统之批评学说,以指示其鹄的,与应循之途径。今日去乾嘉之世,百有余年。学术风气与实斋所批评者仍多相类。而实斋往矣,其宏旨精思,高风卓节,知之者谁欤?继而起者谁欤?深识之士,独无念乎。

（《国立浙江大学文学院集刊》1941 年第 1 期）

读《儒行》

《礼记·儒行篇》，近人颇加提倡。报章杂志，时见引及。中等学校，及大学一年级，且有选为国文教材者。此事殊为可喜。立国精神，必由内发，非可外铄。固有文化之足贵，非仅以其为吾之所固有，所谓家有敝帚，享之千金。实以此固有文化，确然有其永久之价值，与丰富之生命。潜虽伏矣，亦孔之昭。吾人苟能斟酌损益，摄其神而遗其貌，则解决当前与将来之重大问题，其基本原则，正不必贱近贵远，求之域外也。

吾国固有文化，以儒家学说为中心。而儒家学说中，尤以理想人格之提示，为最具体，最有实效。人类行为之推动力，究极言之，非感情，非理智，而为想像。汉高之《大风歌》，代表汉高之想像。曹孟德之《短歌行》，代表曹孟德之想像；范文正公之《岳阳楼记》，代表范文正公之想像。儒家所长，即在善用想像，提示其理想中之人格。深切著明，若或见之，使人油然生其向往之心，忻慕之忱。此理想人格，所谓成人也，君子也，或士也，贤也，圣也，名称虽繁，等第虽异，然类型则一。要其最终鹄的，在勉力求为智、仁、勇三方面平衡发展之完人。而儒之一字，实际上尤为提示此理想人格时所通用之名称。春秋之世，九流未兴，儒之一字，尚不多见。《论语》孔子诏子夏，有"女为君子儒，毋为小人儒"之语。孟子愿学孔子，不自称儒。荀子后起，儒家学说，至荀子而成一系统。体大思精，条理井然，是其所长。缒幽凿险，流于惨礉，是其所短。当荀子时，百家争鸣，儒之地位益显，其利病亦益著。荀子以儒自居，论儒特详。《儒效篇》有俗儒、雅儒、大儒之分,《非十二子篇》且斥依附子张、子夏、子游门墙者为贱儒。言虽愤激,然真儒、伪儒之辨,赖之以明。世人因恶伪儒,訾及真儒,是荀子之所痛也。《儒行》一篇,论者谓为漆雕氏之儒之说,《韩非·显学篇》所云,漆雕氏之议,不色挠,不目逃,行曲则违于臧获,行直则怒于诸侯也。惟《儒行》含义丰融,所涉甚广,与漆雕氏单简之说不侔。此篇究为何氏之言,已不能确定。观全篇所述,光明俊伟,刚而无虐,与儒家所提示之理想人格,大体不甚相违。断为孔子学说中应有之义蕴,七十子相传之遗训,则可无疑耳。

晚近士厌故常,非儒之风复盛。非儒之方,在于原儒。以为明其起原,则儒之真相尽露,无可掩饰,则亦不复可贵。譬之研究一伟大人物,但能求其早年历史,证其出身寒微,则此伟大人物,即了无足奇,原之,正所以非之也,实则评判一文化或一人物之真正价值,当视其最后之成就,而不当问其原始之状态。考究原始状态,由于好奇心求知欲之驱使,事本正当。然此为科学的叙述,与价值之评判无关。最初之儒,或谓为殷遗民,为亡国之奴虏,不根持论,杂以嘲戏,无俟深辨。或谓为世室所禄养之卜宗祝史,世室衰微,散之民间,以授书相礼为事,其说近情,较为可信。惟授书相礼之徒,乃孔子所谓小人儒。儒之可贵,在于由小人儒以蕲至乎孔子之所谓君子儒。君子儒之理想,孔子首倡之而实践之。儒行所述,亦君子儒之流也,儒之真价值,当于此等处体察之。

战国时代,儒之为世诟病,最显著者,厥有两端,一为柔弱,一为侈靡。墨子非儒最力。《非儒篇》云:"夫儒浩居而自顺者也,不可以教下,好乐而淫人,不可使亲治,立命而怠事,不可使守职,宗丧循哀,不可使慈民,机服勉容,不可使导众。"即崇儒之荀子,亦深讥当时之儒。《非十二子篇》云:"弟佗其冠,神禪其辞,禹行而舜趋,是子张氏之贱儒也。正其衣冠,齐其颜色,嗛然而终日不言,是子夏氏之贱儒也。偷儒惮事,无廉耻而耆饮食,必曰'君子固不用力',是子游氏之贱儒也。"《儒效篇》云:"明不能别,呼先王以欺愚者,而求衣食焉,得委积足以掩其口,则扬扬如也,随其长子,事其便辟,举其上客,亿然若终身之虏,而不敢有他志,是俗儒者也。"然《儒行》一篇,提倡志节,奖励狂狷。所说十五儒,大抵发扬蹈厉,坚苦卓绝,不柔弱,不侈靡。墨子之所非,荀子之所讥,非儒行之儒也。孔子曰:"志士仁人,无求生以害仁,有杀身以成仁。"曾子曰:"临大节而不可夺也。""士不可以不弘毅,任重而道远。""战陈无勇,非孝也。"孟子曰:"富贵不能淫,贫贱不能移,威武不能屈,此之谓大丈夫。""天下无道,以身殉道,未闻以道殉乎人者也。"孔、曾、孟子之道,刚健笃实,允文允武,是儒行之所本也。《说文》:"儒,柔也。"郑《目录》云:"儒之言优也,柔也。"儒之训柔,由于许郑。若执儒字之初义,以衡量儒字由演化而得之最后胜义,殆无是处。况柔亦美德,凡文化莫不柔。文化之起,本在驯扰人性,消除戾气,化干戈为玉帛,揖让雍容,垂裳而治。惟太柔则危,足以丧其生存之力,故必济之以刚。儒者理想,刚柔互济,文质并重,所谓"质胜文则野,文胜质则史,文质彬彬,然后君子"。以柔病儒,岂笃论哉?

或谓儒行所言之儒,发强刚毅,幽居不淫,则诚然矣。然较之墨者枯槁不舍,备世之急者,不逮远甚。起衰救弊,读儒行何如读墨子?此事非细,请略论之。儒墨最大分别,一得之愚,以为在儒家讲个人修养,而墨家不讲个人修养。孔子言仁,不重爱人,而重自爱。颜渊问仁,子曰"克己复礼为仁"。仲弓问仁,子曰"己所不欲,勿施于人"。孟、荀二子,性善性恶之说虽异,然孟子主充其四端,求其放心,荀子主化性起伪,诵经读礼,要皆下学上达,己立而后立人。墨子论仁,但称利人,骛外逐末,劳而少功。彼之仁者,必兴天下之大利,除天下之大害,天下之大害,以不相爱生,仁者欲以兼相爱交相利之法易之。其法奈何,曰:"视人之国,若视其国,视人之家,若视其家,视人之身,若视其身。"(《兼爱中》)夫泯人我之见,严公私之辨,须绝大工夫,绝大修养,其事至艰,非可立就。今但曰视若视若,不劳而获,何其言之易耶？墨子最后方法,惟有乞灵刑赏,以强人兼爱,强人交利。"苟有上说之者,劝之以赏誉,威之以刑法,我以为人之于就兼相爱交相利也。"(《兼爱下》)复托之于天志,"我为天之所欲,天亦为我所欲。"(《天志中》)继之以尚同,"上之所是,必皆是之,所非,必皆非之。"(《尚同上》)则此所谓上者,俨然一神道设教之迪克推多矣。墨子及其继起之钜子,皆神道设教以迪克推多自居者也。墨子言兼爱,而莘莘教人者,乃为战守攻伐之事。"鲁人有因子墨子,而学其子者。其子战而死,其父让子墨子。子墨子曰,子欲学子之子,今学成矣,战而死,而子愠,是犹欲粜,粜售则愠也。"(《鲁问》)儒家平易近情,不为激论。有诸己,然后求诸人;无诸己,不以非诸人。理想甚高,而不虚幻;同情甚富,而不滥施。治人必先修己,外王必先内圣。凡政治活动,而离开道德活动,环境改革,而忽略内心改革者,皆与儒说之真义不合。故儒、墨之分,乃精粗高下之分,而非仅仅职业流品之分也。《儒行》大旨,在激励志节,而不在鼓吹客气。特立独行之品格,勇猛精进之态度,出于意志之集中,而非出于情感之张扬。有本有原,不折不挠。故全篇论儒,归本于仁。"温良者,仁之本也;敬慎者,仁之地也;宽裕者,仁之作也;孙接者,仁之能也;礼节者,仁之貌也;言谈者,仁之文也;歌乐者,仁之和也;分散者,仁之施也。"儒者为仁,兼此八者而有之,犹不敢自以为仁。仁者,人格完成之谓。人格完成之境界不易到,故不敢自以为仁也。

通常见解,以为宋人柔退,反对儒行,其实不尽然。《宋史·张洎传》谓太宗以《儒行篇》刻于版,印赐近臣,及新第举人。又载祥符二年,复以《儒行篇》赐亲民厘务文臣,其幕职州县官使臣,赐敕令崇文院摹印送阁门,辞日给之。又载绍兴十八年,御书《儒行篇》,赐进士王佐等。足征宋代甚尊儒行。张横渠云:"某旧多疑《儒行》,今观之亦多善处。"(卫湜《礼记集说统说》)惟程伊川则云:"《儒行》之篇,全无义理,如后世游说之士,所为夸大之说,观孔子

平日语言,有如是者否。"(《程氏遗书》卷十七)《宋史·高閌传》云:
"时将赐新进士《儒行》《中庸》篇,閌奏《儒行》词说不醇,请止赐《中庸》,庶几学者得知圣学渊源,而不惑于他说。"伊川与高閌所言,虽有所见,不免迂拘。儒行本指儒德之发于外,著于迹者而言,其说有夸大胜人之气,少雍容深厚之风,自不及《大学》《中庸》之精醇而有系统。然《儒行》所重,乃在提倡行己有耻见危授命之气节,与《学》《庸》两篇,义各有当。处丧乱污浊之世,立身应变,《儒行》所言,似更亲切有味。后汉人精神,甚似儒行。论者谓三代以下,风俗之美,无逾东京。《党锢传》中人物,诚嫌标榜太过,然激素行以耻威权,立廉尚以振贵势,清议正气,得此而存。魏晋南北朝,为玄想与审美观念发达之时代,与儒行之尚实践者异趣。当时典型学者,皆"学遍玄儒,博通子史,流连文艺,沉吟道奥。"(语见《宋书·高逸杜京产传》)因矜尚门第,区别流品,论理特详丧服。《中庸》较富哲理,义通玄释,故戴颙撰《中庸传》,梁武帝撰《中庸讲疏》《中庸义》。(见《隋书·经籍志》)而论述《儒行》之作,寂焉无闻。下逮明末黄石斋,始撰《儒行集传》。明人崇尚气节,不亚东汉。杨、左、顾、高诸贤,受理学之熏陶,其行为有理论上之根据。顾经凡云:"学问须从狂狷起脚,然后能从中行歇脚。近日之好为中行,而每每堕入乡愿窠臼者,只因起脚时,便要做歇脚事也。"又云:"夫假节义,乃血气也;真节义,即义理也。血气之怒不可有,义理之怒不可无。义理之气节,不可亢之而使骄,亦不可抑之而使馁。以义理而误认为血气,则浩然之气且无事养矣。"其言与《儒行》之旨冥契。要之《儒行》之精神,即儒家不屈服不妥协之精神。有此精神,分则为"博学而不穷,笃行而不倦"之个人,合则为"爵位相先也,患难相死也"之团体。有此个人,有此团体,则何敌不克,何业不成,此亦固有文化、有价值、有生命之一端也。

(《思想与时代》1942 年第 11 期)

《孝与中国文化》附言

　　谢兄幼伟近草《孝与中国文化》一文，属余略附数言，以资商榷。谢兄于此问题，思之颇深，而态度谦抑，若不敢自信其说之必无误者。窃谓中国文化，历史悠久，内容复杂，不可以一端尽。然吾人讨论，最好择其一端，加以深刻之探索，缜密之研究。举一反三，因小见大。如范围过广，所涉太多，反不免有笼统武断、言大而夸之弊。此文就孝发挥，不及其他，与此旨不谋而合。再吾人对于中国文化，或赞扬，或指摘，或赞扬之中有指摘，或指摘之中有赞扬，其动机不外为爱护中国文化。当今之世，固莫不言爱护中国文化矣。然爱护贵有真诚，贵有深识。貌敬心违，故示持平，不得谓之有真诚。专己守残，夜郎自大，不得谓之有深识。兼有二者，殆非易事，谢兄此文，庶可语于斯乎。

　　谢兄文中，谓"孝虽与家族本位有关，然先儒之提倡孝，所见实有超出家族本位之上者"，殊有深意。今人思想，大都有意无意，走向唯物一路。一切有自由，独意志无自由。人非万物之灵，乃万物中之一物耳。昔曰天地不仁，以万物为刍狗，今则曰制度不仁，以人类为刍狗。此制度者，由社会制度上推至于生产制度，由生产制度上推至于生产工具。人类命运，最后决定于生产工具，自创之而受其宰割，道高一尺，魔高一丈，亦云酷矣。此说之所以动人，实因其含有一半之真理，犹俗谚所谓时势造英雄之含有一半真理也。惟英雄造时势，亦含有一半之真理，此则今之论者，每讳言之。如吾人不承认孝与中国文化有特殊之关系，孝为中国先哲历世相传之遗训,孝为中国民族特重之道德,有其超越之地位,与永久之价值,而仅仅承认孝在中国,不过为家族本位的经济制度下之产物。则家族本位的经济制度崩溃,孝亦自随之而崩溃。不打而自倒,转觉五四时代之非孝为多事。五四时代,尚知非孝,视为活老虎而打之。今则视孝已为垂死之老虎,不必打亦不屑打,坐待其毙,顾而乐之,此则更可惧也。

谢兄文中,颇引《孝经》语。《孝经》一书,今文古文,虽多争辨,其实不过文句小异,大义无殊。至作者及成书年代,确成问题。《四库全书总目》谓《孝经》去二戴所录为近,要为七十子徒之遗书,其言较为近真。大抵一说之起,最初每平易近情,亲切有味,其后愈推演则愈精密,愈肯定,同时亦愈僵化,愈夸大。孔子极重孝,《论语》言孝处甚多,然与《孝经》所言,其精神毕竟不同。《孝经》为晚出之书,战国时代儒家所作,殆无疑义。汉人甚尊《孝经》,于五经之外,加《论语》《孝经》,称为七经。荀慈明《对策》云,汉制,使天下诵《孝经》。汉人主笃行,尚名节,凝重严肃,缺少风趣,与其所受教育有关。尝谓中国之先秦,颇似西洋之希腊,中国之汉代,颇似西洋之罗马。孝字英文译为 Filial piety 两字,皆源出拉丁。汉代之与先秦,罗马之与希腊,虽同中有异,然其为文化系统之一脉相传,则中西无二义焉。

我国古代典籍莫不言孝,《孝经》不过后出论孝之专篇而已。中国民族性,就大体言最切实最近情理。"孝弟也者,其为人之本欤。"仁,主于爱,爱莫大于爱亲,亦莫自然于爱亲。由近至远,推己及人,孟子谓:"未有仁而遗其亲者也。"言爱社会,爱国家,而不言爱亲,自欺欺人,非狂妄即凉薄。儒家论丧祭之礼,最为精当。大要不外报本反始,慎终追远,求民德之归本于忠厚。《礼记·问丧》云:"入门面弗见也,上堂又弗见也,入室又弗见也,亡矣,丧矣,不可复见已矣。"《三年问》云:"凡生天地之间者,有血气之属,必有知。有知之属,莫不知爱其类。今是大鸟兽,则失丧其群匹,越月逾时焉,则必反巡,过其故乡,翔徊焉,鸣号焉,蹢躅焉,踟蹰焉,然后乃能去之。小者至于燕雀,犹有啁噍之顷焉,然后乃能去之。故有血气之属者,莫知于人,故人列其亲也,至死不穷。"陈兰甫谓读此二节,当泣上沾襟,盖至情之语,感人于不觉。生产工具,经济制度,可因地制宜,随时更改。此一点人性,一点真纯优美之民族道德,断不当令其随家庭生产工具家庭经济制度而俱去也。

至谢兄谓西洋文化唯一弱点,即在忽视内发之爱,而思以外铄之爱代之,此亦体察有得之言,与不知而妄谈,信口雌黄者异撰。又引《马太福音》第十章为证,谓希伯来文化忽视父母妻子之爱。窃意耶教非不言父母妻子之爱,摩西十诫中之第四诫,即为"尊尔父母"。惟尊与孝涵义不同,耶教由天及人,以天为父,孝天者然后能孝父母。儒家由人及天,孝父母者然后能孝天。严格言之,儒家尊天,耶教孝天,儒家孝父母,耶教尊父母,畸轻畸重,显然不侔。惟孝天与尊天,态度虽异,究可相通。中国人所不能真正了解耶教者,不在其信天事天之说,而在其以耶稣为主之一套奇异神学耳。总之一民族有一民族之中心思想、中心信仰。个人有风格,民族亦有风格。生活方式可变,独特之风格,不能尽变,亦不宜尽变。变其所当变,而守其所当守,吾国谢兄居今日而言孝者此物此志耳,非敢谓讲论《孝经》,便可退贼也。

(《思想与时代》1942 年第 14 期)

人治与法治

人治与法治之争，中西自古即已有之。中国政治思想，以儒家之人治主义为主，春秋战国时，百家竞鸣，儒墨道法，各思以其说移易天下。自汉以后，迄于清末，儒家传统，定于一尊。法家思想，不绝如缕。西洋远溯希腊，创行民主政治，法治观念，萌芽甚早。柏拉图于当时民主政治，深致不满，《理想国》一书，阐扬人治，不遗余力。然晚年于所著《法律》书中，以为人治理想，陈义过高，可遇而不可求，由绚烂归于平淡，终觉以法治国，为切实可行。亚里士多德于其《政治学》中，推尊法治，谓法者理性之表现，不杂私情者也。罗马民族，于法律具有天才。降及近世，英国宪政，树法治楷模。魁儒杰士，如浦克、卡莱尔、罗斯铿、安诺德等，目击民主政治之流弊，提倡自然贵族、英雄崇拜、文化修养诸学说，箴时救弊，功不可没。然英国法治之精神，初不因是而有所变更。就大体言之，中国重人治，西洋重法治，二者各有其理论上之根据，亦各有其利弊得失。吾国今日大势所趋，由旧转新，由人治转为法治，在此转变之历程中，如何斟酌损益，舍短从长，殊足令人深长思也。

为人治之说者，大都偏于理想，于执政者加以理想化，假定其为一品格完善，动机纯洁，无往而不为人民谋福利之人物，儒家称之为圣贤，为仁者。圣贤仁者，一方为政治家，一方为教育家，以身作则，不令而行，以人格感化，而不以刑罚迁过。圣贤仁者，能居高位，则国自治而天下自平。《论语》"为政以德，譬如北辰，居其所而众星拱之""政者，正也。子帅以正，孰敢不正""子欲善而民善矣。

君子之德风，小人之德草，草上之风，必偃"，以及《孟子》"君仁莫不仁，君义莫不义，一正君，而国定矣"，皆是此义。柏拉图《理想国》一书中之哲学家，亦为想像人物。柏氏以为欲政治清明，非哲学家执政不可。"苟非哲学家执政，或当今所谓政治家，变为真诚而有才能之哲学家，政治与哲学，合而为一，现时政治与哲学，彼此分离，不相为谋之情形，完全消除，则国家人类之祸患，终无已时也。"柏氏于《政治家》一书中，以为政治家者，乃一艺术家也。其于艺事，默识心通，神而明之，不受任何规矩准绳之束缚。艺术家自力求艺事之完美，政治家以人民为对象，自力求人民之福利，人民同意与否，可不必问，旅客与病人，为其本身利益计，当听船主与医师之指挥，而不宜强不知以为知，自作主张。此与十八世纪开明专制之理论暗合，吾国数千年来视执政者为君师，为民之父母，民可使由之，不可使知之，有民本之说，而无民权之实，一切政权，皆以为民。而皆不出于民，犹柏氏认执政者为船主医师，而人民为旅客病人也。此种理论，有一基本假定，即每一执政者完全为人民谋利益，而毫不为其本身谋利益，按诸实际，相去甚远。政治之事，必须讲明责任，获得同意，执政者不向人民负责，不得人民同意，不受人民制裁，而谓其必能谋人民之福利，未免过涉玄想。至宗教上之天意制裁，或道德上之良心制裁，其事渺茫，行之政治，绥不济急。天视自我民视，天听自我民听，民视民听岂可徒托空言，而不使之发生实效乎？

柏氏于《政治家》一书中，又谓法律只讲通则，不讲个别。人事纷纭，莫可究诘。单简呆板之法律，不足以应付复杂变动之人生。法律乃一倔强顽梗，愚而好自用之暴君，安足以治国。以法治国，犹医生不继察每一病人之体质，与病状之经过，随机应变，对症下药，但知抱定书本，袭用旧方，未有不误事者也。《荀子·君道篇》曰："法者，治之端也，君子者，法之原也，故有君子，则法虽省，足以偏矣，无君子，则法虽具，失先后之施，不能应事之变，足以乱矣。"

人事无穷，法律有限，胶柱鼓瑟，削足适履，以生人而用死法，危险孰甚？然人生应变固要，处常更要，公共生活，以安全为第一义。社会中必须有若干规则，共同遵守，而此若干规则，如欲使其有强迫性与相当永久性，则必须有"编著之图籍，设之于官府，布之于百姓"之法律而后可。边沁于其《立法论》一书中，以安全为幸福之基础，诸事赖之而后有成。吾人对于将来，固不可加以过度之约束，然亦不可不未雨绸缪，预为布置。柏氏对于法律之硬性，言或稍过。古代希腊法律，乃一套僵化之成例，即在雅典，修改法律，亦极不易。雅典议会，又□立法机关，故以少数静止粗疏之法规，应付日新月异之局面，自觉困难。现代法律，与时俱进，远较详备。议会为主动的立法机关，法官复可斟酌旧律，解决新案，柏氏反对法律硬性之理由，今日已非全部存在矣。

柏拉图视执政者为艺术家，如艺术家欲其艺术之成功，必须能运用规矩准绳，而不受规矩准绳之束缚，执政者如欲其政治成功，必须能运用法律章则，而不受法律章则之束缚。儒家主人治，思路正同，儒家想望圣人在位，规矩方圆之至，圣人人伦之至，圣人之心，即是规矩，而不能别有规矩以范围之。此与法家以法为规矩，不论贤愚亲疏，贵贱贫富，一断于法，韩非所谓"释法术而心治，尧不能正一国，去规矩而妄意度，奚仲不能成一轮"者，完全相反。欧洲十七世纪为科学家盖里略、笛卡尔之世纪，此世纪产生不少科学政治之拥护者，以英国培根为巨擘，亦倡人治之说，主张科学的君主，以为政府措施，应不受普通法与法官之限制，凭其智识，指导国家，要求法官之服从。斯德华朝神圣王权之理论，亦大率如是，谓普通法不能适应复杂之社会环境，尤以经济生活为然，特权并非废除法律，不过在法律之外，有时或在法律之上耳。近代德国君主理论将国家与社会分开，社会包括各种不同与相反之成分，经济方面，冲突尤甚。若干思想家，因倡议一种国体，赋君主以居间调停及中立之权力，以产生中和之政局。实证主义者如孔德等，对于治理阶级之无能,失望之余,希冀有一种独裁之权力,足以代表强者,同时又能保护弱者,以为保持平衡之调停人。此种独裁者,操行政之全权,不受宪法之制裁,理论上、实际上均为一国之元首,此皆渐由人治思想而倾向于独裁政治之说也。

人治之说,理想甚高。然贤智之人不常有,有之亦不易实行,末流之弊,成为独裁专制。柏氏《理想国》书中,但论人治,《政治家》一书中,虽主人治,已渐倾向于法治。至《法律》一书,则力言法律之需要,谓法律即文化,人类几经艰难而后得之。所以异于禽兽者在此。吾人苟仅凭主观,每不能认识何者为社会生活之至善,就令认识之,亦不能且不愿追求之。吾人需要法律,使良心所暗中摸索之"善"具体化,客观化,成为一种结晶品。此善为公共之善,为全社会所公共追求之对象,惟有在此种社会中,个人方能得其本身之善。法律之执行,足令吾人薄弱之意志,得以振奋,无公论之组织与制裁,吾人每明知故犯,以私害公。设有人焉,生而知善之可贵,黾勉以求之,此人也固无须乎法律之指示。世间无高于智慧之法律,真正自由之心胸,自宜独往独来,不受拘牵。然此种人中之神,何处可得,梦想而已。不得已而思其次,法律与秩序,盖不可缺。法律虽非自由之心,确为心或理智之表现,虽不能泛应曲当,确大致不谬。法律既与理智为一,故终身不可离,生死婚丧,莫不有法,交际往还,莫不有法。财务处理,亦莫不有法,法律所不及者,则有风俗习惯以辅之。国家既有法律,即当视法律为至上,政府为法律而设,法律不分彼此,一视同仁。故政府亦当注意全体,大公无私,一断于法,能如是者国必盛,否则国必弱。吾人如欲锡以嘉名,可称之为神治。因法律为理智之表现,而理智实来自神明者也。柏氏所言之法,与荀子所言之礼,有相似处。荀子虽主人治,而其论礼谓"礼者,法之大分也""礼岂不至矣哉,立隆以为极,而天下莫之能损益也",颇有法家精神。韩非、李斯,得其一体,蔚为法家,盖非偶然。是犹柏氏晚年著《法律》一书,亚里士多德亲承其教,对于法治,遂益加推崇也。

亚里士多德于《政治学》书中,曾提及人治法治优劣论之问题。主人治者,谓法律与政府,如影随形,政府不完善,则其所颁布之法律,亦不能完善。况法律仅发凡起例,不能解决个别案件。然亚氏之意,以为法治终胜人治,贤智之人,应任护法执法之责,而不当以身代法。以法治者,犹以神治,以理治,以人治者,则杂以兽性矣。盖嗜欲乃野兽也,任情使气,心失其正,虽贤者不勉,法者纯然理智,不为嗜欲所累者也。夫欲得公平,必求其中,法者中之至也。如谓成文法过于固定,无伸缩余地,则有不成文法及习惯法在。吾人应尽量守法,法所不备,然后人得折衷于其间焉。亚氏之意与尹文子"圣法之治,自理出也"若合符节。《尹文子》曰:"圣人者,自己出也,圣法者,自理出也,理出于己,己非理也,己能出理,理非己也,故圣人之治,独治者也,圣法之治,则无不治矣。"法自理出,故有客观性与永久性。惟其有客观性,故不以一人之喜怒,而有所变更,《管子·任法篇》曰:"万物百事,非在法之中者,不能动也,故法者天下之至道也,圣君之实用也。"惟其有永久性,故不以一人之存亡,而有所兴废。人存政举,人亡政息,为人治之最大弊害。《尹文子》曰:"若使遭贤则治,遭愚则乱,治乱续于贤愚,不系于礼乐,是圣人之术,与圣主而俱没。治世之道,逮易世而莫用,则乱多而治寡。"法家驳难人治,言甚剀切。惟吾国法家,知有法治而不知有民治,法家之法,不出于民,而出于君。《管子·任法篇》曰:"夫生法者,君也,守法者,臣也。法于治者,民也。"立法之权,操之于君,最后仍以君主之权威,为法律之根据,故终亦不脱人存政举,人亡政息之窠臼。政治家如管仲、诸葛亮,可谓有法治精神者,然管仲、诸葛亮存,则其法存,管仲、诸葛亮亡,则其法亦随之而亡。所谓法之永久性者,终不可得。卢梭《民约论》,提倡法治,更提倡民治。卢梭心目中之国家,每一公民,应有决定国家公共意志并参加立法之权。惟有参加立法,公共意志,始有表达之机会。盖法治不必即为民治,而民治则非法治不可。法家知有法而不知有民,与儒家相较,为治虽异,而所以治者,则仍然为君主一人而已。

中国人人生态度,大致为艺术的,而非科学的。人治思想,偏于艺术。重直觉,重意会,随宜应付,不主故常,视政治家为艺术家,成功与否,在其本身之修养与技术,而不在外界之规矩准绳。中国已往,一方为人治,一方又为礼治。礼治乃人治之方法,礼实是一种人生艺术,其范围虽甚广,包括所谓民法政治制度各项在内,然重要部分,如婚丧、祭祀、朝聘、会盟,以及日常生活仪节等,莫不含有浓厚之艺术意味。艺术之事,终赖天才。天才不常有,有之亦不能传授。粹匠绘舆能与人规矩,不能使人巧。规矩可传授,而巧不可传授,天才愈伟大,则巧之成分愈多,而不可传授之程度亦愈深,故政治上如仅恃天才,则必治少而乱多,韩非所谓"尧舜至乃治,是千世乱而一治也"。法治偏于科学,科学为可以解释,可以分析,有系统,有条理之智识,故可以传授,可以累积。中才之士,勉力为之,足以有成。韩非所谓"使中主守法术,拙匠守规矩尺寸,则万不失矣"者是也。人治理想,得其人则为圣君,不得其人则为独夫。拉丁语云,最佳之事,一经败坏,便为最劣。画虎不成反类犬,虎不可得,犬则比比皆是矣。要之,人治之长,在能应变,在能斟酌实际情形,解决个别问题,此适为法治之短。法治通病,在呆板,在僵化束缚驰骤,不得自如。故由人治转为法治,欲求成功。第一务使国家所立法制,有相当弹性,得以人意伸缩其间。戴雪《宪政之法》一书中所称法治,其一种意义,乃指英国国会,代表舆论,有修改法律之权。法律随民意为转移,而非一成不变,与现实脱离者。美国宪法,素称硬性,然解释补正,亦自有道。一国法制,固须求其可久,更须求其可行,惟其可行,然后可久。《荀子·解蔽篇》云:"夫道者,体常而尽变。"法治善于体常,人治善于尽变。折衷至当,使国家法制,体常尽变,兼有其妙。是则立法者之责也。

国人过去有一普通观念,即法律与道德之对立是,以为法律不需道德，而道德亦不需法律，常人一言及法，即联想及于讼与刑。孔子有无讼之诫，《易》有讼则终凶之说。儒家刑外无法，以刑为法。其所□□之德治与礼治乃一事之两面，德为其里，礼为其表，礼是人生，艺术而德是此人生艺术之内容。孔子以德礼与政刑对举，"道之以政，齐之以刑，民免而无耻；道之以德，齐之以礼，有耻且格。"《大戴礼记·体察篇》以礼与法对举，礼义与刑罚对举，"礼者禁于将然之前，而法者禁于已然之后""以礼义治之者，积礼义，以刑罚治之者，积刑罚"。此种重道德轻法律之观念，深入人心，牢不可拔，视法律为一种必要之恶事，不得已而用之。末流所至，社会上自命有道德者，往往不屑守法，以为仲尼之徒，无道桓文之事者，非特以不守法为耻，且以不守法为荣，一若愈不守法，愈显其道德之高尚者。迹其所谓道德，上焉者在家族伦常之间，次焉者乃有我无人，虚骄自私之名士习气而已。至先秦法家之理论，又以法律外于道德。《韩非·显学篇》曰："夫圣人之治国，不恃人之为吾善也，而用其不得已为非也，恃人之为吾善也，境内不什数，用人不得非，一国可使齐，为治者用众而舍寡，故不务德而务法。"法家持论，对于法律，尊之适以贱之，因其与儒家犯同一错误，以为法律道德不相需也。实则法律之最后根据，乃在道德，法不能使人必行，法不能使人必守，行之守之，推究至极，仍是道德问题。法律与道德有密切之关系，必如柏拉图所云，法乃善之具体化、客观化，法乃善之结晶品，然后法之尊严，始能建立。尝谓西洋有宗教，更有法教，所谓法教，即法治精神，守法精神，弥漫全社会，蔚为风气，成为教化，人民终身由之，习焉而不察。吾国文化，严格言之，无宗教，无法教，而有礼教。礼无所不包，大至伦常纲纪，小至起居饮食，莫不有礼法律。实即刑律仅为礼教之附属品，《唐律》之礼教色彩最浓。宋、元、明、清，均尊《唐律》，源远流长，可以想见。现代法律，意义既深，范围又广，深者谓其为善或道德之具体化，广者谓人民生活之各方面，均在其范围之内，国家有宪法，国际有公法，民事、刑事有民法、刑法，即一公司之组织亦有公司法，凡有公共生活之处，即有法。昔日礼之推行，赖有礼教，今日欲推行法治，必赖有法教。法教亦可称为一种新礼教，人民视法，当如昔之视礼，同其神圣。社会风气之养成，国民心理之改造，恃乎法治教育之长期努力，非一朝一夕之间，所能奏效也。

在中国社会中，欲提倡法治，最初步骤，仍须有赖于人治。人治之妙，在利用模仿心理，由有政治地位者，以身示范，潜移默化，不教而劝，一般人民，闻风慕效，事半而功倍。中国向为官僚政治，官吏地位崇高，人民对之敬畏有加。民国以还，此风未泯。如官吏守法，尤其高级官吏守法，则如响斯应，效果之大，匪夷所思。反之如官吏不守法，而责人民守法，己身不正，虽令不从，守法运动，终属徒然。昔日为政以德，今日但求以守法为德，则子欲守法而民守法矣，风行草偃之理论，依然可通。法治优点，在有客观性与永久性，前已言之，民主国家之法律，由人民公意所产生，由人民直接间接所制定，一切决之于全体人民，与个人或阶级独裁之国家相比，其法治基础，自较稳固。然立法者人民也，行法者人民也，使法能保持其客观性、永久性者人民也，民主国家法治之成败，视人民本质之优劣以为断。《荀子·君道篇》曰："羿之法非亡也，而羿不世中。禹之法犹存，而夏不世王。故法不能独立，类不能自行，得其人则存，失其人则亡。"橘逾淮而为枳，议会政治，行之于英国，异常成功，行之于他国，或不免失败。荀子所言，未可厚非，不过所谓人，应指人民全体，非指君主个人而已。抑民主政治中所称人民公意，亦自难言民主政治，每易流为暴民政治，为少数野心家所劫持，所利用，一如专制时代权臣之玩弄暗君昏主然，为祸之烈，言之塞心。故民主政治之成功，一方固恃国民全体程度之提高，一方尤恃有领导人才之养成，真正之民主政治，应力矫卑污浅陋之弊，人民之思想行动，应有标准，而不应标准化、机械化。大匠不为拙工改废绳墨，大政治家不为流俗而减低标准，中道而立，能者从之。领导人才，当于笃实之处，发出光辉，平凡之中，自然名贵。主持风气而不揣摩风气，指导舆论而不操纵舆论，尊重民众，而不谄媚民众，不为好大喜功、的然日亡之英雄，而为任重致远、暗然日章之斗士。致广大而尽精微，极高明而道中庸，民主政治之领导人才，应有此胸襟，有此气概，法治之有贤于人治，此为最要。吾国往昔，儒者执政，其勋业烂然者，类皆融会儒法，今日时移世易，政尚民主，要当以法治为主，其于人治，一长足录，心知其意，亦不可废也。

（《思想与时代》1944 年第 35 期）

郭训导长训词

——三月八日于湄潭纪念周

陈永淦记

　　各位：忆第一次因解释校歌来此演讲，今天当为第二次，以新职，不得不讲点关于训导的事。谈到训导，自然不难训诲，真是吃力不讨好。刚才蔡院长誉我为德高望重，也是不敢当的。我以为训导在能以德服人，这是我一贯主张，尤其对于青年，应着重感情，要同情要感化。

　　我来浙大已经六七年了，当然不算太长，然也为时不短，真是比上不足，比下有余。过去一向是任教及局部接洽的工作，对于训导既无经验也无兴趣，这次因为张训导长出国讲学，校长看中了我，我若不干，校长叫我一定干，加之同事们的劝说，及目前困难事项之解决，乃答应只干半年，张训导长若不回国最多只干一年，再不回国我就不管了。

　　我自己虽无经验，但看到人家做得已经很多了，所以我很怕，我依然有勇气者，因为浙大目前校风很好（笑声），校长也鼓励我，乃大胆地担任了，在遵义已经组织了训导委员会，请了好几位真正德高望重的先生。湄潭方面也正在接洽中，待返遵向校长商呈后，名单即可公布。训导贵在能以身作则，所以能请几位德高望重的先生，在那儿做样子可矣。

　　训导为全校的事，非校长的事，非训导委员的事，非训导长的事，……乃大家合作的事。浙大在国内地位很高，是第一流（笑声）的大学，所以我们应当做到第一流，要保持第一流的美誉，过去浙大校风很好（现在也不坏），如毕业生在外面的信用，甚为卓著，均有牺牲本色,朴实,衣服方面很土气的可以表现学生的本色,又勤苦,不多宣传,用功,可是又太用功了,怕把身体弄得不好,……凡此,皆是传统的精神,是大家合作的表现,应努力发扬光大之,所以训导是大家合作的事。

训导最后目的不在训,而在培养学问空气,最好不要训导,但这只是一种理想,为事实所不可能,所以大家要能自爱自重。诸君将来都是教人的,爱人的,如今不能自管自爱,耻莫大焉。

当前训导问题有三:

(一)思想问题:谈思想,好像是危险的事。大学实在是训练思想的地方,思想要正确,有条理,要科学……所以也并不是可怕的。吾人对于思想先不可有成见,要虚心接受外来智识。孔子十五而学,三十而立,四十而不惑,以大圣之如孔子,尚且如此,诸君正当求学,应有求是精神,去求真理,要虚心,结论不可太快。

(二)风纪问题:校长于遵义校务会议报告湄潭同学竟有在宿舍打牌,遵义同学则捧戏子,两地相映成趣(大笑)。悲夫!这种事情,不是训导处所能管的,应当自爱,自己管束自己,这种最基本立己的事,都不能做到,真是可耻!

又同学在路上,碰到教师,即使是教过他的教授,也视若路人,真是不应该的,就是朋友间也不应该如此,这也许同学太害羞了,不好意思打招呼,以后希望脸子老点,不要害羞(笑)。尚有在路上大吃零食的,颇为不雅,……凡此细微小事,要随时注意,择手可改。

(三)生活环境:湄潭山明水秀,较西子湖不相上下,其他宿舍、操场……都是遵义何家巷所不可比的,虽生活环境稍逊,而精神环境甚好。在杭州,除本系师生,认识人很少,然现在大家都差不多互相认识了,这不能说不是抗战所赐予的。

总之,训导在能以德服人,同情感化,家庭化,先生年龄大点,对各事比较明了,可时加指导,以身作则,时相劝告,劝告再三,不听不改,则必施之惩罚矣,然此惩罚,是不得已的,同情的,不是执事者摆威风的。训导是大家的事,望大家相互间遵守之。

(浙江大学档案馆藏"国立浙江大学档案")

梅迪生先生传略

先生姓梅氏，讳光迪，字迪生，一字觐庄，安徽宣城人。梅氏故宣城望族，清初梅定九徵君文鼎，以天算之学，卓绝一代，先生之远祖也。

先生生于光绪十六年一月二日，十二岁应童子试，十八岁肄业安徽高等学堂，宣统三年考取清华官费，赴美国入西北大学，继入哈佛大学研究院，专攻文学。白璧德先生以新人文主义倡于哈佛，其说远承古希腊苏格拉底、柏拉图、亚里士多德之精义微言，近接文艺复兴诸贤及英国约翰生、安诺德等之遗绪，撷西方文化之菁英，考镜源流，辨章学术，卓然自成一家言。于东方学说，独近孔子。先生受业门下，最有深契。时民国肇建已四五年，先识之士，皆知中国学术必将受西洋沾溉，非蜕故变新，不足以应无穷之世变。留美学生之隽异者，课暇研论，风发泉涌。胡适君倡文学革命之论，废文言，用白话。先生则谓白话可用，而文言，断不可废，与胡君相辩难，其往复之辞，载胡君文存中。先生论文，虽与胡君异趣，然其高瞻远瞩，欲融会西方文化，以激发国人之情思，则独居深念，斟酌损益，盖确乎自有其真知灼见者在也。

民国九年，先生归国，任南开大学英文系主任。十年，任东南大学西洋文学系主任，时年甫逾三十，气意发扬，聘哈佛同学吴宓君归任教授，创刊《学衡》杂志，思树新猷，以开风气。吾国自晚清以来，震慑于欧西诸邦之富强，颇慕而效之，初则仅羡其工艺制造，继则以严幼陵译《天演论》《群学肄言》诸书行世，始渐歆向其学术思想。惟严氏所译，泰半为十九世纪英国功利主义者之作，而西方文化导源希腊、罗马，蕴积深永，中土人士，尚多昧然。先生与吴君则致力迻译或介绍欧西古代重要学术文艺，以及近世学者论学论文之作，冀国人于西方文化有更真切深透之了解，而融新变故能寻得更适当之途径，一时东南士气发皇，惜甫及三四年，先生与吴君皆以故离去，所倡导者，亦渐消歇矣。

先生于民国十三年赴美国，授学于哈佛大学；十六年归国任国立中央大学代理文学院长；旋复往哈佛，为汉文副教授。溯先生自留学以至任哈佛大学教授，在美国前后逾二十年。二十五年国立浙江大学竺校长聘先生为文理学院副院长，兼外国文学系主任。二十七年先生选任为参政员。二十八年浙江大学文学院独立，先生任院长。浙江大学旧以理工科名于当世，校风质朴，先生既长文学院，思注重通才之教育，提倡人文之修养，使承学之士，闳中肆外，笃实而有光辉。惟自抗日军兴，浙江大学转徙万里，僻居黔北，风气阻塞，而战乱日久，物价腾涌，师生生计艰窘，救死不暇，故先生之所期者，遂未易骤达。

先生襟怀坦荡，体气素健，自民国三十三年冬，始患心脏病，病发则气逆呕吐；次年春赴重庆休养，六月中归遵义，稍康复矣。入秋病复剧，医谓患仍在心肾两脏，旋赴贵阳就医，卒以沉疴不治，殁于贵阳医学院附属医院中，年五十有六，时民国三十四年十二月二十七日也。竺校长闻电赴贵阳，经纪其丧，葬于贵阳六广门外八角岩圣公会墓地。

先生博窥群籍，于中西文化均能洞见阃奥，详悉其源流、正变、异同、修短。治学喜综大体，为哲学式之参悟，及艺术式之欣赏，如英国之约翰生，美国之爱默生，皆平生所祈向者。冲夷简旷，善于清言。稠人广坐，论学术艺文，人生世态，谈言微中，隽妙渊永，使人如望白云，把挹清波，倏然忘其鄙吝。平日接物和易，而遇事则辨是非，持正义，发论侃侃，激浊扬清，能言人所不敢言。少游美国,为当时留学生中之翘楚,年壮气盛,抱负甚伟。归国后甫思发抒,而事阻其愿,渡海远去。及再归中土,又值大难,播越万里,局促山乡,国危民困,士风窳堕,与先生所想望期冀者,日相舛驰,先生不惟不能展其抱负,即平日论议,亦鲜为人所了解,于是慨然太息于遭逢异常之世变,亦如松柏之经严冬风雪,惟有艰贞茹苦以待春回而已。今强敌既覆,禹甸重光,建国之道,经纬万端,如先生之博学宏识,正当蔚为世用,而先生亦思于学术文化,有所贡献,以发其久蓄之怀,而先生竟殁矣。此海内有识所以同寄无穷之悲慨者也。

民国十六年至十九年间,先生授学美国哈佛大学。斌龢适于其时从白璧德先生游,视先生为同门先进,暇辄相与论议,上下千载,发其幽思,复商讨归国后共有所建树。二十六年斌龢乃得与先生同事于浙江大学,以迄于今,自愧梼昧,于学问事业,多承教益,而鲜有所裨助于先生。惟二十年中,初则同门,继则同事,八载播迁,共涉夷险,先生深怀远志,每倾吐于斌龢,斌龢思国运更新,来日方永,犹可以追随左右,使昔年在美国所共计议者从容见诸事实,乃数月卧疾,一朝奄息,桐棺藏骨,永閟空山,遂以廿载故交,哀述行谊,事之可痛,孰过于斯。

先生夫人李今英女士,明敏温淑,娴习英国语文,于先生内助之功极多。女三人,曰仪慈,曰仪昭,曰仪芝;子一人,曰本修,读书均颖异。先生中英文撰著,散见于中美各学术杂志中,将俟异日,集而刊布之。

民国三十五年一月

(《国立浙江大学校刊》1946 年复刊第 140 期)

关于柏拉图美学思想的一些问题

希腊哲学中的美学部分主要是指柏拉图、亚里士多德两人的美学思想。柏拉图在这方面未有专著,他的美学思想是从他的政治思想中来的,是为他的政治思想服务的。在他的美学思想中几个主要的学说,也都和他的政治思想以及哲学思想混为一体,不可分割。本文试就柏拉图美学思想的由来及其美学思想的主要学说,加以粗略的探讨。

柏拉图的出身和他的政治思想

柏拉图出身雅典贵族,他的母系亲戚中有几个是当时少数党方面的领导人物。他少年时代多才多艺,在运动会上得过锦标,写过悲剧,写过抒情诗,对数学钻研尤深。当时很想在政治方面有所作为,但实际政治的接触,尤其是苏格拉底之死,使他大为失望。他对苏格拉底真是心悦诚服,终身仰慕,苏格拉底一死,给柏拉图心灵上以莫大的打击,之后他就创办亚恺德麦学院于雅典,讲学著书,前后共四十年,他的学院成为欧洲最早的一个大学。学生中最出名的无疑地是在他门下二十年的亚里士多德。柏拉图一生目击当时希腊城邦的文明,由盛而衰,哲学宗教,政治社会,一切都在震荡激变、混乱不安之中。他和苏格拉底一样,觉得面临着文化危机,应该找出一条新的出路,来挽救这个局面。他反对诡辩学者,以为他们不过贩卖知识,欺骗群众,志在谋求个人的名利。他自己并不主张保守,更不主张卫道,对于传统信仰,大胆批评。他创办学院，是想继承苏格拉底的事业，以教人学习哲学、追求真理来救国救民的。他的假想敌人有两种：在新的方面是诡辩学者，在旧的方面便是诗人。在他看来，诗人以"国学大师""荷马权威"自命，实际并无真正的学问，并无真正的知识。他反对诗人，就是要拆穿他们的西洋镜。在讨论柏拉图的美学思想时，这一点很重要。

柏拉图是一个很实际的哲学家，他留心政治，有志改革。他和后来的哲学家笛卡儿、斯宾诺莎、康德、黑格尔等不属于一个类型。他中年写了一部《理想国》，晚年写了有人称为第二部《理想国》的《法律篇》，八十岁临死还没有写完。著作里他提出一套救国的方案。他的救国方案主要是靠教育，他几乎把教育看作万能，在他看来，国家本身就是一个教育系统。《理想国》一书，表面是讲政治，实际是讲教育，书中关于政治机构等问题，略而不言，念念不忘的就是如何办好教育，如何造就他心目中真正的领导人——哲学家。按照他的教育计划，第一期为文艺教育，着重身心的陶冶，主要功课为音乐、文学、体育锻炼，十八岁毕业。第二期为数理教育，须时十年，二十岁起，三十岁止，着重理智的发展，有数学、天文等学科。三十岁到三十五虽是第三期，为哲学教育，进而研究在柏拉图看来最为重要的学问——辩证。从三十五岁到五十岁，参加实际工作，战时指挥军旅，平时从事政治，五十岁退休后，研治纯粹哲学，一旦国家有事，仍须踊跃赴召，为国效劳。第一期教育的学习内容，除读写算术而外，大部为诗的研读和背诵，其中包含音乐，因为古代诗本可歌，本可入乐，文学、音乐原是一家，故希腊文"音乐"实际就指文艺教育而言。柏拉图的政治思想是哲人治国，他的教育方针是针对着哲人治国设计出来的。他的文艺思想也是和哲人治国的主张分不开的。

柏拉图的文艺思想——讲求文艺的政治效果

柏拉图的文艺教育的目的在通过感官，尤其是耳朵、眼睛，利用优美的文学和艺术作品来陶冶性情，涵养性情。《理想国》第二卷和第三卷主要就是讲这个道理，说明文艺教育在整个教育体系中的地位及其功用。现在从《理想国》第三卷中引用有名的两段在下面，来说明柏拉图关于这方面的想法，同时作为我们讨论的根据。

我们要监督诗人，强迫他们在诗上面，印出善的形象，否则就不准他们写诗。我们要监督别的艺术家，禁止他们留有一种恶劣品质、放纵、卑陋、粗野的形象在生物的图像或房屋或任何制作品的上面。谁不服从，谁就不准在城里工作。我们不能让监护者们，成长在丑恶形象之中，仿佛牛羊在有毒草的牧场上，天天一点一点地把这些毒草咀嚼消化一样，不知不觉间，在他们心灵深处，便积了一大堆的罪恶。我们应当另外罗致一些艺术家，靠他们天赋的才能，去描绘优美温文的品性，使我们的青年，如坐春风化雨之中，食德饮和，左右逢源，各种优美的艺术品，声光四射，及于目而入于耳，好像上界吹来阵阵清风，无形之中，引导他们从童稚时起，走向与理智的美相类似、相融合、相谐合的境界，你说我们不要这样做吗？（《理想国》401d）

那末格劳铿，是不是我们根据了这些理由，对于音乐教育，非常重视，因为节奏与和谐，渗入心灵深处，有潜移默化，使人温文尔雅的极大效力。受过正当陶冶的人，自然彬彬有礼，否则便适得其反？是不是那些受过正当陶冶的人，最能看出艺术品方面或自然物方面的缺点，感觉一种应当有的不愉快？是不是他们赞扬美的东西，欢欣鼓舞，虚心接纳，熏染久了，便美善兼全？是不是对于丑恶的东西，他们责备得很对，从小就自然厌恶，后来理智来了，他们欢迎理智，一见如故，因为耳濡目染，彼此早已相熟？（《理想国》402a）

（以上两节和本文以下所引柏拉图原书其他各节，均根据庞乃德希腊文本直接译出。）

柏拉图重视文艺教育是重视文艺教育的实际效果，"诗不仅是娱乐的，而是对国家对人生有益处的"（《理想国》607e）。在他看来，这种教育，目的在培养儿童和青年的身心，使它全面和谐地发展起来。诗歌艺术是想象和情感的最佳营养品，青年人有了这些，体味咀嚼，不知不觉，与之同化，经过这个准备时期，将来对于理智思辨的营养品自然也会吸收同化。有了文艺教育，一般人尤其是年轻人便会养成良好的习惯，是好的就喜欢它，是坏的就厌恶它，如恶恶臭，如好好色，几乎有本能似的迅速反应，知其然而不必知其所以然，这在个人就成为习惯，在社会就成为风气，在国家就成为教化或文化。

柏拉图讲实际效果，是从他的道德观点来讲的。他受苏格拉底的影响，对道德问题，极端注意。但苏格拉底讲道德不是宗教家的布道，劝人为善，他的口号是道德即知识，有了知识，才能讲道德。柏拉图继承了这种精神，他讲文艺教育，首先分析文学艺术的道德效果，这里面包括了一个美与善的关系问题。就上面两节引文看来，柏拉图主张善的才是美的，恶的总是丑的，他说得很明白："我们要监督诗人强迫他们在诗上面印出善的形象，否则就不准他们写诗。"（《文艺对话集》里这段译文添了"和美的东西"几个字，原文是没有的）他又说："我们要监督别的艺术家禁止他们留有一种恶劣品质、放纵、卑陋、粗野的形象在生物的图像或房屋或任何制作品的上面。谁不服从，谁就不准在城里工作。"上面第二节译文中有"美善兼全"四字，原文为 καλός καραθός，希腊文中往往用 καλός καραθός 来描写理想的品格，和《论语》里"文质彬彬，然后君子"、《荀子》里"美善相乐"的意思相像。柏拉图的著作里，美和善常常相提并论，这并不是说柏拉图在美和善中间，划一等号，美就是善，善就是美，更不是说，象十九世纪的唯美主义者裴德等一样，重美而不重善。柏拉图在《法律篇》内郑重地说："当一个人只讲美而不讲道德，这不是对心灵莫大的侮辱是什么？"（《法律篇》727d）这里所谓美主要是指个别事物的声色货利之美，这里所谓道德，主要是指一个人嗜欲情感的有节制，在第一阶段文艺教育中，柏拉图的目的是要创造良好的环境，选择适当的刺激，使年轻人尤其是儿童的嗜欲情感得到节制，说节制毋宁是说调节，这不是硬性的压抑，而是因势利导作合理的调谐。"凡事开端最为重要，尤其关于幼小柔嫩的儿童，因为此时最易加以陶冶，任何外来印象，一经刻上，便常常存在了"（《理想国》377b）。柏拉图并不是像有些人说的他是清教徒禁欲主义者，他毕竟是希腊人，和别的希腊人一样爱好文艺。他自己承认从小就爱好荷马，唯其爱好文艺，所以重视文艺教育，所以对文艺作品的好坏，是否能产生道德的效果异常关心。柏拉图对于过去及当时的诗人要求很切，因此责备得很严，他觉得这班诗人事实上一向是希腊人的教师，他们的作品，一向是希腊人的教本，特别是荷马的诗篇，大家传诵，影响很大。柏拉图不要他们留有一种恶劣品质粗野的形象在他们的作品当中，偏偏就在荷马史诗里面发现了许多这种恶劣的形象，证据确凿，无可掩蔽。他为保护年青一代心灵的纯洁起见，起来大声疾呼，予以批评，予以严格的审查，对于不能完全符合标准的作家，爱莫能助，只好请他们离开他的理想国到旁的城邦里去，虽荷马亦不能例外。艺术和道德、美和善的斗争，在这里看得很明显。

柏拉图在他的《理想国》里，对于文艺教育的措施，许多地方和中国古代儒家的制礼作乐，删诗书、定礼乐有些近似，一切从道德效果这个观点来考虑问题。柏拉图讲节制、讲和谐，儒家讲克己复礼，都是讲个人修养的道德。个人的道德，扩充到国家社会上去，就是教化，就是政治，政治是道德的延长。文艺作品的美与不美，在个人要看它的道德效果，在国家社会要看它的政治效果。不论其为道德效果或政治效果，总之是讲实际的效果，决不是唯美主义,也决不是为艺术而艺术。把政治标准放在第一位,艺术标准放在第二位,在欧洲明确提出这种主张的当以柏拉图为第一人。当然我们不能忘记毛主席在《在延安文艺座谈会上的讲话》中所指出的:"我们所说的文艺服从于政治,这政治是指阶级的政治、群众的政治。"柏拉图所谈的政治,是贵族奴隶主的政治,不是群众的政治,这是事实。但二千年前柏拉图所明白说出的这个文艺为政治服务的思想,正和中国的"文以载道"的思想一样,到现在还是适用。由于柏拉图受他的时代、个人出身、社会关系以及教育影响等种种限制,他不会有也不可能有现在的政治标准。当时所谓奴隶主民主派毕竟也是奴隶主,并不是现代的工农群众,这班奴隶主民主派还把柏拉图所认为"最好的人而且是最有智慧最讲正义的人"(《斐都篇》118,15)苏格拉底害死,在他看来这是雅典人的奇耻大辱。因此柏拉图的思想立场是倾向于贵族统治阶级的,以维护贵族阶级统治为目的,他所谓的善和道德亦是以贵族奴隶主的阶级统治为标准的。

什么是摹仿说?

柏拉图根据实际效果来批判了希腊的诗人艺术家,发现他们包括荷马在内,对社会国家,产生了很不好的影响,他们不是理想的教师,他们的作品,不是理想的教材,所以理想国里,最好不要请他们进去。柏拉图以为这些诗人不懂哲学,没有真知识,他们歌哭无端,夸夸其谈,好像什么都懂,实际上什么都不懂。在他看来,诗远不如哲学,诗人远不如哲学家。柏拉图的艺术论实际就是他的哲学艺术优劣论。他自己原来实在是诗人,自受苏格拉底影响以后,他便抛弃诗歌,献身哲学。作为一个哲学家,他发现艺术最大的缺点就是摹仿。德漠克利特最早提出摹仿的说法,认为艺术起源于对自然的摹仿,含有朴素唯物主义的观点。但一到柏拉图的手里,就变成他的唯心哲学理念论里的重要名词,就成为诗人、画家的罪状。他说:"我们不是可以说从荷马起所有诗人都只是德行或其它他们所写一切题材的影象的摹仿者而并没有抓到真相吗?不是像我们刚才所说,画家尽管不懂鞋匠的手艺,还是可以画一个似乎是鞋匠的人,观众也不懂这种手艺,只凭颜色和形状来判断吗?……我想我们可以说,诗人也只知道摹仿,靠了文字语言,描绘出各种技艺的形形色色,他的听众也只凭文字来判断,不论诗人所说的是鞋匠的手艺还是将略,还是其它题材,只要文字有了韵律,有了节奏和乐调,就觉得他说得很好。"(《理想国》600e—601a)柏拉图在《理想国》第十卷里讨论文艺教育的时候,提到他的理念论,说理念是一种元型,个别事物只是理念的仿本,如具体的床,只是床的理念的仿本,理念的影子,画家根据具体的床而画出来的床,更是仿本的仿本,影子的影子,和真实隔着两层。(柏拉图把理念起点算作一层,所以原文说"隔三层"。)柏拉图心目中有三个世界,从价值来讲,第一是理念世界,是最真实的世界,第二是现实世界,是次真实的世界,第三才是艺术世界,是幻想世界。柏拉图这里所说的摹仿,只是依样画葫芦,最好也不过是照相机的拍照,这里面没有选择,没有重新组织,没有艺术家的创造,它不是亚里士多德《诗学》里所说的"创造的摹仿",当然更不是马克思主义美学里所说的反映。因为马克思主义美学认为艺术是现实生活的反映,这个反映是现实生活中真实反映,是现实生活中真实的有创造性的反映。艺术通过现实中个别的具体的人和事,创造出更典型更普遍同时也是真实更生动的形象来,使人们从现实的集中表现里面看到更高更理想的远景,从而引导人们起来改造现实。柏拉图的摹仿和马克思主义美学里的反映,有原则上的区别,是不能相提并论的。柏拉图为了要压低艺术,强调着艺术知识摹仿个别事物,而且只是摹仿个别事物的外形,这无意中说明了艺术必须具体化、形象化,必须同感性世界打交道。艺术必须有血有肉,使我们看得见,听得到,它和专同理性世界打交道,抽象地说大道理的哲学完全是两回事。

所谓"灵感说"

柏拉图在哲学艺术优劣论中,第一用摹仿说来压倒诗人艺术家,说他们所摹仿的对象不是真实而是真实的仿本的仿本,影子的影子,他们没有真知识,只有一些错觉。既然如此他们靠什么本领来写诗来画画呢?柏拉图的答复是:他们靠的不是他们自己的知识而是外来的神灵的帮助,这就是一般人所称道的灵感说。根据训诂来讲,灵感说得好些是神来,说得坏些就是着魔。照柏拉图的看法,亦可以照苏格拉底的看法,那些所谓诗人实在没有什么了不起,他们似乎聪明实在并不聪明,似乎有智慧实在并没有智慧。他们的本领不是从发挥理性中得来的,而是从发挥非理性中得来的,他是以莫名其妙、敬而远之的态度来对待诗人画家的"灵感"的。《自辩篇》里苏格拉底以他独有的婉而多讽的语调说出他的心里话来:

> 在看了那些政客以后,我又去看那些诗人、悲剧诗人、歌颂酒神的诗人以及各种各样的诗人。到了那里,我对自己说,这一下你将发现你比人家更无知了。于是我就给他们拿出他们自己作品中最精心制作的几段,问他们究竟是什么意思,心里想着他们总能教我点什么吧!朋友们,我几乎不好意思说出真话来,但我必须说出。现在在场的任何人来谈他们的诗,几乎都比他们自己谈得好。因此我知道诗人写诗并不是凭智慧而是凭一种天赋和神助,他们就像那种占卦或卜课的人似的,说了许多好听的话,但不懂得究竟是什么意思。(柏拉图:《自辩篇》22b—22c)

柏拉图说的"灵感"不过尔尔。我们再看那谜语似的《伊安篇》。我们细细玩味这篇对话以后,也并不觉得这是一篇恭维诗人的对话,毋宁说这是精心结撰,皮里阳秋,似赞而实讽,似褒而实贬,挖苦诗人的一篇文章。这篇假恭维的文章,后来西方的浪漫派诗人,包括雪莱在内,假文真读,特别欣赏。末流所至,他们歌颂"自然",崇拜"天才",甚至排斥理智,提倡疯狂,以为诗人都是疯子,都是狂人,狂而后工,狂了才有灵感,不狂就没有灵感,他们无形中都把这《伊安篇》奉为经典,作为护身符,这真是柏拉图想象不到的意外收获。实际上柏拉图所谓神助,所谓灵感,就是指理智以外的情感和想象而言。当时他对这个非理性的东西,憎它又爱它,不想承认它又不得不承认它,说句笑话,艺术对于柏拉图真是一个欢喜冤家。柏拉图说,诗人没有真知识,这是以哲学家、科学家的标准来衡量诗人,其实诗人另有他的真知识,这里包括情感与想象尤其是透过理智的情感和想象,这才是诗人的真知识、真灵感、真正的神助。杜工部诗"读书破万卷,下笔如有神",读破了万卷书下笔才能如有神。当然杜工部除了他的书本知识以外,重要的还有他的"骑驴三十载"的实际人生经验,"晚节渐于诗律细"的专门技术,以及"递相祖述复先谁"的传统学问,这就是艺术家的真知识。

柏拉图心目中真正的诗人和艺术家

柏拉图的摹仿说和灵感说都是拿来证明诗不如哲学,诗人不如哲学家。灵感说不是摹仿说的一种"补偏救正",两说异曲同工,目的是一致的。(《斐德罗篇》245a 谈到"狂"的问题时,分狂为四等,第一等是哲学家的狂,第二等是诗人的狂,就狂论狂,诗人还是不及哲学家。)汝信同志认为:"柏拉图从来没有把灵感和摹仿对立起来,更没有在任何地方说过有这样两种不同的诗人('灵感的诗人'和'摹仿的诗人')或艺术家。"(汝信:《柏拉图的美学思想》,《哲学研究》1961 年 6 期,第 63 页。)这话是有根据的。但在柏拉图心目中,除了"摹仿的"、多少有"诗神凭附"的一般诗人以外,的确还有一种"真正"的诗人。这种真正的诗人,把真善美三者统一来体会,有真正的知识,真正的情感和理想,这种真正的诗人,柏拉图不称之为诗人,以示区别,而称之为哲学家。在他的理想国里,真正的哲学家才配做真正的诗人,好像真正的哲学家才配做真正的政治家一样。汝信同志引《理想国》599b 的译文中有"真正的艺术家(即指哲学家)对自己所摹仿的东西(即理念)具有真知识……"(汝信:《柏拉图的美学思想》,《哲学研究》1961 年 6 期,第 60 页。)一段,"即指哲学家""即理念"注得恰当,译文"真正的艺术家"是根据裘威特的英译 the real artist 而来,虽然希腊文原文并无这几个字,别的译本,亦不这样译,但对于原文的意思却反而能明白说出,毫不违背。在《斐德罗篇》里,柏拉图把人分为九等,第一等是哲学家或爱美者或艺术家或爱者,第六等乃是诗人或摹仿的艺术家。(《斐德罗篇》248d)这些第一等里的爱美者或艺术家或爱者都是合乎哲学家标准的艺术家,当然包括合乎标准的诗人在内。在柏拉图的衡量下,世间有两种不同的诗人,但这两种并不是一种是灵感的诗人,一种是摹仿的诗人,而是一种是一般摹仿"影子"属于第六等的诗人,一种是合乎哲学家标准与哲学家媲美属于第一等的诗人。《会饮篇》中第俄提玛的启示里,所描写的过程,就是哲学家同时亦是艺术家的勤修苦练的过程,这里的诗人当然不摹仿"影子",也不靠一时心血来潮的灵感,而是靠长期坚持不懈、循序渐进的学习和修养。这种人从幼年起就应该倾心向往美的形体,从爱一个美的形体,看出一切形体的美,都是一贯相通的,然后推广到一切美的形体,再进一步,就应该把心灵的美看得比形体的美更宝贵,学会看到行为和制度的美,更进而看到各种学问知识的美,最后他望着美的大海,凝神观照,心中无限欣喜,于是孕育无量数的优美崇高的思想语言,得到丰富的哲学收获,终于豁然贯通那涵盖一切以美为对象的学问。(《会饮篇》210a—211c)我们从这里可以看到,柏拉图的理想人格是哲学家与艺术家合一的。他的"理念论"所说"理念"或"理型"（idea），从逻辑观点言是理，从心理观点言是物，亦理亦物，亦哲亦诗，这是柏拉图思想的特点。西方两千年来，柏拉图学说，源远流长，深入人心，受影响的不仅是哲学家、科学家，尤其是诗人、艺术家、教育家、政治家、宗教家、社会改革家，的确值得我们深入的探究分析和批判。

（《文汇报·文艺副刊》1962 年 9 月 18 日第三版）

英语词汇中的科技名词

近几年来,南京大学外文系英语专业历届毕业生中,有许多人分配在科研机构和与科技有关的行政部门,担任工作。他们写信回来,说别的还好,就是科技名词难对付。这事引起了笔者的注意。笔者对于科学技术并无专门研究,但觉得把英语词汇中的科技名词弄个清楚,确是英语工作者的迫切任务。最近曾经看过英美出版的关于这方面的几本新书,结合自己原有的一点知识,写成此文,以就正于关心这个问题的人们。

本文主要目的在说明如何用一种简便的分析的方法去理解和掌握英语科技名词。科技名词是整个英语词汇中的一个重要部分,因此对于整个英语词汇的内容以及科技名词与希腊文、拉丁文的关系,不得不约略地提一下。然后讲到英语科技名词如何构成,知道了如何构成,就能知道如何分析这些已经构成的科技名词。笔者希望能有一本简明英语科技名词分解辞典出现,作为解决这个问题的具体办法。

英语词汇的内容

据专家估计,一万个最普通的英语单词中,约有 46% 是直接从拉丁文派生出来的,7.2% 是从希腊文派生出来的。两万个最普通的英语单词中,就有 52.5% 是源出拉丁文,10% 是源出希腊文。在英语科技名词范围内,这种百分比更要高得多。绝大部分医学名词来自希腊文或拉丁文,从语源学的角度来讲,其中三分之二以上来自希腊文。在一本普通的英语词典中,30％左右的单词,源出古英语,但在一本医学词典中,源出古英语的单词,还不到5％。植物学、动物学中的名词,其传统来源,亦不外希腊、拉丁两种文字,尤其是希腊文。愈是专门的名词,这种情形,愈是显著。①

西方科学与希腊文拉丁文的关系

古代希腊人对于哲学、文学、艺术的贡献,大家都知道,其实他们在科学技术上的贡献,也是很大的。单就医学而论,希波克雷底(Hippocrates,公元前五世纪)和伽仑(Galen,公元二世纪)是西方医学的创始人,因为他们都是希腊人,希腊文就成为这门科学的通用文字。到了中世纪和文艺复兴后数百年内,拉丁文继之而起,成为医学上的标准文字。医学如此,其他科学亦大致如此。我们知道,直到十七世纪,英国哲学家培根论科学方法的名著《新工具》(*Novum Organum*)还是用拉丁文发表的(1620)。科学家哈维(Harvey,1578—1657)、牛顿(Newton,1642—1727)两人的著作,也是用拉丁文写的。十七世纪经过资产阶级革命,科学活动得到刺激,望远镜、显微镜等工具先后发明,数学、化学以及其他方面,亦都有所发展。这个新科学运动使大量科学名词流入英语词汇。例如 magnetism(磁),telescope(望远镜),gravity(重力),electricity(电),geology(地质学),capillary(毛细管),cell(细胞),hydraulics(水力学),botany(植物学),stratum(地层),zoology(动物学),oxygen(氧)等名词,②都是十七、十八两个世纪之内所新造的。当时英国的科学家,都受过相当广博的古典教育,希腊文、拉丁文在他们是家常便饭,要制造科技名词的时候,向这方面去寻找材料,

---

① Oscar E. Nybakken, *Greek and Latin in Scientific Terminology* (1959), pp. 24—25.

② Roland W. Brown, *Composition of Scientific Words* (1956), pp. 13—14.

是极自然的事情。十九世纪以来,科技名词,日新月异,积累益多,仅医学方面,就有十万左右。这些名词,往往不源出于希腊文,便源出于拉丁文,各门科学史的研究,也都说明了这一事实。

科技名词的构成为什么要采用希腊拉丁词素?

科技名词与希腊文、拉丁文分不开来,除了历史上的原因以外,还有其他理由。由于希腊文、拉丁文口头上现在已经没有人用,它们在形态上语义上已不再起什么变化,一切固定下来了。科技名词,首先要求意义准确,形式固定,一个名词,只代表一个东西,只包含一个意义。希腊文、拉丁文是死语言,死得好,因此恰恰符合科技名词构词上的要求。一般口头活用语言,联想丰富,内容复杂,感情方面有不少暗示和陪音,这适宜于做文学艺术的语言,而不适宜于做科技用语。在英语中,科学家偶而也有采用日常通用单词作为科学名词的,如 energy(能),work(功),power(动力),base(基部,盐基),salt(盐),fruit(果实)等,[①]但为数不多,也并不理想。科学家迫于需要,不得不到希腊文、拉丁文那里去找词素来制造大量的科技名词。就在上列五个单词中,严格讲来,除 work,salt 确是道地英语单词而外,power,fruit 还是源出拉丁,energy,base 还是源出希腊。希腊文和拉丁文在欧洲许多国家有深远的影响,利用这两种古典语言的材料构造新词,很容易为各国学者所理解和接受。如果用英语普通单词作科学技术名词,不通晓英语的人就看不懂,就要大大减少这些名词的国际性。事实上科技名词由于广泛采用希腊拉丁词素,已成为各国语言中的一种国际词汇了。

利用希腊拉丁词素可以构成无数科技名词。尤其是希腊文词素,极适宜于构成复合名词。这样结合而成的名词,同时也就是这

---

①   W. E. Flood, *Scientific Words* (1960), pp. X-XI.

个名词的定义，简而能赅，读上去顺口，并无生硬勉强的感觉。例如医学名词 nephrolith（肾结石）是由希腊词素 nephr（肾）和希腊词素 lith（石）结合起来成为一个名词，简短明了；如用拉丁文 renalis，calculus 两个词，来表示"肾结石"，就显得啰嗦。如用英语 the stone in the kidney 或 the nephritic stone 则更加啰嗦，决不适宜于作为科学名词，而且 nephritic 这个形容词，毕竟还是从希腊文派生出来的。如果我们要扩充描叙的范围，说明"割治肾结石"，我们可以在 nephrolith 之后，加上联合元音 o，再加上 tomy（希腊词素"割"）成为 nephrolithotomy（肾石切开术）。目下尖端科学"控制论"，英语称为 cybernetic，由希腊词根 cybernet（舵手）加后缀 ics（的）结合而成，原意是"舵手的"，本是形容词，变为名词，指关于舵手的一切技术和理论。舵手的责任，在乎掌舵来控制船只，我们译为"控制论"甚为恰当。另一种尖端科学"高分子化学"其研究对象英语称为 polymer，由希腊前缀 poly（许多）和希腊词根 mer（部分）结合而成，是指许多部分聚合而成的东西，指许多同类单分子聚合而成的一种高分子。现代复杂而精密的科技研究工作，需要大批由许多描叙词素揉合而成的科技名词来为它服务。希腊文、拉丁文为此提供了丰富的便利的材料，尤其是希腊文，它的词素，最适宜于构成派生词和合成词，虽然构成的名词，往往是以拉丁形式出现的。直到现在，大多数尖端科技名词的老家是希腊，全部庞大的科技词汇中，一半以上的名词，它们的老家，也还是希腊。

科技名词是怎样构成的？

现代英语中的科技词汇，浩如烟海，上面说过，仅仅医学名词，就在十万左右，要弄清楚这些名词，的确非常困难，但这种困难，是可以克服的。科技词汇，虽异常庞大，然借以构成这异常庞大的词汇的基本词素，却并不太多。基本词素（包括词根、前缀、后缀），根据费洛德著《科学词汇》一书中所载，不过 1150 个，它们已经孳生，还正在孳生成千累万的科技名词。我们只要能掌握这 1150 个基本词素,就有办法去掌握全部科技词汇。如果只要掌握其中某一部门的词汇,范围既小,所需要的基本词素,当然也更少。例如在医学部门内,只要掌握 150 个基本词素,加上人体各部的名称,也就足够了。例如 itis 这一词素(itis 原为希腊形容词后缀,现在已变为名词后缀,中译"炎")加到人体上任何一部的名称上去,就表示这一部的发炎。加到"肝"上,就表示"肝炎"(hepatitis),加到"关节"上,就表示"关节炎"(arthritis),加到"阑尾"上,就表示"阑尾炎"(appendicitis),加到"扁桃腺"上,就表示"扁桃腺炎"(tonsillitis)。在《科学词汇》一书中,检到的这类末尾有 itis 的医学名词,有 90 多个。在专门医学词典中,这类名词,几乎每页都有,更不用说了。[①] 医学名词,普通由两个词素结合而成,但有时是由三个词素结合而成,如 adenolymphitis(淋巴腺炎),adenosarcoma(腺肉瘤),adenolymphoma(淋巴腺瘤),adenolipoma(腺脂瘤)等。有时则是由四个或更多的词素结合而成,如 adenomyxosarcoma(腺粘液肉瘤)等。

前缀、后缀、混成词

科技名词的构成,在乎词素的结合。词素包括词根(另有词干、词基等名称,总称词根,此处不详述[②])、前缀、后缀,三者之中当然以词根为主。然前缀、后缀,亦很重要,尤其是表示程度、地位、或数目的那些前缀,对于构词,起巨大作用。例如表示程度上"超过"的希腊前缀为 hyper(拉丁 super),表示程度上"不及"的希腊前缀为 hypo(拉丁 sub),同一希腊词根 piesis(压),前面加 hy-

---

① 同书 p. Ⅻ.

② Oscar. E. Nybakken, *Greek and Latin in Scientific Terminology*, pp. 3—4.

per,就构成 hyperpiesis(高血压),加 hypo,就构成 hypopiesis(低血压)。表示地位"内"的希腊前缀为 endo(拉丁 in),表示地位"外"的希腊前缀为 ecto(拉丁 ex),同一希腊词根 plasm(原浆),前面加 endo 就构成 endoplasm(内浆,内胞浆),前面加 ecto 就构成 ectoplasm(外浆,外胞浆)。表示数目的希腊前缀为 a(无),deca(十),myria(万,许多)等,加在 poda(足)前面就构成 apoda(无足动物),decapoda(十足动物),myriapoda(多足动物)等名词。无线电电子管可以分成二极管 diode,三极管 triode,五极管 pentode,七极管 heptode 等等(希腊前缀 di"两",tri"三",pent"五",hept"七"加希腊词根 ode"路""极")。化学家们关于原子价(valent,来自拉丁词根 valens"价值")数目,一般用希腊前缀 mono(一),di(二),tri(三),tetra(四)等,然也有用拉丁前缀 uni(一),bi(二),ter(三),quadri(四)等的,始终没有决定用哪一种①。

关于后缀,主要来源和前缀一样,亦不外希腊拉丁。在医学名词方面,有三个非常普通的希腊后缀,除上面讲过的 itis(炎)以外,有 oma(瘤)和 osis(症)。把 oma 加到希腊词根 sarc(肉)上去,就成 sarcoma"肉瘤";加到希腊词根 carcin(癌)上去,就成 carcinoma(癌瘤)。把 osis 加到希腊词根 scler(硬)上去,就成 sclerosis"结核症"。许多科学名称的后缀,一般为希腊文的 logy(学),如 biology(生物学),meteorology(气象学),pedology(土壤学;儿童学),hydrology(水文学),entomology(昆虫学),helminthology(肠虫学),anthropology(人类学),等等。但数学、物理学方面的科学名称,其后缀往往为 ics(原为希腊形容词后缀,变成名词后缀。)最初(1581)有 mathematics(数学),继有 physics(物理学),mechanics(力学;机械学),statics(静力学),dynamics(动力学),conics(锥线论),optics(光学),acoustics(声学),statistics(统计学)。最近则有

---

① W. E. Flood, *Scientific Words*, pp. 213—214.

hydrodynamics(流体动力学)，thermophysics(热物理学)，electronics(电子学)，cybernetics(控制论)，astronautics(星际航行术)①，等等。其他科技名称的后缀系 ics 的，为数亦不少，如 obstetrics(助产术)，genetics(遗传学)，hydroponics(植物水栽法)，psychometrics(精神测定学)，pediatrics(儿科医学)，等等。

　　希腊词素、拉丁词素是英语科技名词构成的主要来源，已如上述。有时两种词素，同指一物，同一意义，科学家构词时，究竟采用哪一种呢？这一点没有硬性规定，两者都可采用。普通习惯，总是采用希腊词素的多，因为希腊词素结合起来比较便利些。例如形容词"食肉的"一词，可以用全部由希腊词素结合而成的 sarcophagous 来表达，也可以用全部由拉丁词素结合而成的 carnivorous 来表达。又例如形容词"皮下的"一词，可以用全部由希腊词素构成的 hypodermic 来表达，也可以用全部由拉丁词素构成的 subcutaneous 来表达。两者都是词素纯一的名词，不分上下。但有不少科技名词，同一个词，却由希腊拉丁或其他词素拼凑而成，语言学上称之为混成词(hybrid)，例如 automobile 中译"汽车"，是由希腊词素 auto(自)和拉丁词素 mobile(动)混合而成的；automation 中译"自动化"，是由希腊词素 auto(自)，希腊词素 mat(动)和拉丁词素 ion(名词后缀)混合而成的；television 中译"电视"，是由希腊词素 tele(远)和拉丁词素 vision(视)混合而成的；radiophone 中译"无线电话"，是由拉丁词素 radio(无线电)和希腊词素 phone(声音)混合而成的；上面提到的两个医学名词 appendicitis，tonsillitis(appendix，tonsil 拉丁词素，itis 希腊词素)也是混成词。这些名词，实用价值很大，非常流行。从词素统一的观点来说，television 最好改为 teleorama(orama 是希腊词素，与 vision 同义)，但 televi-

----

　　①　Spitz and Gaynor, *Dictionary of Astronomy and Astronautics*(1959)，p. 32.

sion 通行已久,teleorama 反而无人采用。上面提到的另一医学名词 hyperpiesis(高血压)词素纯一,然事实上倒不如混成词 hypertension(高血压,hyper"超"希腊词素,tension"压"拉丁词素)的受人欢迎。足见科技名词的通行与否,要看它的实用价值,而并不在乎它的词素是否纯一。如果词素纯一,读上去又顺口,大家自然会采用,有了合用而词素纯一的 hyetometer(雨量计;hyet"雨"meter"计"都是希腊词素")或 ombrometer(雨量计;ombr"雨"meter"计"都是希腊词素),当然不需要混成词 pluviometer(雨量计;pluvi"雨"拉丁词素,meter"计"希腊词素)。象 weatherology(天气学;weather"天气"古英语词素,logy"学"希腊词素)读上去拗口,词素又不纯一,那无疑地要被淘汰了。

怎样分析科技名词?

根据上面所说的,我们知道,科技名词的构词方法,主要趋势是利用希腊拉丁词素组成。如何按照所要表达的内容,把若干词素配搭起来,成为准确、适合,大家所乐于采用的名词,这是一种综合性的创造工作,由科学家、专家去担任。至于一般读者,目的在乎理解这些名词,如何把他们在研究中、学习中,以及日常生活中所遇到的无数英语科技名词,一一分析出来,化繁为简,化整为零,化奇为正,化难为易,不好懂的使之好懂,不能理解的使之能理解,在我们说来,这是同样重要的一种分析性工作。由古到今的科学家、专家有必要、有责任去造字,我们则有必要、有责任去拆字。已经造好的科技名词,正如西洋镜一样,光怪陆离,不可捉摸,我们就要把它拆穿,拆穿以后,才能理解它,记牢它,掌握它。如何拆穿这个西洋镜,别无妙诀,主要还在懂得科技名词的构词方法。知道怎样造字,就知道怎样拆字。上面已一再讲过,每个科技名词,是由若干基本的词素结合而成,基本词素包括词根、前缀、后缀,我们如果能够理解和掌握一千多个基本词素,就可以触类旁通,闻一知十,去理解和掌握成千上万的科技名词。例如看到 photomicro-graph(显微照相),把它分析为 photo,micro,graph 三个基本词素,它的意义便可以猜到,虽不中不远矣。同样地,看到 photome-ter(光度计),photosphere(光球;太阳、星体周围的光球),photon(光子),phototropism(向光性),photophobia(畏光),只要能够分析,懂得每个名词里所包含的基本词素,除极专门的名词需要有专门知识的准备去了解它们以外,对于普通科技名词的意义,往往可以十猜七八。这个过程,可以说是由拆字而至于猜字,这种科学猜字,不是瞎猜乱猜,而是非常有把握的。我们如果知道 geo 是"地球",morph 是"貌",logy 是"学",看到 geomorphology 就知道大概是什么一种学问了。我们如果知道 cyto 是"细胞",logy 是"学",genesis 是"发生",lysis 是"溶解",看到 cytology,cytogenesis,cy-tolysis 等名词,就知道它们大概是讲些什么了。① 当然有些名词,由于科学家造字时的知识有限,现在看来,似乎错误。例如 atom 这个名词,纪元前五世纪希腊哲学家德谟克利特(Democritus,460?—361 B.C.,原子论的首创者)的时代,早已有了。前缀 a 是"不",词根 tom 是"分",原意是不可分,但现在大家知道,atom 明明可分为原子核和电子,就是原子核也还是可以再分的。然而就元素之为元素而论,atom 的确是不可分,再分下去,元素便失掉它的本质,不成其为元素了。

把一个科技名词分析开来,理解和掌握了它的词素以后,不仅能知道它的正确意义,并且能知道它的正确拼法。例如 innocuous"良性的"这个形容词里有两个 n,而 inoculate"接种"这个动词里,却只有一个 n,为什么?理由是:innocuous 是由 in(拉丁前缀"不""无")加上 nocuous(拉丁词素"害")而成,当然要两个 n;inoculate 是由 in(拉丁前缀"内",拉丁前缀 in 有两个不同的意义,一个是

① I. F. Henderson, *Dictionary of Scientific Terms* (1953),pp. 103—105.

"不",一个是"内")加上 oculate(拉丁词素"发芽")而成,当然只要一个 n.下列诸词 anaesthetic(麻醉的,希腊词素 an"无"＋希腊词素 aesthetic"感觉的"),diarrhea(腹泻,希腊词素 dia"通过"＋希腊词素 rrhea"流"),dysentery(痢疾,希腊前缀 dys"坏"＋希腊词素 entery"肠"),haemorrhage(出血,希腊词素 haem"血"＋希腊词素 rrhage"破裂"),paraffin(石蜡,拉丁词素 par"少"＋拉丁词素 affinity"合",表示石蜡是不容易和别的物质结合的),parallel(平行,希腊词素 par"并"＋希腊词素 allel"互相"),rhododendron(石南属,希腊词素 rhodo"玫瑰"＋希腊词素 dendron"树"),拼法古怪,令人望而生畏,但在懂得词素分析的人看来,一切都很自然合理,不足为奇。

总之英语词汇中的科技名词,不外是基本词素的结合,这些基本词素,绝大部分非希腊,即拉丁,旧词新拼,古为今用,枯木逢春,蔚为奇观。但是要当前从事科技工作的人,或者一般英语工作者,都去学习这两种古文字,这是事实所不允许。我们如果能选择一千多个基本词素,结合重要科技名词,逐条举例,给以适量的解释,编成一本简明英语科技名词分解辞典,这对推动科技研究和提高英语教学质量或者能有些帮助。个人愿意参加这项工作,这篇短文,就作为这项未来工作的小小建议书。

(《外语教学与研究》1963 年第 3 期)

莎士比亚与希腊拉丁文学

莎士比亚是世界上伟大作家之一,在一般人心目中,他仿佛人间谪仙,笔惊风雨,诗泣鬼神,但事实并不如此。莎士比亚之所以伟大,固然由于他的天才,也同时由于他的文化修养。莎士比亚出身小商人家庭,在家乡中学读过书,没有进大学,后来加入剧团,担任演员,各处巡回演出。起初同别人合编剧本,继而利用各种旧有材料,故事新编,独力创作。他的文化修养,可以说包括书本知识与实际生活经验两方面。本文目的在说明莎士比亚关于书本知识,特别是希腊拉丁文学方面文化修养的具体情况,以及这种文化修养对于他所产生的影响。

莎士比亚生长在文艺复兴时代的英国。从小就进斯特拉福文法学校,除本国语文算术等功课以外,还有拉丁文。他读了若干拉丁文名著,或许还读过一些希腊文①。汤麦斯·琼京斯是他的拉丁文老师,用的拉丁文教本主要是李雷写的文法书。② 几年的学

---

① 莎士比亚在他的全部作品中仅仅用过极少数的希腊字如:cacodemon "恶魔"(*Richard* Ⅲ,1,3,144),anthropophagi"吃人者"(*Othello*,1,3,144),misanthropos"厌世者"(*Timon of Athens*,4,3,53),当然这些希腊字是以拉丁形式出现的。

② Thomas Jenkins, *The Merry Wives* 中讲威尔斯话的老学究 Sir Hugh Evans 显然是以琼京斯为蓝本的。

William Lily(1468? —1522),他用英文写过一部拉丁文法书,书名 *Grammatices Rudimenta*(1527).

习,不可能把莎士比亚变成这门学问的专家,但已打好了相当语言基础,可以直接阅读拉丁名著。最重要的是使他对于希腊罗马的神话、诗歌和历史,发生兴趣,发生爱好,这种兴趣与爱好,似乎与年俱增,终身不衰。

莎士比亚的希腊拉丁文程度究竟如何,彭·琼孙的名句 Thou hadst small Latin and less Greek[①] 流传至今,成为定评。这句名言中"small"往往误引为"little",字面虽有更换,意义尚无出入。如果把这句意味着莎士比亚的古学知识,不过比彭·琼孙略逊一筹而已,那就错了。彭·琼孙的古学造诣极深,作家而兼学者,莎士比亚要是在这方面仅仅比彭·琼孙差些,那还是一个相当好的古典学者,然而实际不是这样,就莎士比亚所引古典书籍中的片言只词看来,证明彭·琼孙所说"你懂拉丁文不多,希腊文更少"那句话,非常准确。莎士比亚的拉丁文知识,原属有限,希腊文知识,更是微乎其微,可是这点不赅不备的知识,他不运用则已,一旦运用起来,非常巧妙。莎士比亚不是学究式的考据家,而是才思横溢,想象极丰富,观察极深刻的诗人。他一生爱好希腊拉丁文学,在学校里所学到的,似未遗忘,离学校后,还有机会阅读许多译本,从中取材,加以运用。

莎士比亚所最喜爱的拉丁诗人是沃维特。和当时英国其他儿童一样,他很可能在学校里就读了一些沃维特的作品,后来继续阅读,有时直接看原文,有时像《变形记》一书,就看高尔亭的英译

---

① 这句名句见于初刻对开本中彭·琼孙所作的颂扬诗里。J. E. Spingarn, *Literary Criticism in the Renaissance* (Now York, 1899) 第 89 页注解中疑此句彭·琼孙得之于 Minturno, *Arte Poetica*, 第 158 页: poco del latino e pochissimo del greco."

本①。莎士比亚全集中，所用神话典故，绝大部分来自沃维特。单从这方面来说，任何人只要看懂沃维特，就不难看懂莎士比亚②。当时莎士比亚的朋友都知道这一点，梅雷斯在所著《智库》③一书中说莎士比亚乃是沃维特转世：

> 尤福勃斯的灵魂有人以为附在毕达哥拉斯④身上，同样，沃维特的温文尔雅的灵魂附着在妙语如珠的莎士比亚身上。只要读他的《维纳斯与亚唐尼斯》《露克莉斯》以及赠给朋友的艳体十四行诗就知道了。⑤

莎士比亚发表的第一种著作《维纳斯与亚唐尼斯》就是融会了《变形记》中两个故事而改写的⑥。这首诗前面引的两行拉丁文诗：

Vilia miretur vulgus, mihi flavus Apollo

Pocula Castalia plena minister aqua.

用来说明他写作的理想。这是从沃维特《爱情诗集》⑦第一卷

① Ovid(Publius Ovidius Naso, 43 B. C.—18 A. D.)写过很多诗篇，其中《变形记》(*Metamorphoses*)为最有名，影响亦最大。Arthur Golding(1536? —1605?)的英译本发表于1565—1567年。

② 关于整个莎士比亚的文化修养问题，参阅 T. W. Baldwin, *William Shakspere's Small Latine and Leses Greeke*(Urbana, Ⅲ, 1944).

③ Francis Meres(1565—1647)是《智库》(*Palladis Tamis, Wit's Treasury*, 1598)的著者。

④ Euphorbus是特洛伊最勇敢的英雄之一。公元前六世纪希腊哲学家毕达哥拉斯相信轮回，说他本人是尤福勃斯转世。

⑤ Meres,《智库》280.

⑥ 一个故事是 *Venus and Adonis*(《变形记》第10章519—559页及705—739)，另一个故事是 *Hermaphroditus and Salamacis*(《变形记》第4章285—388页)。参阅 Douglas Bush, *Mythology and the Renaissance Tradition in English Poetry*(Minneapolis and London, 1932)第139—149页。

⑦ *Amores* 共3卷49章。

第十五章中摘来的,意思是说:

让俗人去羡慕荣华富贵,

我但愿神明阿波罗给我满怀卡斯太兰泉水!

另一长诗《露克莉斯被辱记》主要事实采自利维的《罗马史》①,若干细节则采自沃维特的《月令》②。莎士比亚写这首长诗的时候所根据的这两部书,大概都是拉丁文原本。利维《罗马史》当时已有佩脱③很不忠实的英译本,莎士比亚写这诗的散文摘要时可能参考过。至沃维特的《月令》,当时只有原文本,直到莎士比亚去世后廿四年才有英译本出现的。

沃维特的若干拉丁文词句,散见于莎士比亚的剧本中。《驯悍记》,第三幕第一场中卢生梯奥假扮作拉丁文教师和琵央加谈情说爱。他利用讲书机会,夹在拉丁文里面,暗递消息:

琵 央 加　　　我们上次讲到什么地方?

卢生梯奥　　　这儿,小姐:

　　　　　　　Hac ibat Simois; hic est Sigeia tellus;

　　　　　　　Hic steterat Priami regia celsa senis.

琵 央 加　　　请你翻译给我听。

卢生梯奥　　　Hac ibat,我以前对你说过了,Simois 我是卢生梯奥,hic est 披萨地方文生梯奥的儿子,Sigeia tellus 因为希望

----

①　Livy(Titus Livius,50 B. C.—A. D. 17),他的巨制是《罗马史》,从罗马城建立起迄 Drusus 死为止(9 B. C.)共 142 卷,现存 35 卷。露克莉斯与罗马王塔昆(Tarquin)的事情见第 1 卷 57—59。

②　Fasti 可以说是沃维特用诗体写的罗马历本,现存六卷,每月一卷,自一月一日起至六月卅日止。在沃维特的著作中,《月令》的重要性仅次于《变形记》。关于 The Rape of Lucrece 来源问题参阅 D. Bush 同书第 149—155 页。

③　William Painter(1540?—1594)编有故事集 Palace of Pleasure 一书,取材于外国史实和传奇,译成英文,许多是从 Boccaccio、Bandello 那里译出来的,但也有从 Herodotus 和 Livy 那里译出来的。

得到你的爱，所以化装来此；Hic steterat，卢生梯奥是来求婚的，Priami 是我的仆人特兰尼奥，regia 他假扮成我的样子，celsa senis 是为了哄过那个老头儿。

这里所用的拉丁文句，就是沃维特《女英雄传》①第一卷中的第三三、三四两行。

第四幕第二场第八行卢生梯奥说的他所研读的书是指沃维特的著作《爱术》②而言的。

《铁都斯·安特罗尼克斯》，第四幕第三场第四行的拉丁文：

Terras Astraea religuit.

正义女神舍弃了人间。

采自沃维特《变形记》第一卷中的第一五〇行。《亨利六世（三）》第一幕第三场第四八行的拉丁文：

Dii faciant，laudis summa sit ista tuae

但愿诸神默佑，把这事认作你的最大的功德。

采自沃维特《女英雄传》第二卷中的第六六行。

《仲夏夜之梦》中仙后的名字 Titania③ 亦采自沃维特《变形记》，这个美丽而悦耳的名字，在《变形记》中前后共见五次，高尔亭英译本中却并未照用，证明莎士比亚读了《变形记》后，欣赏这个有音乐性的名字，因此直接取来，作为他自撰的仙后名字。

莎士比亚是能读拉丁原文的，但同时亦看译本。沃维特《变形记》的高尔亭英译本出版于 1565—1567 年间，莎士比亚对它并不生疏。高尔亭译笔相当畅达，惟嫌粗犷，沃维特细腻优美的笔调，

---

① *Heroides* 或称 *Epistola Heroidum* 是沃维特用六音步及五音步写成的拉丁文书信体诗。共廿一首，都是拟作。

② *Ars Amatoria* 共 3 卷，第 1 卷 772 行，第 2 卷 746 行，第 3 卷 812 行。

③ Titania 在《仲夏夜之梦》中是仙女之后。Titania 这个名字在《变形记》中是共名，莎士比亚借用这个共名作为专名。《变形记》中 Titania 共见五处：1.395(Pyrrha)，3.173(Diana)，6.346(Latona)，14.382,438(Circe).

几乎完全失去。但对于莎士比亚,丝毫不成问题。莎士比亚能读原著,不必依赖译文,对于译文,尽量采用,经过艺术加工之后,精神面貌,焕然一新,出于蓝,反胜于蓝,这不是抄袭,而是一种创造。

莎士比亚的一百五十四首十四行诗,脍炙人口,第六〇首中非常有名的四句:

Like as the waves make towards the pebbled shore,

So do our minutes hasten to their end;

Each chaning place with that which goes before.

In sequent toil all forwards do contend.

是脱胎于沃维特《变形记》第十五卷第一八一行以下四行:

ut unda impellitur unda

urgueturque eadem veniens urguetque priorem,

tempora sic fugiunt partier partiterque sequuntur

et nova sunt simper.

莎士比亚第四句中的 sequent,可能就是采用沃维特第三句中的 sequuntur 而改写成的。沃维特原诗的 unda 是指大河的浪,莎士比亚因为英国没有波涛滚滚的大河,所以把河浪改作海浪。第六十四首十四行诗中那沧桑变换的形象,亦是指的大海。

现在把高尔亭关于这几句拉丁诗的英译文,写在下面,以资比较:

As every wave drives others forth, and that which comes behind both thrusteth and is thrust himself: even so the times by kind do fly and follow both at once, and evermore renew.

这段译文莎士比亚当然参考过,也许改写过。莎士比亚有如一位名医,牛溲马勃,败鼓之皮,都可入药,何况是高尔亭的英文译文呢?

《罗米欧与朱丽叶》第二幕第二场第九二行以下朱丽叶所说的:

Thou may'st prove false; at lovers' perjurise, they say Jove laughs.

是取意于沃维特《爱术》第一卷第六三三行：

Iuppiter ex alto periuria ridet amantum.

天神下视恋人们的背信，付之一笑。

《安东尼与克利奥佩屈拉》中克利奥佩屈拉这个角色，莎士比亚是根据沃维特《女英雄传》第七卷姐都写给伊尼亚斯那封哀感顽艳的情书而塑造出来的。第一幕第三场第二〇，二一两行：

What says the married woman? You may go.

Would she had never given you leave to come!

和下面所引《女英雄传》第七卷第一三九行相比，语气笔调，如出一辙。

Sed iubet ire dues. Vellem vetuisset adire!

神命你去吧，但愿当初不命你来！

《暴风雨》[①]第五幕第一场第三三至五〇行普洛士丕罗呼风唤雨、拔山倒海的祝告文是根据沃维特《变形记》第七卷第一九二至二〇九行麦迪亚的祝告文。

其中夹入的不列颠神仙传说，是由于高尔亭英译文中有 Elves 一词而引起的。

《麦克佩斯》第四幕第一场第四行以下所述女巫沸镬中的各种药物，以及第三幕第五场第二三至二四行所称"月亮角上挂着一颗湿油油的露珠"等等，都是取材于沃维特《变形记》第七卷第二六二行以下所载的那张古怪的药方。

莎士比亚剧本中有好几处直接提到沃维特本人及其著作。例

---

① 剧情主要来源是各种海外游记，不列颠神仙传说以及当时一个德国剧本等等。但 Prospero 的祝告文确是脱胎于《变形记》中麦迪亚（Medea）的祝告文。

如《皆大欢喜》第三幕第三场第七行以下丑角试金石所讲的：

I am here with three and thy goats as the most capricious po-
et, Honest Ovid was among the goths.

《爱的徒劳》第四幕第二场第一二八行以下称：沃维特奈索才是真正的诗人，为什么叫作奈索？不是因为他嗅出了想象的芬芳花朵，激发那创作的动力吗？这里 capricious 和 naso 两词，从拉丁文说来，都是双关语，因为 capricious 语源是 goat（山羊），naso 语源是 nose（鼻，嗅觉）。

《辛白林》第二幕第二场第四四行以下伊幕琴晚上所读的故事，是《变形记》第六卷中所叙述的替里厄斯（Tereus）故事。

《铁都斯·安特罗尼克斯》第四幕第一场第四二行以下拉薇尼亚所看的书，也是《变形记》，并且也是这一个故事。至于《仲夏夜之梦》第五幕第一场第一二〇行以下匹拉麦斯和雪丝佩的故事，见于《变形记》第四卷。《冬天的故事》第五幕第三场第二一行以下匹格麦林的故事①，则见于《变形记》第十卷。莎士比亚早年特别喜爱沃维特，沃维特为他开辟了一个神话世界，风光绮丽，春色无边，诗人徘徊其中，信手拈来，尽是奇葩异卉。昔人称王实甫的词，如花间美人，读莎士比亚早期受沃维特影响而写成的诗篇，不免有同样的感觉。

拉丁作家中，对莎士比亚最有影响的，除沃维特之外，当推辛尼加②。这个影响，主要在悲剧方面。文艺复兴时代的英国剧作家把辛尼加看作悲剧的大师。由于年代辽远，文字隔阂，能直接阅

---

① 最初见于沃维特《变形记》，继见于 Marston, *The Metamorphorses of Pygmalion's Image.*

② Lucius Annaeus Seneca，生年不详，卒于公元 65 年。他是斯多噶派哲学家，除哲学著作外他还写了九个悲剧包括《斐特兰》《疯英雄记》等。莎士比亚在这方面，很受他的影响。参阅 F. L. Lucas, *Seneca and Elizabethan Tragedy* (Cambridge, 1922)。

读希腊悲剧的人，非常之少。唯一可资观摩的，就只有辛尼加的拉丁悲剧。从那里可以学习到关于悲剧的角色、风格，舞台技巧等等。例如野心勃勃不顾一切的暴君，这种角色，希腊悲剧中早已有之，但辛尼加变本加厉，把他变为举止乖张，用心险毒的元凶。中世纪戏剧中，这类人物以赫罗特王（King Herod）为代表。文艺复兴时代，意大利城邦产生许多暴君，马基亚凡里（Machiavelli）权谋术数的学说，风行一时，这一切都反映到意大利舞台上去。当时英国剧作家，远从辛尼加，近从意大利，把这种角色搬过英吉利海峡，加以发展。莎士比亚的《利查三世》就是在这方面的显著例子。其次，国王被弑后，鬼魂出现，嘱咐亲人速速为他复仇，旧恨新仇，迭相报复，这在希腊悲剧作家伊斯格罗思的《沃雷斯底亚》①三部曲中，早已有的。辛尼加的剧本中，这种鬼魂，出现得更多，而且更加可怕。文艺复兴时代的意大利，族间仇杀的风气，本来很盛，辛尼加悲剧中报仇雪恨的鬼魂，正合需要。英国则步意大利后尘，继续采用。莎士比亚，未脱中世纪迷信观念，他的悲剧人物如班戈、该撒、哈姆雷特王最后都在舞台上以鬼魂出现，这种很有问题的艺术手法，主要是从辛尼加那里学得来的②。

莎士比亚全集中，只有在真伪未定的《铁都斯·安特罗尼克斯》里面，曾经直接引用过辛尼加的拉丁原文。例如第二幕第一场第一三三行以下：

Sit fas aut nefas, till I find the stream to cool this heat, a charm to calm these fits, per styga, per manes vehor.

不管说得过去说不过去，一定要找到这平静欲焰的泉水，不管

---

① Aeschylus(525—456 B. C.)，他的悲剧创作最重要的是"Oresteia"三部曲，包括 *Agamemnon*、*Choephori*、*Eumenides*.

② 参阅 G. H. Highet：*The Classical Tradition*（Oxford，1951），第 132—133 页。

穿过的是地域是魔窟，一定要找到这镇定痴情的灵符。

第一行的 Sit fas aut nefas 和第三行的 Per styga，Per manes vehor 是从辛尼加悲剧《斐特兰》第一一八〇行引来的。又第四幕第一场第八一至八二行：

Magni Dominator poli

Tam lentus audis scelera? tam lentus vides?

无穷宇宙的统治者！如此罪行，难道你听而不闻，视而不见吗？

是从同一悲剧《斐特兰》第六七一至六七二行引来的。

莎士比亚的几个主要悲剧中，有一种悲观失望的宿命论贯穿其间。有些评论家说这与哀而不伤、悲而能愤的希腊悲剧，毕竟不一样。莎士比亚的悲剧主角，往往不信人间真有正义，以为作恶自毙，固然是有的，但天网恢恢，未必疏而不漏。人生的一切是命定的，是不可捉摸的，莫名其妙的，毫无意义的。《哈姆雷特》第五幕第二场第二〇七行以下有名的一段：

Not a whit, we defy augury; there's a special providence in the fall of a sparrow. If it be now, 'tis not to come; if it be not to come, it will be now; if it be not now, yet it will come: the readiness is all: since no man has aught of what he leaves, what is't to leave betimes?

不，不，我们不信什么预兆。一只麻雀的生死都是命里注定的。注定在今天，就不会是明天，不是明天，就是今天，逃过了今天，逃过了明天。随时准备着就是了。一个人既然不知道他要离开的是什么，那早些离开，又有什么？

以及《麦克佩斯》中第五幕第五场第一九行以下同样有名的一段，都是表达这种思想的最显著的例子。

To-morrow, and to-morrow, and to-morrow.

Creeps in the petty pace from day to day to the last syllable of recorded time.

And all our yesterdays have lighted fools the way to dusty death.

Out, out, brief candle!

Life's but a walking shadow,

A poor player.

That struts and frets his hour upon the stage, and then is heard no more.

It is a tale told by an idiot, full of sound and fury, signifying nothing.

明朝,明朝,再一个明朝。

一天,一天轻轻地爬,爬到最后的一息。

我们所有的昨天,替傻子们照亮了到黄埃散漫的黄泉。

熄灭了吧,熄灭了吧,短促的烛光!

人生不过是一个行尸走肉的暗影,

戏台上一个不高明的优伶。

神气一阵,哭笑一番,便尔悄然下台,销声匿迹。

这是白痴说的故事,天花乱坠,热闹非凡,实在没有意思。

莎士比亚的悲剧主角,有时愤世嫉俗,大声疾呼,以为芸芸众生,尽是势利小人,卑鄙龌龊,毫不足道。例如《雅典的泰门》①第

---

① *Timon of Athens*,主要取材于布鲁塔克传记的《安东尼传》。至于是否还取材于琉兴(Lucian,大约公元 120 年生于叙利亚,后期希腊作家)有名的《对话》(H. W. Fowler 和他的弟弟 F. G. Fowler 于 1905 年译成英文),学者尚无定论。K. Deighton 在所编注的《雅典的泰门》导言中,列举两书中情节相同甚至词义相同的,有十二处之多,证明莎士比亚毕竟懂得一些希腊文,这个剧本很可能根据琉兴希腊文原著写出的,因为当时琉兴《对话》只有一种拉丁文译本和一种意大利文译本,并没有英译本。参阅 K. Deighton 编注的《雅典的泰门》(1929)导言第ⅩⅩⅦ—ⅩⅩⅪ页。

四幕第一场中,泰门疯狂的咒诅雅典,咒诅人类。

Let me look back upon thee, O thou wall.

That girdlest in these wolves,

dive in the earth and fence not Athens.

……

Nothing I'll bear from thee But nakedness, thou detestable town!

Take thou that too, with multiplying banns!

Timon will to the woods, where he shall find.

The unkindest beast more kinder than mankind.

The gods confound, —hear me.

Ye good gods all, the Athenians both within and out that wall!

And grant, as Timon grows, his hate way grow,

To the whole race of mankind, high and low!

让我回头看一看你,城墙!

你包藏着那些豺狼,

速速陆沉,莫作雅典的屏障!

……

一身以外,我什么都不要,你这可恨的城呀!

给你无穷咒诅,你拿走吧!

泰门要深入山林,那里他会知道,

最凶猛的野兽也远比人类和善。

一切神明,听着我。

把城墙内外的雅典人一齐毁灭。

让泰门把与年俱增的仇恨,

不分贵贱,来仇恨全体人类。

有时又怨天恨地觉得天地不仁玩弄人类的命运,生杀予夺,为所欲为。例如《李尔王》第四幕第一场第三六行以下：

As files to wanton boys, are we to the gods;

They kill us for their sport.

天神掌握我们的命运，

正像顽童捉到的苍蝇一样，

为了戏弄把我们弄伤。

上面所述那些失望偏激的思想，莎士比亚大部得之于辛尼加的悲剧，其中浓厚的斯多噶悲观主义给他的影响非常之大。莎士比亚对这种观念，一再发生共鸣，这也说明了他思想意识方面严重的局限性。辛尼加悲剧《斐特兰》①第九七八行以下一小段，牢骚抑郁，情见乎词：

Res humanas ordine nullo

Fortuna regit sparsitque manu

Munera caeca, peiora fovens;

Vincit sanctos dira libido,

Fraus sublimi regnat in aula.

命运制人事，颠倒复乖张。

信手妄施恩，劣者反受赏。

贪欲胜正义，欺诈溢宫墙。

同一悲剧中第七一五行以下，希波里脱斯因继母斐特兰曾向他求爱，视为奇耻大辱，高呼：

Quis elute me Tanais aut quae barbaris maeotis undis Pontico incumbens mari?

Non ipse toto magnus Oceano pater tantum expiarit sceleus.

---

① *Phaedra* 是辛尼加所作悲剧之一。希腊悲剧家 Euripids，十七世纪法国悲剧家 Racine 亦以这个冤狱为他们悲剧的题材。这一小段引文词义激昂。可与莎士比亚十四行诗中有名的第 66 页并观。

那一条丹纳斯河,那一条奔流到海的曼渥底斯河能洗净我的污辱? 不,不,就是拥有一切海洋的天神,也无法洗掉这个罪恶。

在辛尼加的另一个悲剧《疯英雄传》中,把同样的意思,加以发挥。第一三二三行末尾,语重词严,令人不寒而栗:

Haerebit altum facinus.

罪孽永追随。

上面所引辛尼加的两段,与下面《麦克佩斯》中的两段,在思想和形象上,非常相似,很可能莎士比亚是从辛尼加那里移植过来的。

《麦克佩斯》中,麦克佩斯夫妇狼狈为奸,弑杀国王邓根以后,麦克佩斯心中不宁,妄想有什么东西能把他手上的血迹洗掉。第二幕第二场第六一行以下麦克佩斯说:

Will all great Neptune's ocean wash this blood clean from my hand? No, this my hand will rather the multitudinous seas incarnadine…

倾海神尼伯琼所有的海水,岂能洗净我手上的血污?

不,我这血手倒要把碧波万顷的海水染成一片殷红。

第五幕第一场第五六行以下麦克佩斯妻子说:

All the perfumes of Arabia will not sweeten this little hand.

阿拉伯所有的馨香,不会把这只手儿变得芬芳。

再看《麦克佩斯》第一幕第七场第七行以下一段:

In these cases we still have judgment here,

That we but teach bloody instructions, which being taught return to plague the inventor.

This even-handed justice commends the ingredients of our poison'd chalice to our own lips.

这些事例中,我们看到世间的公正,

教唆杀人者,冥冥中即以其道还治其身,

把毒药投入酒杯者，就是举杯服毒的人。

和辛尼加《疯英雄记》第七三五，七三六行用意相同：

quod quisque fecit patitur：auctorem scelus

repetit suoque premitur exemplo nocens

自作乃自受，害人反害己，作孽者自毙。

再看《麦克佩斯》第四幕第三场第二〇九行以下一段：

Give sorrow words,

The grief that does not speak whispers the o'er-fraught heart

and bids it break.

用言语把你的忧伤写出，

无言的悲痛会向沉郁的心头低诉，使它碎裂。

和伊丽莎白时代人所喜引的辛尼加《斐特兰》第六〇七行用意又有相似之处。

curae leves loquntur，ingentes stupent.

小忧欲自歌、大忧哑不言。

莎士比亚喜爱的古典作家除了上面所说的沃维特和辛尼加以外，就要推布罗塔克。布罗塔克生卒年不详，公元一世纪中一位后期希腊作家，用希腊文写作，但因时代较迟，一般人每每把他和拉丁文学联系起来。他在西方文学史上可称为传记文的鼻祖。一生著作很多，范围很广，其中对后世影响最大的，是《平行传记》一书。这部书包括希腊、罗马名人传记各二十三篇，每一篇希腊名人传记例如亚历山大传记，配上一篇罗马名人该撒传记，彼此平行成对，共得二十三对。这部传记在中世纪时代，声名不大，1470 年，才有拉丁文译本在罗马刊行，引起了后来法国古典学者安姆约（Jacques Amyot，1513—1593）的注意，安姆约参考拉丁文译本直接从希腊原文译成法文,于 1559 年出版。隔了二十年,英国瑙斯[1]又把这部出名的法译本译成英文,莎士比亚所读的布鲁塔克传记就是这部瑙斯从安姆约法译本转译来的英译本。他的几个重要剧本如《裘力斯·该撒》《科利奥兰纳斯》《安东尼与克莉奥佩屈拉》《雅典的泰门》等,都取材于此。布罗塔克并不是伟大的历史家,瑙斯也并不是很忠实的翻译者,然而他们的作品,一经莎士比亚斟酌运用,便有着手成春,化臭腐为神奇的妙处。莎士比亚有时几乎直抄瑙斯译文,稍稍更动,瑙斯的散文,便成为莎士比亚的诗篇。最好的例子:(1)是《裘力斯·该撒》中勃鲁脱斯与该撒鬼魂谈话一段。比较斯奇脱辑《莎士比亚的布鲁塔克》一书中《勃鲁脱斯传》一三六页,和《裘力斯·该撒》第四幕第三场第二七九至二八七行,就能知道。(2)是《安东尼与克莉奥佩屈拉》中描写埃及女王克莉奥佩屈拉初次坐了画舫,游行江上的盛况。比较同书中《安东尼传》第一七三至一七五页,如《安东尼与克莉奥佩屈拉》第二幕第二场第一九四行以下,就能知道。莎士比亚运用资料,有时也不免疏忽,《亚典的泰门》第五幕第四场第七〇行以下,即是一例。墓铭共有四行,号称泰门自撰,实际按布鲁塔克所载,前两行系泰门自撰:

Here lies a wretched corse, of wretched soul bereft:

Seek not my name; a plague consume you wicked caitiffs left!

后两行则系卡里麦克斯[2]所撰:

---

[1]　Sir Thomas North(1535? —1601?),瑙斯的布鲁塔克传记英译本 1579 年初版,1595 年再版,莎士比亚最早读到的极可能是这个再版本。格林诺克图书馆(Greenock Library)所藏莎士比亚亲笔签名的珍本则是 1612 年本。W. W. Skeat 所辑 *Shakespeare's Plutarch* 根据的亦是 1612 年本。参阅 Skeat 同书导言第 ⅩⅡ 页。

[2]　Callimachus,大约生于公元前 310 年,亚历山大里亚城的有名希腊诗人。沃维特评论他的诗,工力胜于天分(quamvis ingenio non valer, arte valet)。参阅 Skeat 同书第 216 页。

Here lie I, Timon; who, alive, all living men did hate;

Pass by, and curse thy fill; but pass, and stay not here thy gait.

两者语意颇有出入,莎士比亚未及细察,把所有四行,混而为一,认为是一人的手笔。创作过程中,偶有资料方面的小疵,无关宏旨,作诗剧不同于作考据,我们不能以一眚掩大德呀!

我们看到古典文化对于莎士比亚,影响是如何的深刻。正如后来的济慈,读了查普门(Chapman)英译的荷马诗史,欢欣鼓舞,喜而不寐,写成他有名的十四行诗,说他好像天文学家观察天象,忽然看到新的行星,探险家跋山涉水,忽然发现新的海洋一样。布鲁塔克传记对于莎士比亚是一种启示,豁然开朗,别有天地,以前他所接触到的仅仅是游戏文章的神话,现在才接触到真实严肃的历史。辛尼格的悲剧,貌似神非,有悲剧的形式而无悲剧的内容,《理查三世》及《铁都斯·安特罗尼克斯》两剧本不过是在练习写作辛尼格式悲剧阶段中的产物,只有在辛尼加的形式与布鲁塔克的内容结合以后,莎士比亚才踏进了悲剧的崇高领域,才真正创作了他的那些不朽的悲剧钜制。

现在让我们以《裘力斯·该撒》为例,来分析说明一下。

《裘力斯·该撒》可能初次演出于1599年,是莎士比亚根据布鲁塔克传记写成的最早的一个伟大剧本。在莎士比亚以前,伊丽莎白舞台上已有以该撒为题材的戏演出,但莎士比亚没有利用。他的《裘力斯·该撒》全部材料,取之于瑙斯英译本布鲁塔克传记中的《该撒传》《勃鲁脱斯传》《安东尼传》和《西塞罗传》。瑙斯译文,罗列事实,平铺直叙,条畅有余,精彩不足,然一到莎士比亚手里,通过创造性的想象,加以充实,加以排比,加以剪裁,加以润色,布鲁塔克的历史便成为莎士比亚的历史剧,布鲁塔克的讲故事式的散文传记便成为莎士比亚的生动飞跃气象万千的悲剧诗篇。

上面已经提过《裘力斯·该撒》是根据布鲁塔克传记的瑙斯英

译本写成的。这种根据，具体说来，包括下列几方面：(1)剧本的主要情节；(2)比较次要的事实如该撒的癫痫症，该撒死前的预兆，勃鲁脱斯在行刺前接到的信，等等；(3)个人细节如凯歇斯的瘦削脸庞与安东尼的生活习惯，等等；(4)许多令人注意的辞句，短语及个别的词，等等①。

莎士比亚一方面根据布鲁塔克传记，一方面又更改布鲁塔克传记。比较重要的更改，可以分为两种：历史事实方面的更改和人物性格方面的更改。

(一)历史事实方面的更改又可分为时间的与地点的。

时间的更改：

(1)第一幕第一场中该撒的凯旋与卢钵葛节日(古罗马牧人节)合并为一天，事实上凯旋在前，比节日要早了近乎六个月。

(2)剧本中该撒被刺后的追悼演说，以及奥克泰维斯的到达罗马，都在同一天。但按照布鲁塔克的记载，勃鲁脱斯的演说是在该撒遇刺的明天过来，安东尼的吊辞则在两天以后。奥克泰维斯到达罗马，更在一个月以后。

(3)剧本中腓利比平原两次战役，同在一天。按照布鲁塔克的记载，两个战役中间隔了二十天，全剧历史事迹，实际经过三年。但莎士比亚把它写成剧本后，所有重要情节，仅仅分作六天就全部表达出来了。

地点的更改：

(1)剧本中该撒遇刺在罗马圣殿前，但按照布鲁塔克的记载，是在元老院前，两处相去很有一段距离。

(2)剧本中三人执政的会议是在罗马举行的，但按照布鲁塔克

---

① 例如第三幕第二场第二四〇，二四一行，第二四六至二四八行，根据 Skeat 同书，《勃鲁脱斯传》第 121 页；第五幕第一场第八〇，八一行根据《勃鲁托斯传》第 138 页。

的记载,这次三天的会议,是在波隆尼亚城举行的。

(二)人物性格方面的更改:

(1)在莎士比亚笔下,该撒并不完全是像历史上记载那样一位文武兼资的天才,一位伟大的军事家和政治家,而是自命不凡,好为大言,多疑善病,并且非常迷信,喜欢人家恭维的一位特殊人物。

(2)剧本中勃鲁脱斯与该撒的友谊比历史上记载的要深挚得多。

(3)凯歇斯与安东尼的品格在剧本中比布鲁塔克传记中表演得更加高尚。

莎士比亚除了更改布鲁塔克传记以外,还增添了不少布鲁塔克传记中所没有的东西。开斯加和勒必特斯两角色,几乎全出莎士比亚虚构,布鲁塔克传记中可说没有提到,就是偶尔提到一下,也和莎士比亚所描写的不一样。莎士比亚把开斯加描写成一个没有教育的人,但按照布鲁塔克的记载,开斯加还能讲希腊文呢[①]。至于勃鲁脱斯的琉息斯[②]、勃鲁脱斯行刺该撒前的独白[③]、谋刺者们的夜访勃鲁脱斯[④]、该撒的迷信和爱听谀言[⑤]、谋刺者们的护送该撒[⑥]、该撒被刺后谋刺者们的歃血为盟[⑦]、安东尼的哭尸独白[⑧]、

---

① 参阅 Skeat 同书,《勃鲁脱斯传》第 119 页。

② 第二幕第一场;第四幕第三场第二三二行。布鲁塔克传记中不载。

③ 第二幕第一场第一〇行。布鲁塔克传记中不载。

④ 第二幕第一场第七〇行。布鲁塔克传记中不载。

⑤ 第二幕第一场第一九四行。布鲁塔克传记中不载。

⑥ 第二幕第二场第一〇八行。布鲁塔克传记中不载。

⑦ 第三幕第一场第一〇六行。布鲁塔克传记中不载。

⑧ 第三幕第一场第二五五行。布鲁塔克传记中不载。

勃鲁脱斯的演说①、安东尼的吊辞②,都是莎士比亚自出心裁、戞戞独造的大文章。

上面所说那些关键性的更改和关键性的增添部分完全是莎士比亚创造性想象的产物。通过这种艺术加工,剧本在时间上尽量缩短,在地点上尽量缩小,在人物性格的描绘上,尽量使之逼真,合乎情理,对比尽量鲜明,矛盾尽量突出,目的当然在使全剧情节更加紧凑,表现更加集中,戏剧性更加增强。一切更改,一切增添,都是有的放矢,为全剧主题思想服务。《裘力斯·该撒》的主角,与其说是该撒,毋宁说是勃鲁脱斯。勃鲁脱斯忠心耿耿,拥护罗马共和政治,反对帝制独裁。然志大才疏,对时代认识不足,刚愎自用,有凯歇斯而不听其言,终至兵败腓利比平原,伏剑自刎。"出师未捷身先死,长使英雄泪满襟",从亚里士多德《诗学》论悲剧人物的角度来看,勃鲁脱斯不失为一个悲剧英雄,他的政敌安东尼,最后看到了他的尸体,也不得不说"这是堂堂的一个人"("This was a man!")。莎士比亚的艺术加工,的确达到了他所要达到的目的。戏剧是一种艺术,本不是现实的照相机式的复本,这里面须要选择,须要重新组织,次序的先后,分量的多少,进度的快慢,语气的轻重,可以根据中心思想,剧情主题,加以处理,加以调节。历史着重"有其事",历史剧着重"有其理",历史着重"已然",历史剧着重"盖然"。历史剧着重的不是历史事实的再现,而是历史真实的反映,尤其是剧本产生时代历史真实的反映。莎士比亚出于布鲁塔克,而远胜于布鲁塔克,布鲁塔克的历史材料,升华成为莎士比亚的历史剧,其理由大概就在这里。

---

① 第三幕第二场第一行。布鲁塔克传记中仅一处(Skeat 同书第 120 页)提及演说一事,但没有演说辞。

② 第三幕第二场第八八行。布鲁塔克传记中仅两处(Skeat 同书第 121,165 页)提及吊辞一事,但没有吊辞。

沃维特、辛尼加、布鲁塔克：这三位作家是莎士比亚的主要古典渊源，已如上述。除此以外，古典作家中对莎士比亚尤其他的早期很有影响的，应当提到拉丁喜剧作家柏洛脱斯①。柏洛脱斯喜剧留传到现在的有二十种，其中《梅奈克米》与《安菲脱里盎》两剧本特别重要，因为莎士比亚的《错误的喜剧》就是以它们为蓝本的。《错误的喜剧》的基本情节由于一对双生子的不易辨认而引起种种误会，莎士比亚是取之于《梅奈克米》一剧，至于增加一对双生的仆人，使情节更加复杂，莎士比亚是取之于《安菲脱里盎》一剧。莎士比亚融会二剧，自成一格，使内容既清新又丰富，述而能作的天才，在这个早期作品里已经可以看到一些。《安菲脱里盎》在莎士比亚逝世后很久才译成英文，《梅奈克米》最早的英译本，于 1595 年刊行，比《错误的喜剧》的演出要晚了两三年。这证明莎士比亚在创作《错误的喜剧》过程中，他所根据的不可能是英译本而非常可能是拉丁原文本②。

莎士比亚童年在斯特拉福文法学校里还读过罗马大诗人桓吉尔的史诗《伊尼亚特》开头几卷③《露克莉斯》第一三六六行以下，以及《哈姆雷特》第二幕第二场第四八一行以下关于特洛伊城失守的描叙，都是模拟《伊尼亚特》第二卷加以渲染而成的。《错误的喜剧》第一幕第一场第三一、三二行：

A heavier task could not have been impos'd
Than I to speak my griefs unspeakable!

---

① Titus Maccius Plautus（约 254 B. C. —184 B. C.），他的作品现存二十种，有些是模仿希腊后期喜剧作家 Menander（约 342 B. C. —292 B. C.）的剧本而写成的。

② 参阅 Highet 同书第 624—625 页。

③ Virgil（Publius Vergilius Maro，70B. C. —19B. C.），他的杰作《伊尼亚特》(*Aeneid*)是描写罗马人的始祖伊尼亚斯（Aneneas）在特洛伊战争后，播迁流离，最后定居意大利的一首长篇史诗。全诗共十二卷。

可以说是《伊尼亚特》第二卷中那第三行有名诗句的回声：

Infandum，regina，iubes renovare dolorem.

难说呀，女王，你要我重提伤心的往事！

桓吉尔在《伊尼亚特》第四卷中所描写妲都与伊尼亚斯的恋爱故事，为莎士比亚所熟知。他在塑造《安东尼与克莉奥佩屈拉》中的埃及女王克莉奥佩屈拉时，显然是以妲都为蓝本的。

其他莎士比亚的诗句，可能脱胎于桓吉尔史诗《伊尼亚特》的地方，略举如下：

(1)《暴风雨》第四幕第一场第一〇一、一〇二行，"Highest queen of state，Great Juno comes，I know her by her gait. " 可能脱胎于《伊尼亚特》第一卷第四六行"ast ego，quae divom incedo regina"，及第四〇五行"et vera incessu patuit dea. Ille ubi matrem adgnovit. "

(2)《暴风雨》第三幕第三场第五三行的舞台指示"Enter Ariel，like a harpy；claps his wings upon the table"可能脱胎于《伊尼亚特》第三卷第二一九行以下几行。"Claps his wings"是"magnis quatiunt clangoribus alas"(第三卷第二二六行)的英译。

(3)《暴风雨》第四幕第一场第七八行"Who，with thy saffron wings，upon my flowers"可能脱胎于《伊尼亚特》第四卷第七〇〇至七〇二行"Ergo Iris croceis per caelum roscida pinnis，mille trahens varios adverso sole colores devolat. "

(4)《哈姆雷特》第三幕第四场第五八行使者神的描叙，可能脱胎于《伊尼亚特》第四卷第二五一至二五三行"Hic primum paribus nitens Cyllenius alis constitit. "

(5)《亨利第六(二)》第二幕第一场第二四行所引"Tantaene animis caelestibus irae?"是从《伊尼亚特》第一卷第一一行照抄过来的。Caelestibus原意"天上的"，这里隐指"牧师的"，妙语双关，此亦一例。

该撒《高罗战役记》①尤其关于不列颠部分,是初学拉丁文的人必读之书,莎士比亚想来也读过的。书中第五卷第十四节描写当时不列颠南部居民风俗习惯。其第一句拉丁原文如下:

Ex his omnibus longe sunt humanissimi qui Cantium incolunt.

在所有这些人中,肯脱郡的居民是最最有礼貌的。

《亨利第六(二)》第四幕第七场第六五、六六行

Kent, in the commentaries Caesar writ,

Is termed the civil'st place of all this isle.

显然是根据那句拉丁原文而写的。

莎士比亚还读过罗马历史家利维所作《罗马史》的第一卷,因为这里记载了古罗马王塔昆与露克莉斯的事情。前面已经讲过,《露克莉斯被辱记》主要事实是采自利维的《罗马史》。

对于其他罗马作家如罗铿②、裴文纳尔③等的著作,莎士比亚所知不多,不过把他所能记得的一鳞半爪和若干名句予以运用而已。《裴力斯·该撒》第五幕第三节第九四行以下:

O Julius Caesar, thou are mighty yet!

Thy spirit walks abroad, and turns our swords in our own proper entrails.

裴力斯·该撒,你虽死还是伟大啊!

你的英灵不泯,你借着我们的刀剑,挖穿我们自己的内脏。

显然是取意于罗铿《内战记》卷一开头的两句:

---

① *Caesar's Gallic War*,该撒著作,大部遗失,流传到现在的仅有《高罗战役记》七卷,《内战记》三卷。

② Lucan(Marcus Annacus Lucanus,39—65),他的名著 *Pbarsalia* 是描写该撒与邦沛(Pompey)两雄相争的史诗。

③ Juvenal(Decimus Junius Juvenalis,60? —130?),现存著作有讽刺诗十六篇。

Populumque potentem!

In sua victrici conversum viscera dextra.

伟大的民族啊！你把你所向无敌的辣手，伸向你自己的内脏。

《哈姆雷特》第二幕第二场第二〇〇行以下竭力形容老年人的丑陋，中其"爱讥讽的无赖"，是指罗马诗人裴文纳尔而言的。他的第十章讽刺诗，描写老年丑陋，淋漓尽致，《哈姆雷特》第二幕第二场中的一段，可能原本于此。

莎士比亚一生重要著作共有四十种，包括剧本三十七种，长篇叙事诗两种，一百五十四首十四行诗组成的诗组一种。其中以罗马史实为题材的有六种：《露克莉斯被辱记》《科利奥兰纳斯》《裘力斯·该撒》《安东尼与克莉奥佩屈拉》属于罗马共和国时代。《辛白林》属于早期罗马帝国时代，《铁都斯·安特罗尼克》属于后期罗马帝国时代。以希腊背景为题材的有六种，《错误的喜剧》是根据希腊剧本的两个拉丁改编本而改编的。《亚典的泰门》是根据公元前五世纪的雅典史而写的。《维纳斯与亚唐尼斯》《特洛勒斯与克莉雪达》①《仲夏夜之梦》是根据希腊神话而写的。《裴立克利斯》②，是根据一个后期希腊传奇而改写的。其余二十八种，虽题材背景与希腊、罗马不一定有直接关系，然多少都受到古典传统的影响。因为莎士比亚生在欧洲文艺复兴时代，这是社会变革和阶级斗争非常剧烈的时代，这是当时比较进步的新兴资产阶级起来推翻中世纪教会和封建王朝的时代，这是以人为本，打倒神权，恢复人的尊严的时代，这是复兴希腊罗马的文艺学术来代替宗教迷信的时

---

① *Troilus and Cressida*，这个故事古代希腊是没有的，最早见于中世纪法国诗人 Benoit de Sainte—Maure 所作的 *Roman de Troie*，后来蒲卡奇奥（Boccaccio）、乔叟、莎士比亚、特兰顿（Dryden）都采用这个故事来做题材。

② *Pericles*，故事是取材于乔叟诗友高宛（John Gower）所写长诗 *Confessio Amantis* 中的 *Apollonius of Tyre*。

代。莎士比亚生在这个时代,如鱼得水,如鸟归林,眼睛所看到的,耳朵所听到的,几乎尽是与希腊罗马有关的文艺作品甚至鼻子所嗅到的几乎尽是与希腊罗马有关的文艺气氛。时代如此,环境如此,要莎士比亚不受古典传统的影响,这是不可能的,也是不合理的。

　　莎士比亚相信人的最高本质是人而不是神,人的研究对象描写对象是人而不是神。他对中世纪的态度,不是首肯而是腹非。有些文艺复兴时代作家如亚力奥斯图(Ariosto)、拉勃雷(Rabelais)、斯朋塞(Spenser)等徘徊于人神之间,心悬两地,对中世纪的骑士剑客,妖魔鬼怪,那些怪力乱神的事情,不忍割爱,想入非非。莎士比亚则不然,他否定中世纪,不理会中世纪,他的剧本中世纪气氛非常淡薄,舞台上偶有鬼魂神仙出现,不过是一种增加艺术效果的传统手法,顺手牵羊、废物利用而已。同样,莎士比亚的历史剧,目的在陈古刺今,借古鉴今,手法是写实的,情调是当代的。《亨利四世》里的福尔斯坦夫,穷形尽相,丑态毕露,十足代表了当时没落的封建贵族,想尽种种方法,要在新兴资产阶级社会里寻找出路,挣扎下去。谁能料到这个"典型环境中的一个典型人物"和乔叟所描写的坎特伯雷进香客同是十四世纪的人物呢?

　　莎士比亚受时代的影响与人文教育的陶冶,对人生有真诚的爱好,精密的观察,深刻的体会,语言方面又有高度的表达能力,因此他在剧本里,塑造了许多令人难以忘怀的人物形象。这些形象,既典型,又独特,既非傀儡,更非传声筒,不论正面人物或反面人物,都有他们的想法,他们的行动。同是文艺复兴时代新兴资产阶级的聪明、活泼、能干的女子,琵特丽丝(Beatrice)有异于罗瑟琳(Rosalind),更有异于波希霞(Portia)。甚至同是小小妖精,帕克(Puck)亦有异于欧丽儿(Ariel)。这些大小人物不是硬套公式演绎出来的,而是深入人生如实描绘出来的。莎士比亚让各个人物,从人生的各个角度,各个场合,尽量用最适当的语言来显示出各个人的意识形态。同在《雅典的泰门》中,有消极的话,也有积极的话,实际泰门的厌世,不一定是避世。第四幕第三场中马克思所竭力称赞的那一段,控诉万恶的金钱,慷慨激昂,直欲击碎唾壶,这哪里是消极厌世者的话?哈姆雷特有他优柔寡断的一面,也有他顽强斗争的一面。他是书生,也是英雄,他很天真,也很深沉,他能装疯就是他的深沉之处。总之莎士比亚,以如椽之笔,触及人生的各方面,见树又能见林,小大由之,无所不包,有此襟怀,有此成就,以往受到大家的崇敬,决非偶然。我们现在应当迈进一步,从领会历史实际与社会实际(包括阶级关系)来认识、估量莎士比亚所塑造的人物,这是莎士比亚研究中新的重要课题,我们极宜慎思明辨去谋求解答的。

从莎士比亚与希腊、罗马的关系来看,也可以见到他的不同寻常。莎士比亚像大海,希腊、罗马像长江大河,莎士比亚的容纳希腊、罗马,无异于大海的容纳江河。先说语言,莎士比亚掌握英语,真如公孙大娘舞剑,淋漓顿挫,独出冠时。词汇丰富极了,各色各样人说的话都有,而且说得玲珑妥帖,惟妙惟肖。词汇量多至一万六千以上,其中百分之六十源出古英语,百分之四十则绝大部分源出拉丁语。至于文学,本文前面已经说过,主要得力于拉丁作家沃维特、辛尼加与希腊作家布罗塔克。其他拉丁作家如柏洛脱斯、桓吉尔、该撒、利维、罗铿、裘文纳尔等,莎士比亚细大不捐,也都从他们那里学到不少东西。当然他在这方面的学力不能与彭·琼孙相比。他懂拉丁文不多,希腊文更少,他的思想方法,近于罗马,而远于希腊,他对于希腊文学的智识完全是通过拉丁文学而得来的。他的剧中人物,大部分是王侯将相,才子佳人,他对人民群众,不够重视。沃维特的艳情诗章,辛尼格的悲剧,尤其是其中的宿命论,对他所发生的影响,很不健康,不但无益,而且有损,暴露古代作家的缺点,同时也暴露了他自己的局限。尽管如此,莎士比亚仍可以说是真诚爱好希腊拉丁文学,受过优良的人文教育陶冶的一位大

诗人。他一生的书本知识，文化修养，就是如此。这对他的创作是
一种准备，也是一种刺激，一种挑战。莎士比亚是欧洲文艺复兴时
代的巨人，恩格斯称赞欧洲文艺复兴说："这是一个人类前所未有
的最伟大的进步的革命，是一需要而且产生了巨人——在思想能
力上，热情上和性格上，在多才多艺和学识广博上的巨人——的时
代。"①我们今天纪念莎士比亚生辰四百周年，要了解莎士比亚是
怎样产生的。我们应当批判地利用以往巨人的各种学问，各种经
验，各种智慧，凭藉我们自己不断的努力，来创造新的社会主义的
文化。

《《南京大学学报（人文科学版）》第 8 卷第 2 期，1964 年 6 月）

---

① 《马克思恩格斯文选》（两卷集），第 2 卷，第 62 页。

先嗣父漱芬公事略

先嗣父郭镇藩,字漱芬,清末贡生,沙洲县杨舍镇人。清代来年,倡议维新,废科举,办学校。杨舍镇举人缪抡俊(字迈人)以及地方热心教育人士得全镇人民之支持,将本镇附近乡区私塾合并,改原梁丰书院为梁丰小学,并选派先嗣父漱芬公到外地传习所学习,然后回校任校长。先嗣父德高学湛,为地方人士所钦佩,主校初期,选拔品学兼优、勇于负责之教师为一校之骨干。以蒋惠南先生为例。惠南先生工作勤奋,研究教学方法,关心学生学业与生活(当时兼任舍监),深得学生爱戴。不幸积劳成疾,仍坚持上课。惠南先生去世,先嗣父在追悼会致词中有"尽瘁梁丰十七年"之句,对惠南先生之推重可谓至矣。一九二六年先嗣父年老病休,地方人士建议先嗣父聘请张文贵(字亦良)先生继任梁丰学校校长。亦良先生毕业于南京高等师范英文专修科,曾任本省常州中学、福建省集美师专等校英文教师,经先嗣父及家乡人士之召唤,毅然归来,继任梁丰中小学校校长并任英文教师。亦良先生毕生为桑梓服务,和易近人,作风正派。诗云:"申伯之德,柔惠且直。"亦良先生有焉。

先嗣父体格魁梧,仪态谨严,举止端方。但对学生则慈祥爱护,无微不至。有时教师缺席,先嗣父亲自代课,初级学生得有机会面聆教诲。雨天工友福昌上街买好烧饼油条,先嗣父亲自发给学生。如此琐琐,幼年学生如获雨露之滋润,终身不忘。

先嗣父晚年办学,曾遭受挫折,当时若干少年受人利用,进行污蔑，目的在夺取校产饱其私囊，全校师生义愤填膺，起而与之抗争，终获胜利。后人为纪念先嗣父，将初中部教室楼命名为"漱芬楼"，以志永思。

先嗣父任梁丰校长垂四十载，廉洁奉公，告退之时两袖清风，而学校由小学为初中，为高中。当时学校仪器、标本、图书比较充实，教学质量较高，群众举为"江阴东南乡最高学府"，周围三十里咸来就读。初中毕业生考入省内外重点高中者甚多，高中毕业生考入省内外重点大学者亦甚多。目前梁丰校友遍及全球，此不仅梁丰一校之大事，亦沙洲全县之大事也。

（中国人民政治协商会议江苏省沙洲县委员会文史资料研究委员会编《文史资料选辑》第 2 辑）

柏拉图《理想国》中译本前言

郭斌龢　张竹明

　　柏拉图(公元前 427—前 347 年)是古希腊的大哲学家,苏格拉底(公元前 469—前 399 年)的学生,亚里士多德(公元前 384—前 322 年)的老师。他一生大部时间居住在古希腊民族文化中的雅典。他热爱祖国,热爱哲学。他的最高理想,哲学家应为政治家,政治家应为哲学家。哲学家不是躲在象牙塔里的书呆子,应该学以致用,求诸实践。有哲学头脑的人,要有政权;有政权的人,要有哲学头脑。

　　柏拉图生于雅典城邦衰落的时期,那时疫疠流行,大政治家伯利克里去世不久,群龙无首,伯罗奔尼撒战争爆发,危机四伏。柏拉图出自名门,社会关系、阶级感情,显然属于奴隶主贵族方面。柏拉图《书札》第七有这样自白一段:

　　　　我青年时,总想一旦能独立工作,就要投身政界。后来政局突然变化,影响了我的计划。那时民主政权为一般人所厌恶,革命发生了。领导这次革命的有五十一人,其中十一人在城区,十人在雷埃夫斯港。这两个委员会管理两区的市场及行政。上面还有一个三十人的最高委员会,最高委员会里有些成员是我的亲戚故旧;他们邀我参加,以为一定会得到我的帮助。我当时年少天真,总以为新政权将以正义取代不正义,我极端注意他们先是怎么说的,后来又是怎么做的。这些绅士们的一举一动,一下子把他们毁坏的民主政权反而变得象黄金时代了! 他们居然命令我的师而兼友的苏格拉底去非法逮捕他们的政敌。苏格拉底严词拒绝,宁死不屈。我敢肯定说苏格拉底是当代最正直的人啊!

当我看到这些,以及其它种种,我心中厌恶,决计与这个可耻的政权完全脱离关系。三十人委员会大失人心,被逐下台。过了一个时期,我故念复萌,跃跃欲试地,虽然静悄悄地,又想参加政治活动了。当时雅典局势混乱,私人互相报复,到处武斗。总的来说,东山再起的民主政权,还算比较温和;可是一些有势力的坏人诬告苏格拉底以渎神之罪,陪审团竟处以极刑……后来我年事渐长,深知在政治上要有所作为,首先必须有朋友,有组织,这简直难以登天。况且法规旧典,在雅典已多散失。当初我对于政治,雄心勃勃,但一再考虑,看到政局混乱,我彷徨四顾,莫知所措。我思之思之,唯有大声疾呼,推崇真正的哲学,使哲学家获得政权,成为政治家,或者政治家奇迹般地成为哲学家,否则人类灾祸总是无法避免的。

从上面的引文,可以看到柏拉图所痛心的是雅典贵族政治堕落为寡头政治。使他猛醒过来,重新考虑他的政治立场。柏拉图出身贵族,他认为农民、工人、商人是物质财富的生产者和推销者,他们不可能也不必要去担负行政上的许多事务。政治活动是领导阶层的专职,是领导阶层义不容辞的一种道德责任。领导与群众分工合作的政治结构与政治体制应当是这个样子。领导阶层尽其全力来治理国家,捍卫国家。他们受工农商的供养,回过来给工农商办好教育、治安和国防。事实上丧失过信誉的贵族政治,在雅典很难成功,但这并不证明贵族政治是不合理的,行不通的。在柏拉图看来,国家应当好好培植下一代的年轻人,他自己决意钻研数学、天文学及纯粹哲学;与师而兼友的苏格拉底往返论证,将欲立人,先求立己而已。

公元前 399 年,雅典民主派当权,苏格拉底被控传播异说,毒害青年,法庭判以死刑。苏格拉底从容答辩,竟以身殉。千古冤狱，与耶稣钉死十字架上，后先辉映。柏拉图目击心伤，终其身魂梦以之，不能忘怀。

柏拉图以继承苏格拉底大业自任，前后共著对话二十五篇。《理想国》成于壮年，如日中天，影响最大。除最晚出的《法律篇》之外，其余二十四篇均以苏格拉底为主要对话者。另有对话六篇显系伪作。《柏拉图书札》第七、第八大致可靠。第一、第十二不能尽信，其余诸札，众说纷纭，迄无定论。苏格拉底一生不着一字，而柏拉图是西方哲学史上有大量著作留传下来的哲学家。柏拉图的对话可与《新约》圣保罗的书札相比，虽风格各异，其热爱真理，与世辩难弗明弗措，则如出一辙。柏拉图创作亦哲亦文的对话，使苏格拉底的伟大人格，永传百世。苏格拉底是西方学术文化的奠基人。柏拉图承先启后，发扬光大。最后有亚里士多德，居柏拉图门下二十年，既一脉相承又各有千秋。我国先秦时期的儒家文化，以孔子、孟子、荀子为其中坚，巍巍乎同此规模，同此气概。

柏拉图受了苏格拉底身教言教的影响，力求知行合一，政学合一，相信哲学家应该是一个不说谎话的诚实人，一个懂得和尊重普通老百姓的人。他自己不一定能完全做到，但他总想用其所学，来爱国爱民，改造社会。

苏格拉底去世不久，柏拉图离开雅典，周游地中海地区，包括小亚细亚沿岸的伊奥尼亚一带及意大利南部的若干希腊殖民地城邦，访问过毕达哥拉斯门徒所组成的学派，可能还到过北非洲、埃及、西西里岛以及别的地方。他对西西里岛叙拉古城的霸主戴奥尼素印象恶劣，觉得他是不讲道理荒淫玩乐之徒，不可能有智慧，不可能治国安民。但柏拉图在这里遇到霸主的女婿迪恩，一见如故，欢喜非常。在柏拉图看来，迪恩爱好哲学，又是个实行家；苏格拉底之后，对柏拉图影响最大的便是迪恩了。

柏拉图四十岁返回雅典，是年（公元前 378 年）雅典签订丧权辱国的安太尔西达和约，将所有小亚细亚地区出让给波斯。雅典、斯巴达继续交恶，不得统一；整个希腊日薄西山，奄奄一息。柏拉图下定决心，于雅典城外创建西方第一所大学——柏拉图自由讲学的学园。这是教学与科研相结合的西方第一所新型大学。当时有名学者登门造访，质疑问难，使它不仅成为雅典的最高学府，而且蔚为全希腊的学术中心。不少学生都是希腊城邦的世家子弟、世家子女！柏拉图放弃政治，讲学著书，孜孜不倦，先后共二十载。公元前367年柏拉图已年近六十，戴奥尼素霸主逝世，其子戴奥尼素二世继位，由迪恩摄政，邀请柏拉图重游叙拉古城，为二世师。柏拉图政治生涯第一阶段是壮志雄心的幻灭时期；第二阶段困心衡虑，久而弥坚，相信哲学家确能兼为政治家，确能治理世界，其代表作便是《理想国》，这不仅是哲学家的宣言书，而且是哲人政治家所写的治国计划纲要；第三阶段柏拉图垂垂老矣，事与愿违，不得已舍"正义"而思刑赏，弃德化而谈法治，其代表作为《法律篇》。表明他愈至晚年愈求实际，为国家为民族寻求出路，苦心孤诣，也表明他能因时变通，并非顽固之辈。

　　《理想国》一书内容丰富，几乎涉及当时所有急切的问题。它接触到优生学问题、节育问题、家庭解体问题、婚姻自由问题、独身问题、法西斯问题、专政问题、独裁问题、霸权问题、共产问题、民主问题、宗教问题、道德问题、文艺问题、教育问题（包括托儿所、幼儿园、小学、中学、大学、研究院，以及工、农、航海、医学等职业教育），加上男女平权、男女参政，男女参军等等问题。柏拉图著书立说还是综合性的（到他的学生亚里士多德才分科进行研究），总称哲学。古希腊学术文化的根本目的在于追求智慧、追求知识。希腊语"哲学"一词原义"爱智"，"科学"一词原义为"知识"。在古希腊人看来，哲学、科学一而二，二而一，初无区别。柏拉图一生顽强探索努力追求也就在于追求智慧，追求知识，追求真理，他承前启后，学究天人，根深叶茂，山高水长。其人其学，成欤败欤？仁者见仁智者见智，毁之誉之各求所安。关键在于细读原著，慎思明辨之后确有心得，百家争鸣可也。否则，断章取义，游谈无根，那就没有意思了。这是我们译者、读者所当共勉的地方。

(《南京大学学报(哲学社会科学版)》1981 年第 2 期)

希腊之历史

英国童璧（Arnold Toynbee）撰

《希腊之留传》第九篇　郭斌龢　译

一、古希腊与近代西方文明之关系

古希腊社会，于纪元后七世纪，即已消灭。多数史家，且谓其死期当更在七世纪前数百年。盖此时躯壳虽存，精力已疲，由麻木以至死亡。变迁之来，盖不觉焉。此则史家之公论也。故即依最审慎之计算，希腊史结局，与现代相去，当有一千三百年，距希腊左右一世之最盛时期，有二千余年，年代相隔，若是其远。然则古希腊社会之于近世，犹有何种留传耶？欲答复此大问题，当先解决一小问题，即古希腊史之于近世，犹有何种留传耶？并世一部人种，住居西欧及美洲者，成一特殊社会，总称之曰西方文明。此社会与古希腊之关系，为他种社会（如阿拉伯、印度、中国等）所无。盖西方社会者，古希腊社会之子也。

社会个人，同是有生之物，当有同一之现象。今以子称，非仅设喻，实足说明事实。两社会之历史盖相蝉联也。近代西方社会，肇端于纪元前一二世纪。西欧土地民族，与地中海东部接触。希腊社会，正当极盛。西方社会，于兹胚胎，犹婴孩之在母胎中也。罗马帝国，则怀孕期中。新生命为旧生命所养育维护也。黑暗时代，则分娩期中，婴孩初离母体也。中世，则童儿时期，虽未成熟，已能自生长也。十四、十五世纪，过渡之迹极显，则发育期也。十五世纪以后，则壮年时代也。苟明此喻，于古希腊留传于近代西方之一问题,不难索解矣。

父母传之子女,"传"之一字,厥有数义。容貌本能,体质上之遗传,一也。模仿父母言动之态度,非属先天,然潜移默化,有不期然而然者,二也。及后长成,能自鉴别,有意模仿,三也。几种遗传,视其凭借儿童意志之程度,以为区别。往往不易传者,苟传,则其效较易传者更大。例如子女一生品格,及稍长时,有意模仿父母之影响大,受父母之肤发僻性之影响小。然后者无意之传,靡有不传,前者有意之传(voluntary legacy)或终不传,为子者苟不仰慕其亲。虽有典型,亦将掉首不顾。设父母早逝,或父子之间,情有隔阂,则其遗传,又将阻止。无穷希望,或竟因此消灭也。

上述诸点,足助吾侪分析所受于亲社会(指古希腊文明而言)之留传。第一,古希腊所授于吾侪者,曾有体质心理上之遗传。如个人得之于其亲者否,此问颇难置答,犹一家人不自知其相似之点也。使阿位伯人、印度人、中国人判之,当胜吾侪。然以气候种族较同之故,两社会关系之密切,为其他社会所不及。此则有断然者,古希腊与近世西方之诗歌哲学、社会生活、政治制度。与他种文明相较,益证其为同类。近代西欧人与美人其天性爱荷马,或胜《旧约》,爱苏格拉底,或胜释迦与孔子。史家每以古希腊与古东方,及近代西方与近代东方相提并论者,恐亦以此两种文明,确有真正深切之关系耳。然此说可恃与否,究不可知。今姑置勿论,至第二种出于潜意识选择之留传,以亲子之比喻出之,更觉明显。

古希腊此种留传,中世时最为显著。中世乃近代西方文明之儿童期,当呱呱坠地黑暗时代之后,此幼稚之西方社会希冀成立时。第一需要即为一统之符号,犹个人之自我意识,然故有取法古希腊最后之建设谋画之举。中世纪之神圣罗马帝国,与古希腊老年时之罗马帝国,其目的及效用,迥不相同。然幼文明不思发明新制,以应其需要,惟仍回复其严亲之家法。沙理曼帝(Charle-magne)时政治思想家,觉实现世界一统之理想,舍此无他道也。

再者其后百年,西方社会中几部分,如意大利北部及中部,低地诸国(今荷兰、比利时及附近之地),人民经济发展,远胜其邻,遂有地方自治之需要。古希腊城市国制度,因之复活,迨后西方文明发荣滋长。沿地中海一带,扩张领土,一如希腊盛时景象。此中世纪扩张运动,普通称之曰"十字军东征",势力所及,不止圣地。西班牙、西西里与爱琴海,皆受影响。与古希腊城市国,在纪元前七百五十年至前六百年之间,向地中海发展,如出一辙。中世西方力征经营,别寻新土,实则颠倒于祖居之流风余韵而不自知耳。

由是观之,中世史有三大特点。神圣罗马帝国、弗来密(Flemish)及意大利诸市、十字军三者皆为古希腊史之留传(指潜复亲社会之习惯而言)。虽然,中世所得于古希腊者,自历史之全体观之,果为重要成分耶?抑仅赘疣无足轻重者耶?神圣罗马帝国,不过如昙花一现。近代西方之一统观念,非得之于此帝国,实得之于与希腊不甚相关之教会。近代欧洲国家,非导源于琴脱(Ghent)或勃罗奇(Bruges)或佛罗稜斯(Florence)或威尼斯(Venice)(以上四者皆中世时著名都市),实导源于中世英法之粗率封建社会。至西方社会之扩张,并未循十字军之途径。地中海之错路,不出三百年,即已弃去。西方文明之真正领域,如德之北部、瑞典、挪威、英伦三岛、北海、波罗的海、大西洋及美洲,皆为古希腊所未曾开发之地。是故古希腊之留传,如儿童期潜意识之回复者仅历史上之古董,非两大文明之紧要关键也,吾侪所得于古希腊之留传,以成年时审慎考虑之后所采取者,最为重要。

此第三种留传,通称曰"文艺复兴"。当其时前人文学美术上之遗箸,凡能昭示吾人者,盖无一不学。立志坚决,成效卓著。夫遗物俱在,研究之,敝屣之,一任吾人之意。然吾人竟研究之焉,此则文化史上至可欣幸之事也。关于古希腊种种贡献,此书(《希腊之留传》)他章中,已详述之。所宜申说者,即文艺复兴非仅仅研究消化古希腊之文学、美术而已,建筑学、自然科学、数学、哲学、政治思想等,皆在其内。四百年来,西方文化之突兀孟晋大都受其赐也。

时至今日,此势力已消灭否？四百年前所采取之留传,已耗尽无余否？近代西方,受古希腊之诱掖。文学、美术、建筑、科学、算学、哲学、政治思想,可与之媲美或竟胜过之否？所借以感兴者,今已成为障碍物否？此实英国今日古希腊生活应否研究之争之根本问题,此题答案,亦惟有仍乞灵于以前所设之比喻,即个人人格之特异是。

亲子之间或任何两人之间,试思其中关系,一人之人格,断非他人所得学尽。即甲于乙之德智体三者之造诣,已尽学得。然乙之特性,固仍存在。与观察者以无穷之新见解,两人间之关系如是。设彼此皆非常人,则斯理更觉显著。吾人更可应用此理,以论社会,以论有伟大文明之社会。夫研究一种伟大文明,不仅与此文明有特殊关系者,得益无穷。即本有礼教,志在求知之人,亦受惠不浅。此古希腊至宝贵之留传,阿拉伯人、印度人、中国人皆可享受,惟受之,则必具两资格,曰了解,曰虚心。

二、视古希腊文明为一艺术品

文明乃人类社会最伟大最难得之成功。数千百年中,社会之生者灭者,其数何限,创造文明者,能有几何？自古迄今,所有文明,可屈指数也。其在欧洲,仅有三种:爱琴海群岛之迈诺文明(The Minoan Civilization,约纪元前四千年至前一千一百年),沿地中海岸之希腊文明,或称希腊罗马文明(约纪元前十一世纪至纪元后七世纪)及沿大西洋岸之近代西方文明(纪元后八世纪始呈曙光以至今日)。此外有古代埃及及美索包达米亚低地之文明,初为古希腊所支配,后乃并入中部东方之阿拉伯文明,有印度与中国之文明。即以西班牙征服前,存在于秘鲁、墨西哥之社会,亦视为文明。而所知独立文明之数,仍属寥寥。与所知人类社会之数,相去甚远。此无他,创造文明,其事固至艰且巨也。

社会生活,常有两要素,曰人类精神与其环境。二者迭相消长,必也精神为主体生活始得造乎文明之域,始得陶铸环境,以为吾用。不至如中非洲、巴西人民之受环境支配,与中亚细亚草原或阿拉伯游牧人民之仅能苟安也。从性质言,研究文明与研究文学,初无分别,两者皆系人类精神之产物,即普通所称为艺术之作品。

称文明为一艺术品,非仅设喻,实际如此。艺术品成于个人,文明成于社会,此言固矣。然试问一艺术品之成,艺术家个人有不受他人之影响者乎。夫一文明积无数个人及累世之心思才力而后成,与一诗一雕像相较,其异点不在性质,仅在程度。文明乃社会艺术品,表现社会动作,一如教仪或戏剧,故曰文明者,有布局(plot)之庄剧也。历史者,文明庄剧之布局也。

治剧学者,自亚里士多德以还,似皆谓文学上之庄剧名著。几尽属几种根本布局之说明,历史之庄剧,何独不然。吾人苟分析得当,或将发见各种伟大文明。仅表演同一之布局,欧洲中世,近世之文明,与希腊之文明,殆一体之变耳,于一种伟大文明中(希腊文明或近代西方文明)研究文明之布局,实人文教育应有之鹄的,此义昭然,无待辞费。

然则舍吾侪之文明,而研究古希腊文明,何也?研究一种文明,其事至繁。事前语言、制度、经济、心理各种学问,须先有根底,一生精力,已将消磨于此。况大史家,每专治一种文明。希腊史家如希罗多塔(Herodotus)、苏锡德底(Thucydides)、普列勃斯(Polybius)专治本国历史,虽旁及他人历史,亦只择其与本国有关系者。承学之士,如研究历史,志在应世,不克以历史家终其身,则势不得不有所选择,势不得不致力于一种文明,以望其有成。然则,舍吾侪之历史,而研究古希腊史果何为者耶?

主张读近世史者,有两种显著之理由。其一,似较熟习;其二,似较实用。此二理由,如出之于浅薄心理,则大误。熟习非谓简易,近世史较实用,非谓其功用可追踪配尔孟科也(Pelman Course,一种心理学科,据云读之于短时期内,可增进智力,实则迎合社会浅薄心理,不足恃也)。此类粗浅见解(其故或,由大战时过境迁此种不良影响或能消灭)使教育侧重应用化学与工程等科,以为习此数者,则脱有缓急,染业军械方面,即不难与外人角逐。其于历史,以为注全力于近世史,则他日即能为公司得专利于域外,国会选举,可操左券。此种态度,今虽普遍,实极荒谬,其误在以在校时研究一科目所得之普通理论智识,与出校后应用此科时当有之专门智识及个人经验混为一谈。关于此点人文家与科学家毫无异议,所不相下者,为不知以求智识为目的之价值之人,与知此价值,了解教育真义之人。真正爱智者,无论其所学为人类之精神,或环境之定律,必一致主张,无疑也。惟舍此非人文、非科学之粗浅实用主义外,从科学、人文两方观察,有一重要理由,颇足为选读近代史者张目,即谓吾人于吾侪自己之文明,有直接经验,当有较深,较合人文,较合科学之了解。即单从人文主义立论,如能明了吾侪文明之特质及起源,较泛泛研究一殊异文明,其人文影响,必更深切。此论最足歆动曾经大战之当世,此次战争,实为吾侪文明上一大危机。有若炎炽熛怒,照彻过去,无所遁隐,使吾侪于所有历史,不能视为当然。经此浩劫,不得不推寻其原由。欲推寻其原由,不得不研究自黑暗时代以来,西方文明之进化。比罗奔尼苏战争(The Peloponnesian War,希腊内争,雅典与斯巴达交恶,战争绵延,前后几三十年,结果两败俱伤,希腊从此一蹶不振)与苏锡德底以精神上之刺激,遂有简练绝伦之导言(指第一卷极著名之前数章而言)并其史集。(苏锡德底之名著《比罗奔尼苏战史》[*The History of the Peloponnesian War*]共八卷,未卒业也。)于希腊文明之本原,加以严密之分析,然则此数章者,安知非示吾人以途径,使注意于吾侪自身历史之研究耶?

此问题不特从实用方面观之为重要,即从科学、人文两方面观

之,亦大有讨论之价值。然此题之答复,亦非定谳,仅有为研究古希腊史辩护之余地。兹分为四点,述之如下:

【一】在希腊史中,文明之局面,已告一结束。吾人可坐观全剧,曰某处某处。则紧要关头,率此而往,其结果必不出吾所料也。此伶苟不如是演者,其终局可不同也。吾人能明了全剧之结构,而分之为若干幕。及至自身之历史,则吾侪有如剧中人。虽能语人曰,此第三幕也,此第四幕,然不能语人曰,此末幕也,此末幕前之一幕也,前途茫茫,从无预知。盖吾侪所研究之艺术品尚未完成,虽一情一境,非常明了。然终不能融会贯通,得其全神。希腊史则不然,其事全其迹显,此主张读希腊史之理由一也。

【二】希腊历史经验之表现,较吾侪所有者为美。此种表现,于希腊美术、文学中皆可得见。夫以历史经验之表现,仅止于簿书案牍,是大误也。希腊大诗人,助吾侪了解希腊精神史(精神史实历史中之主要部分)之功,不在哲学家与史家之下。希腊历史经验或精神历史,其表现于希腊文学中者较之吾侪经验表现于近代文学中者为优。今姑不以两种文学仅视为文学,以相比较,读希腊所遗留之巨文,于希腊史之主观方面(即情感与玄想产生于希腊之升沉变迁为此社会最大之创造)。较之读近代文学于近代历史之主观方面,领悟尤多,此言颇足信也。

【三】第三点当在亚里士多德庄剧定义末句中得之(见所著《诗学》第六章、第二章)。亚氏之言曰:"庄剧乃一种庄严完全重大动作(action)之摹本。(中略)使此种情感,经怜惜与恐惧之适当涤荡(purgation)者也。"涤荡二字,究作何解,学者聚讼纷纭,莫衷一是。然曾从事希腊文学并经大战者,于涤荡之意,不难悟得。作者于欧战险恶时期,每忆古书中各节,如爱斯克拉(Acschylus)、鲁克里霞斯(Lucretius)、桓吉尔(Virgil)之诗句,苏锡德底书(即《比罗奔尼苏战史》)中演说辞意、柏拉图语录沉痛或恬静之影像,此心不觉稍慰。兹数人者,于吾人所历路程早已经过,且达其极。其较富之经验，较陁之境遇，所得智慧，一发之于优美文字中，作者个人经验觉此种慰藉由熟谙希腊文中所载之希腊文明而得读其文，即与其文明相接触，与其民族相晤对。若曹饱经忧患，历尽艰辛，今已脱离尘寰，与世无争矣。故涤荡云者，于情感上至有价值，此价值惟能得之于研究不同之文明。若研究自身文明，即得之，亦不若是之真切也。

【四】情感方面之价值既如此，智识方面之价值则得之于以比较方法研究与自身状况相似而实异之他种状况。此从事语言学者，类能道之。由英人观之，读古希腊文，所得教育上之效用，较之读法文、德文所得者为大。盖英文与希腊文，虽同具人类语言之根本原理，然发表之形式，则绝不相侔。至英文、法文，则同以《圣经》及古学为背境，所用辞藻，复多相类焉。今研究文明，亦犹是也。治古希腊宗教，使与基督教相比，较之仅治基督教，于他种宗教现况茫然者，所得当更大。研究希腊邑国，以与近世之邦国相比，胜于仅仅研究近代欧洲国家之进化。如吾人诚以实用为智识上之实用，而非实利上之实用（此层人文家与科学家皆一致主张），则希腊文明之研究，所以有价值者，正以其为非吾侪所有者耳。

是故赞成读希腊史，理由有四：1.希腊史为一完全之庄剧；2.希腊史为布局之庄严灿烂之表现；3.特有情感方面之价值；4.特有智识方面之价值。后二者非吾侪自为剧员之剧，所能有者也。

至此，须将希腊史布局之大纲揭出。此种大纲，人须自拟，作者发表于此（见下文第三节），所以促读者自拟也。至说明第二点表现之美，兹从古书中节录六段，以例其余（见下文第四节）。其他两点（希腊史荡涤比较之效用），则属个人经验。（本文中从略）如读者加以严密之研究，从大处着眼，当能得同一境界。此则作者所深信不疑者也。

三、古希腊文明之布局

古希腊文明,其起点当在纪元前十二世纪之后,时迈诺文明尚在衰落时期。其止点当在纪元后八世纪之前,时继起之西方文明,已经产生。在此两点中,其起其迄,究系何年,无从确定。但即此可知此期先后共有一千七百或一千八百年。

分全剧为若干幕,其事殊易,于此吾侪能立见二大关键,即比罗奔尼苏战争之爆裂与罗马帝国之建设。今为便利计,可作为纪元前四百三十一年,与纪元前三十一年,更分全剧为三幕,一在二大关键之前,一在其中,一在其后。

兹将此种分析,列表如下。

第一幕(纪元前十一世纪至纪元前四百三十一年)

1.聚居(邑国之组成,为希腊社会之细胞) 纪元前十一世纪至纪元前七百五十年

2.殖民(邑国沿地中海之扩张) 纪元前七百五十年至纪元前六百年

3.经济革命(由外发之生长,变为内敛之生长) 纪元前六百年至纪元前五百年

4.同盟(东方帝国之击退,与德罗联盟[The Delian League]之产生) 纪元前五百年至纪元前四百三十一年

第二幕(纪元前四百三十一年至纪元前三十一年)

1.希腊战争(联邦之失败) 纪元前四百三十一年至纪元前三百五十五年

2.东方战争(超人,东方之征服,俘虏品之争夺,蛮人入寇) 纪元前三百五十五年至纪元前二百七十二年

3.第一次集合(联邦制范围之改变与新试验○西罗克属[Selucid]亚细亚、罗马属意大利、伊陀利[Aetolian]及阿克央[Achaean]合众国) 纪元前二百七十二年至纪元前二百十八年

4.罗马战争(一强国并吞四强国,地中海岸之蹂躏) 纪元前二百十八年纪元前一百四十六年

5.阶级战争(资本主义,过激主义,拿破仑主义) 纪元前一百四十六年至纪元前三十一年

第三幕(纪元前三十一年至纪元后七世纪)

1.第二次集合(联邦末次之试验〇邑国自治与资本握权二者之调和) 纪元前三十一年至纪元后一百八十年

2.第一次分裂(外为蛮族所破,内为基督教所破) 纪元后一百八十年至纪元后二百八十四年

3.末次集合(君士但丁帝见好于平民〇与蛮族以土地,与主教以职位) 纪元后二百八十四年至纪元后三百七十八年

4.末次分裂(成规之破坏) 纪元后三百七十八年至纪元后七世纪

此种分析,每嫌主观,斯固势所难免。读者当自拟之,犹一艺术品之方式,各人当自领会也。然史家虽分析一布局,作为数幕,实则一种动作,连续不断。爱琴海中希腊邑国之初出,与罗马帝国市政自治之末运,不过一种文明变迁之迹耳(作者于希腊、罗马两文明,视作一种文明,其理由具详下文)。谓此种文明系一整个,似属謷言。然于希腊拉丁文学有得者,深觉文体之同,较名字之异为显。二者可视为一种文学,即希腊(Hellenic)文学是。其中数部,为拉丁文所模仿流传,犹之在较小范围内,希腊文学流传于希伯来文及后日之叙利亚文及阿拉伯文中也。如舍文学而论文明之全部,则其一致之精神更为显著,划分希腊史与罗马史实不可能。即为便利计,亦至多只能谓希腊史变迁至某点,可归入"罗马"二字之下。即以罗马帝国而言,视罗马帝国,为希腊庄剧之第三幕。读者或且骇其不经,然苟加以研究则知此罗马帝国者实一希腊组织也。从组织上观之,此帝国乃邑国之联合,希腊社会自纪元前五世纪以来,所劳心焦虑之政治问题之解决法也,即非市政式而中央集权之

吏治机关。奥古斯都（Augustus）所借以统一各郡邑者，实亦受希腊政治经验之赐。自埃及古纸之研究（papyrology）发现多禄某朝（Ptolemaic Dynasty）之治理制度以来（多禄某朝系亚历山大之希腊继承者治理埃及直至罗马征服之年为止），始知罗马帝国组织中，向以为最不带希腊色彩者，或间接亦从希腊得来。罗马帝国法律学，引用希腊道德哲学之原理，以解释罗马市政法律为一种文明之法律。不特此也，罗马帝国时代最上乘之文学，其文字大部分用希腊而不用拉丁。兹但述至今传诵，于吾侪文明有极大影响之三大著作，以概其余：布鲁特奇之《英雄传》（Plutarch's *Lives*），马克斯奥里留斯之《自感录》（Marcus Aurelius's *Meditations*），及《新约》三者皆系希腊文。然则孰敢谓此时代已在希腊历史之外耶？此社会经验产生此数巨著者，已非希腊文明之一幕耶？即以统计言，希腊色彩亦最浓厚。大部分人民，殆视希腊语为普通语。商业中心多在希腊省份中。当帝国之最初二百年，即罗马本城之劳动阶级，操希腊语者亦或较操拉丁语者为多。当时，希腊之于罗马帝国，犹西欧之于近世也。拉丁省人民稀少，文化幼稚。拉丁西班牙与非洲，乃古希腊世界之南美洲。拉丁高卢（Gaul）与不列颠（Britain）乃古希腊世界之俄罗斯。帝国之血脉，为希腊心脏所驱策，其非希腊之四肢，脉搏甚微弱也。

四、布局之文学表现

（按下选古书各节，对于欧洲英国近况，皆为有关系之文。作者选此，盖有深意，必明其所指，读之始不至茫然也）

布局之读法，已如上述，现当由剧中人自行唱演矣。限于篇幅，只录六七节，然此六七节，已足说明此剧中紧要关节，使读者知此种解释，尚有可取处也。

纪元前四百三十一年以前之一时期，所谓第一幕者，今不细述。然读者不可但顾史家，忘却诗人。开幕情形，荷马所昭示者，较希罗多塔为多。击退波斯人后,有德罗联盟之举。此种发扬蹈厉之精神,不读爱斯克拉之诗,不能领会也。哲学家、科学家,亦不可废。庞乃德教授(Professor Burnet)所著《希腊古代哲学》一书或《自谢里氏(Thales)至柏拉图之希腊哲学》一书,于历史颇有阐发,不仅说明希腊之智识原理而已。读者并当读希波奎提氏(Hippoerates,希腊名医)或其徒所著之小书,论"气水地"者,此书在杜勃纳(Teubner)本,只有三十八页(见《希波奎提氏集》卷一)其所述纪元前五世纪之科学观,较希罗多塔所载者为明晰。兹所引一节,一若维多利亚时代之英国人所作者,此节叙发现于俄罗斯南部游牧民族中之一种流行病,其文曰:

> 士人信此疾乃上帝所降,故崇敬病人,恐其自身亦得此疾也。吾固认此种现象皆由神主。然吾意各种现象当等量齐观,无所轩轾,凡现象皆同,或皆神圣。但每一现象服从一自然律,自然律不知有例外也。

此第一幕实为少年得意时代。希罗多塔斯巴达古史之结句"其兴也勃焉"颇足显出古希腊文明当时之精神。此外有一语,宣告第二幕者,辞意惨淡,即罗多塔于其史中,用之凡十余次,曰"殃必及之故"云云,每次即有大祸紧随其后。此语之含义,可于梭伦(Solon)答克罗苏(Croesus)问中得之。"克罗苏乎,吾知鬼神每嫉忌无伦次(disordering),汝乃问余以人类之命运。"(见《希罗多塔》第一卷第三十二章)译语"无伦次"三字,大可注意。下文当再见之,作者昔历盛世,今遭丧礼,故发此沉痛之言。然察其实际,更可悲伤。此则作者不愿形诸笔墨者矣。并世希腊科学之言曰:"各种现象,当等量齐观,无所轩轾。"(见上文所引)所谓嫉忌无伦次之势,摧毁希腊文明者,非外来之力实即昔时创造此文明之人心耳。荷马诗中有一颇费思索之句,描写景物时,曾用及一二次。下文述一河,即其例也。"神名之曰山索斯(Xanthos),人则名之曰斯开满劳(Skamandros)。"希腊之瓦解也，吾人可为之言曰，人谓天作孽，神则以为不然（神之意盖谓由于人之自作孽不可活耳）。

德罗联盟风流云散，希腊战祸蔓延。至丧失其少年精神，其故何也？要由人心之陷溺，雅典政治商业，一时称盛。斯巴达与哥林斯(Corinth)之治理阶级，因生妒心。雅典勃兴，其政治家因生贪心，薄自由结合之领袖不为，思独揽大权，称霸希腊。其劳动阶级，误用平民政治，因贫凌富，惟嫉妒贪得，故不公。不公，故不忠。各邦或为帝国，或为自由，互相争雄，不顾大局。富贵之公民，因劳动阶级夺其财势，不惜结纳外援，贻祸宗邦。荷马之诗曰：

> 异哉！世人之责吾神明也。世人每谓罪恶皆吾侪手造，实则一切灾害皆由人所自召自作孽不可活，观乎阿吉塞(Aigisthos)而知之矣。当亚格满能王之返，阿吉塞杀之，且夺其妻。吾侪早戒以王不当杀，王妻不当夺。恐王子沃立斯体(Orestes)长成，思亲念切，复此仇也。吾侪所遣使者，言之如此，然阿吉塞终不悟也，今则身受其祸矣。（见《荷马史诗·奥德西》[Odyssey]第一卷第三十二至四十三句。上帝[Zeus]贵人之动辄怨天，反复无常，举阿吉塞为例。）

以上数行，见奥德西诗第一卷中，彼时虽措施乖谬，尚无大害。洎乎希腊多事之秋，其前知之灵感亦愈明敏。六世纪诗人较荷马时人，于福兮祸所伏之念，益萦绕于怀而不能去。觉个人之成功，军事之胜利，社会文明之隆盛，皆足为祸患之媒。以为骤立意外之大功，激刺过甚，精神每失其常态。且累世之功业，将来之希望，苟紧要关头，一有失误，则永堕泥犁，抱憾无穷。语有之："心失其平，处顺境，则始也贪，继也暴厉。"此语略加变更，复见于世所传萧哥尼(Theognis)与梭伦之诗集中。夫厉气盛，则灭亡随之。造恶者一意孤行，不知祸至之无日。此其意盖已彼此默喻，然亦作斯语者，所不忍出诸口者也。惟此道德之神秘，与其不可幸免之恶果。爱斯克拉

253

固屠口晓音,一再言之,力弃往后希罗多塔借以解嘲之原始定命主义。爱斯克拉曰(见所著庄剧《亚格满能》第七六三至七七一句):

> 旧恶引新恶,时机倘再来,众生涕泪里,彼独笑颜开,有伴名忍心,逞彼横暴才,蔑神无忌惮,所向尽萎摧,暗室两恶火,自古如斯哉。

击退波斯后,举国若狂。独此诗人,惊喜交并,觉战胜之后,为善为恶之权,悉操掌中。此权可恃与否,尚不可知。彼所知者,天道之不容丝毫假借耳。爱斯克拉又曰(见所著《亚格满能》第三八一至三八四句):

> 侮蔑正义座,其罪在不宥,位尊与多金,无灭此心疚。

《亚格满能》一剧,撰于雅典极盛时代。人民尚未如"孩童之捕飞鸟",随其心意,自绝其途径,以陷雅典于万劫不复也。马拉顿(纪元前四百九十年,波斯军入寇希腊,雅典人大败于马拉顿平原)时代,固已预知比罗奔尼苏大祸之将临。及其至也,震撼之烈,乃出意外。其影响希腊人心者,苏锡德底首表出之。苏氏少时,身受其苦,读下文可知苏氏所感为何如。苏氏曰(见所著《比罗奔尼苏战史》第三卷第十章第八十二及八十三两节):

> 高克拉(希腊西岛名)之阶级战争,愈演愈烈矣。其祸蔓延,几及全希腊社会,使各邦皆有阶级之争。各党首领,结纳外援,或联雅典,或联斯巴达。承平时尚可相安,及战衅既开,激烈者苟得外援,克制敌党,自握大权,其事甚易。此阶级战争,所以一演再演,希腊各邦,靡不重受其祸也(苟人性始终不变,则环境虽异,此类祸患将永永继续,不少减也)。夫承平时社会个人脱然无累,不为事实所拘,故能取法乎上。及战时,则荡检踰闲,无所不至希腊各邦分崩离析。阶级战争,阶之厉也,一次之爆裂,即有一次之恶果。一若争先恐后,以完成其

阴谋残杀之术者。（下略）

故阶级战争起，希腊社会种种罪恶，因缘以生，诚实二字，为理想主义之中枢。在此怨毒猜忌之空气中，久为人嗤笑，不能自存。虽雄辩滔滔，信誓旦旦，终不足以释两方之嫌怨。其于当局，惟位不克久与，毋为已甚之论，或能稍动其心。战者愈顽钝，则愈能持久。明知己短将为人胜，遂乃倒行逆施以求一逞。智者，自恃聪明不屑作实际之自卫，故每为人算终至灭亡耳。（以上所述，固类欧洲，亦肖中国今日之情形。）

希腊大战之战后影响盖如是。苏锡德底固性敏，富于情感，常自抑制，若芝诺芬(Xenophon)则年较少，和光同尘，不涉玄想。与毁灭希腊文明之"猜忌无伦次"之势力，不甚龃龉。乃其文中，亦有此类情感之表现。此战与芝诺芬以从军及著述之机会，彼于所著《希腊近史》之末节，叙满体尼(Mantinea)之战(纪元前三百六十二年)，不觉感慨系之。盖满体尼之战，其子死焉，芝诺芬曰(见其所著《希腊近史》[*Helleniea*]七卷第五节)：

此战结果，人人失望，全希腊几尽入漩涡。不入于此，即入于彼。初意战衅既开，胜者得惟所欲为，败者则俯首帖耳，一任宰割。孰知事若天定，两方虽各夸己胜，实则彼此皆未得尺土，未克一城。其权势较之战前，未有丝毫之增加，徒使战后之希腊，益纷扰杌陧耳。吾书请从此辞，以俟后之史家。（上述极似大战后欧洲之情形）

限于篇幅，柏拉图文不援引矣。但读者治柏氏之学时，舍哲理外当察其意态情感。二者于柏氏当时历史，颇有发明。柏氏克享大年(自纪元前四百二十八年至纪元前三百四十七年)，与庄剧第二幕之第一节相合，即纪元前四百三十一年起，至纪元前三百五十五年止。中间希腊兵连祸结，各邦瓦解，民不聊生。柏氏系出名门，事变之来，受创最巨。年二十九，心悲雅典之衰落，复目睹柏氏及朋侪所敬爱之前贤苏格拉底之冤死。柏氏之高足弟子,可望继其学者,复死于毫无意义之战事中。故柏氏政治之失望与其孤僻,不难索解,惟观其政治方面之沉痛,与智识方面之凝静,双方冲突,颇耐寻味。当其在智识界、艺术界中为著作家、音乐家、算学家、玄学家也,彼自知登峰造极,占希腊史之绝顶。及至政治,彼似觉盛时已过,不可再来。所著语录,内中年代,皆行提前,不自知其然也。其中人物,几尽为苏格拉底时人。战前正当少壮,其所怀念,皆前代之盛况,为战事所毁灭者。"他世"之思,亦由柏氏引入,而弥漫于希腊文明中。柏氏舍科学而就神学,舍时间及变化之世界,而就原型或概念之世界,舍邑国之社会宗教,而就由初民神话中所得象征之个人宗教,舍政治而就乌托邦。柏拉图犹仅见大祸之第一节耳,及吾侪观第二幕之余剧,自纪元前四百三十一年以还,四百年中,祸患相寻,噩耗频传,极似《约伯记》(*Book of Job*)中之灾讯,世事日非,人民益涉遐想,别寻世外桃源。《法律篇》(*Laws*)中,柏氏之乌托邦,尚近克里底岛(Crete)。二百年后,激烈派亚理当哥(Aristonikos)之徒党,见弃于希腊及亚细亚诸城市,自号曰太阳城之公民。更后二百年,耶稣之徒,觉世事无可挽救,祝此世之付于一炬,俾得升入天国焉。

知柏拉图之心理,可知大祸后第一节之状况。至第二节(东方之克服与俘虏品之争夺),读者可参观皮文(Edwyn Bevan)之《斯多噶派与怀疑派讲演集》及穆莱教授(Gilbert Murray)《关于斯多噶哲学之康卫纪念讲演册》(*Conway Memorial Lecture on the Stoic Philosophy*)二书中所述之哲学,已非玄想之纯粹产品,仅一道德屏障,仓卒构成,以御生活之风波者耳。其第三节(纪元前三世纪中叶文明之集合)盖布鲁特奇之斯巴达王亚吉斯(Agis)与克里米尼(Kleomenes)传中,可以知之。读此二传者,每觉其集合之忠勇与其失败之可悲。第四期(罗马与地中海诸强决胜之时代)中,罗马与迦太基将汉尼拔之战争,殆为有史以来,最凶之战。虽最近欧战,亦非其伦,数世之后,每一念及,犹有余悸,反以速忘之之为快也。

此下所引一节,原文系罗马诗人鲁克里霞斯(Lucretius,94B. C. −55B. C.)所著,证明死后人格随之消灭,灵魂非不朽者。(见其所著《物性篇》[On the Nature of Things]长诗第三卷八三〇至八四二句。)

> 既证明灵魂之非不朽矣,则死亦何害生时腓尼基人长驱直入,鸣喑叱咤。天地震惊,战而胜,则囊括四海,并吞八荒。然孰胜孰负,皆不可必。死后则灵肉分离。夫灵肉合则生,分则死,死则脱然无累,虽天崩海坼,吾人亦无所知矣。

此鲁克里霞斯在汉尼拔从意大利撤兵后一百五十年后所作也。恐怖之情,历历如昨。吾人读其诗,心有同感。作者于一九一八年春间,此数行诗句,盘旋脑际不能去。此情此景,永不忘也。

然胜者败者,同归于尽,并毁其文明而已。自罗马战争以后,沿地中海全部,尤以意大利灾区为最。经济革命,社会革命蜂起,全局震动。劳动阶级横受压迫,社会一致之精神永远破坏。希腊文明,经几次过激之暴动,如西西里之奴隶战争,亚理当哥之叛乱,安纳多利(Anatolia)地密塞雷特(Mithradates)诸王之屠杀,斯巴达哥(Spartakos)与加体林(Catilina)在意大利之骚扰,终为一劳动阶级之文明所乘起而代之。此敌体之文明,即基督教会是也。此第二幕之革命末节(即帝国建立前之末一节)。其情景于"人子"(Son of man,即耶稣)呼叫中,可得其大概。其言曰:"狐则有穴兮,鸟则有巢。嗟我人子兮,乃无枕首之地。"此佚名之句,流传众口,以其能道出众人心事也。格拉克(Therius Gracchus,纪元前二世纪时罗马之护民官。改革当时制度,增进平民幸福,为贵族所杀)演说辞中有此语。二百年后,耶稣之教论中,复引用之。

桓吉尔(Virgil,70 B. C. −19 B. C.,罗马最大诗人)之农功诗

(*Georgics*，凡四卷)曰(见该诗卷一自第四八九句起)：

> 罗马军队在腓力比(Philippi，城名，地在马其顿。纪元前四十二年，凯撒之养子屋大维[即奥古斯都]大败布鲁都[Brutus]与克西斯[Cassins]之军于此)城，复自相残杀矣，血染伊马西亚(E-mathia)与海末斯(Haemus)之郊原，已一而再矣。天胡不吊，降此鞠凶，敢昭告吾神，吾国神，吾市神，吾鉴临德巴河(Tiber，罗马城边之河)与罗马城中七神山之女神。毋止此最后之救主(恒吉尔意指新君奥古斯都也)以拯此末造也。吾民流血已多矣，吾祖之大庆，古特罗(Troy)城之失信，吾侪已服其罪矣。(中略)邻城失和，兵戎相见，战祸蔓延，国无宁日。兵车既攻，愈行愈速。御者虽六辔在手，不能自主，一任怒马之所之耳。

此祈神速去大祸之祷告也。此"嫉忌与无伦次"之势力，亦竟垂听。兵车则既止矣，吾侪即入于此庄剧之第三幕，庄剧之美点与重要，颇能于此处发见。以帝国之承平，不能救希腊文明之躯壳，盖四百年之战争，受创已深矣。惟其精神，或借此保存耳。奥古斯都虽不及凯撒之雄才大略，然于当世民生疾苦，深致悲悯。此哀矜、忏悔、思古之幽情，乃当时时代精神，奥古斯都能表出之，然此帝国，果何如耶？吾侪一言罗马帝国，即思及衰亡二字(decline and fall，英人吉朋著有《罗马帝国衰亡史》)。"衰亡"二字，果指何时代耶？吉朋(Gibbon)指罗马帝国之第二世纪安敦(Antonines)王纪(纪元后九十六至一百八十年)为古代之黄金时代。马克斯奥里留马之殁，为帝国衰亡之始。然吾侪苟以此布局之读法为不谬者，则大难之来，早在六百年以前之纪元前四百三十一年，即帝国之自身，实希腊文明之衰亡而已。读马克斯奥里罗斯之自感录，思其居喀劳脱(Carnuntum)营中，外战多瑙河旁之蛮人，内战精神之痛苦，辄令人作如是想也。其文曰(见《自感录》卷二之末)：

人生乎，其时刹那，其质流动，其觉幽暗，其机体如朝露，其意识如飙风，命途多舛，荣名难保。物质元素者，逝水耳；精神元素者，梦幻泡影耳。人生如寄，殁则已焉，然则何者能悟彻一切耶？曰惟有哲学。哲学者，使吾侪内心不污不辱，不为苦乐所移，不为卤莽欺伪之事，不赖他人道德之助力，随遇而安，视死如归。死者，不过有机体之原子分散而已。继续转变，与原子无损。又何必介然于怀耶？夫此乃自然律，自然律必无误也。

帝国元首马克斯奥里留斯之言，既引之矣。塔塞斯（Tersos，地名，在小亚细亚，圣保罗诞生地）之圣保罗，亦罗马帝国之公民也，资格不让他人，所言亦不可不引圣保罗曰：

　　或问死者，胡能复起？其来也将以何体？答曰："愚哉。汝所种者，不死不得复生也。种于腐败，起则纯洁；种于耻辱，起则荣华；种于衰弱，起则强盛。"

此两剧员现身于同一幕中，圣保罗演时，且前乎马克斯奥里留斯一百年。回想及之，实足惊人。圣保罗之音，不特表示一较幼之时代，实另是一剧。上文中之思想得力于其先进。其人（指耶稣）为马克斯奥里留斯所视为平民中无数预知中之一者。"穀不入地以死，终穀耳。死则果实生焉"。此语为耶稣口说之一，为当时不识字人所传诵，然尚未引起智识阶级之注意。即有此种传说之征集，恐若辈所得亦极少。盖将失其所有情感思想之背景，此背景实即希腊文明之背耳。故上文所引之《自感录》虽一短节，然伊比德突（Epietetus，著名斯多噶派哲学家）、鲁克里霞斯（见前）、斯多噶派、柏拉图、苏格拉底、德谟克利图、希波奎提（见前）及邃古美术家之影响，皆可观出，犹覆观此庄剧之全剧也。虽两人所言，精义颇同，彼则云："有机体每变形与解散。"此则云："汝所种者，不死不得复生也。"皆以死为自然之一进程，然两人实大相径庭。不察其同，固不知其情感眼光之异也。

罗马帝国表面,虽似平和,然城市之中流社会,与罗马战争时所输入奴隶之子孙,显分鸿沟。平民物质状况,逐渐改善,其观点因之而变。观其宗教之发展,即可知其心理之变迁。第二幕末节西西里之叛兵,导之者为东方诸神之崇祀者与布道者。彼等革命心理,宗教实助成之。及至帝国,农奴获得自由,成店主书吏之新阶级,同时宗教即反映其地位之增高。彼等于罗马帝国、希腊宗传,固漠然视之,然其志已不仅在来世,于现世中亦欲别创一国。欧奈(Euna,地名)、由诺(Eunous,人名)之异迹,与圣保罗"他世"之遐思,此种神秘高超之势力,旋就实际,纳入礼拜堂中。教友日渐联合,其势骎骎。苟帝国城市联邦,不与合并,势将起而代之矣。故马克斯奥里留斯与圣保罗时之罗马帝国,不仅为古希腊庄剧之第三幕,实有守先待后之功。一方阻止旧文明之灭亡,一方即孕育新文明。自马克斯奥里留斯之死,王纲不振,社稷瓦解,然新旧并不因此具皆消灭,仅使新生命得诞生焉。至七世纪古希腊文明可称完全灭亡,吾侪之文明,已代之而起,重演人类之庄剧矣。

作者个人,对于罗马帝国之感想,请设喻以明之。罗马帝国犹彼地中海也,其沿岸诸邑国密布,骤视之,汇诸川以成地中海。地中海似不如诸川远甚也。得不偿失,抑何可取?诸流无清浊,其水皆有生气,海则静默寂寥而死气沉沉。然吾人苟加以研究,知海亦有运动与生命焉。智流往返,亘古不绝。表面之水,经蒸发后,一若失去者,实则散至远处,下降为雨。表面之水,既升为云,下层之水,起而代之,故地中海终岁常动,其影响所及,不止海滨。气候调和,草木萌动,百物欣欣向荣。异方殊族,虽未闻此海之名,然已隐受其赐矣。

(《学衡》1924 年第 27 期)

筵话篇(Symposium)
——柏拉图语录之四

郭斌龢　译

引

本篇所述,盖苏格拉底与三数友人纵论爱情之辞,其友所言,大都庄谐兼作,语含诗意。苏格拉底集诸人之说,加以是正而爱情之真谛乃明篇中所述男子相悦之风,不足为训,然借此可知当时习俗。古希腊人,爱美成性。此风之来,亦自有故,固未可以一概论也。再此篇当与柏拉图《理想国》一书合观。一求真,故主知;一求美,故主情。真美合一,知情相济,斯则柏拉图之最终理想也矣。

本文

【篇中人】阿波罗多入氏(申述其闻诸亚里士多第马氏之语以告其友,盖前此已一度为格劳铿言之矣)　斐德罗氏　包散尼氏　伊立锡麻克氏　阿里斯多芬尼氏　阿稼生　苏格拉底　阿克拜第氏　与宴之客若干人

【所在地】阿稼生之家

【阿波罗多入氏】窃信余固有以应君,无待他求为也。日者,余从弗娄墙之故里来,将至城,有一故人(此人名格劳铿),遥望见余背,欢然止余,呼曰:"阿波罗多入氏!嘻,尔弗娄墙之士,曷止步?

余如命。彼乃告曰："阿波罗多入氏？余觅汝久,冀闻阿稼生筵上,苏格拉底、阿克拜第诸子称颂爱情之说,乃今得之。腓力氏之子伏立克氏尝告他人,其人更以语余,彼且谓君知之,己则亦颇昧昧,用敢相恳,为余一述,能述君友之言者,舍君其尚谁属?"且曰:"试先语余,君尝亲与其会否。"(自此以下一段乃阿波罗多入氏自述其前日与格劳铿问答之言以告其友)

余曰:"格劳铿,君倘以此为近顷之事,或余所目击者,告君之人诚昧昧也。"(凡此段之"余"皆阿波罗多入氏自称)

格劳铿应我曰:"然非欤?余固作此想。"

余曰:"何为其然也?阿稼生之去雅典久矣(君其知否)。至余之识苏格拉底而亲炙其言行,至今犹未迨三年也。曩余浪游世界,自以为有所事事。鄙夷哲人,独不屑与为伍。其不幸盖有似于今日之吾子。"

格劳铿曰:"即语我,兹会实在何时,毋为戏谑也。"

余应之曰:"吾侪为童子时,阿稼生以其初作之庄剧获奖,阶其乐队而献其胜利之牺牲之次日。"(谓告庙酬神之次日乃有斯会)

格劳铿曰:"此其为时盖甚久,谁实告君?将毋苏格拉底。"

余应之曰:"否,即彼告伏立克氏者是。其人年甚稚,未尝一著履,盖悉达郡之亚里士多第马氏耳。彼常亲与其宴,窃思当日心折苏格拉底之士,拳拳服膺。殆未有过于彼者。复次,余间以其言质之苏格拉底。苏氏亦未有异说也。"格劳铿曰:"若然,曷申述其事,详以告我?斯雅典之行,长途仆仆,正为吾侪谈话设也。"于是格劳铿与余且行且论爱情之说。适谓:"余将有以应君,毋待他求为者,其故在是。君诚愿闻,请更一述。盖余好谈哲理,尤好听人谈哲理,此中自有至乐,裨益身心。犹其余事也,余最厌闻君等富翁贾人之论议。君等自信治事甚勤,实则浪掷光阴,余实怜之。然余怜君等,君等亦正怜余,视余为一穷途落魄之士,容或然也。惟余于君等,知之甚悉。君等于余,仅凭臆想,斯为异耳。"

【友】阿波罗多入氏乎！我知之矣。君故我依然，既谤己，复谤人，芸芸众生，自君观之，莫非可怜之辈。君不加怜者，惟苏格拉底一人耳。人皆曰，阿波罗多入氏，狂人也。此名何自来？余不之知。然君当此名，可云无愧。盖君一肚皮不合时宜，舍苏格拉底外无当君意者。

【阿波罗多入氏】吾友，君言诚是。余于己于君，竟有此见解，人又安得而不目余为狂？固不必再有其他佐证也。

【友】余不欲与君辩，余但重申前请，试为我更述爱情之说。

【阿波罗多入氏】唯。今将语君爱情之说，请得原始要终，以尽其辞。于兹当重述亚里士多第马之所言。亚里士多第马之言曰："日者途遇苏格拉底，苏氏正新沐著屦，异而问之曰：'君整洁乃尔，将奚往？'"（自此以下直至篇末皆亚里士多第马之言而阿波罗多入氏复述之）

曰："吾将往与阿稼生家宴。日昨酬神，恐人众，谢却之，约以今日往。彼美丰仪，余故盛服往也。君愿作不速客乎？盍偕行？"（苏氏语）

余曰："善，固所愿也。"（亚里士多第马氏语）

曰："请从吾往。谚有之：'小人之宴，君子不速而往。'吾侪可改为'君子之宴，君子不速而往'。此类点窜成文之举，荷马已先我为之。荷马不特点窜之，且颠倒之。亚格满能神勇人也，麦尼劳斯闳茸之士耳。亚氏酬神之宴，麦氏自至。（见荷马《伊里亚诗》卷十七第五八八句）荷马之述此，非'君子之宴，小人不速而往'乎？"（苏氏语）

余曰："苏格拉底乎！智者之宴，愚者不速而往。吾其为荷马诗中麦尼劳斯之续矣。然吾将曰：'吾之来此，以君故，君其善为说辞。'"（亚氏语）

曰："两人行（是荷马《伊里亚诗》卷十第二二四句），何患乎无辞？"（苏氏语）

两人且行且语,若是者久之。苏格拉底忽驻足沉思,促亚里士多第马先行。亚氏抵阿稼生家,见双门洞辟。一仆出,速之入,引至大厅。众客咸倚榻坐,盖宴会将始矣。

阿稼生曰:"亚里士多第马,何幸而得君来?正可与吾侪会宴也,请姑置他事,但求尽欢何如?日昨访君,苟遇君者,当邀君来也。今苏格拉底安在?"

余(亚里士多第马自称)反身不见苏格拉底,告之曰:"适与苏氏同来,余之来,由彼所邀。"

阿稼生曰:"君来甚佳,彼何往乎?"

曰:"余入门时,彼从余后,此时何往,不得而知。"(亚里士多第马语)

阿稼生命仆趣引苏格拉底来,又曰:"亚里士多第马,请君坐伊立锡麻克旁。"

仆人入告,谓侍者方助彼浴,刻正偃卧也。他仆旋入,云苏格拉底已往邻屋廊下,兀立不动,呼之若不闻者。

阿稼生曰:"异哉!可再呼之,待其应而后已。"

亚里士多第马曰:"听之可。彼往往随处勾留,默思出神,勿扰彼,不久当来也。"

阿稼生曰:"敬如命,不再往邀矣。余每设宴,皆委仆役经纪其事,当斯时也。仆役乃有似于吾侪之主人。"随语其仆曰:"吾素不亲细务,一切听之汝曹,汝曹可自视为东道主,殷勤款待,吾侪之愿也。"众客随即共餐。餐时,阿稼生屡思招苏格拉底,亚里士多第马勿许。宴将半,苏氏自外入,盖其玄想出神之时,每不甚久也。阿稼生方独坐桌端,属苏格拉底坐其旁,且曰:"吾得与智叟相触,或能稍分君廊下所得之智慧。吾知君勿明勿措,非有所得,断不离其地也。"

苏格拉底随坐阿稼生旁,且曰:"使智慧之为物,可由接触而得,如绒毛之吸水,自满杯至空杯然者,固吾之所大愿也。若是,则吾坐君旁,所得于君者必多,何幸如之? 吾之智慧,梦幻泡影,卑卑不足道。君之智慧,则光明灿烂,方兴未艾,少年英发之气,已于日前三万希腊人之前见之矣。"

阿稼生曰:"君言过矣。余之与君,孰智孰不智,当决之于酒神(Dionysus)。日后自知,今可弗问,愿先进食。"

苏格拉底踞床而坐,餐竟,献爵唱赞美之歌。诸礼既毕,将进酒矣。包散尼氏作而言曰:"日昨吾曹痛饮,宿醒未解,今日不宜再饮,即饮其勿过量可。"

阿里斯多芬尼曰:"余甚然君说,今日不宜再进杯中物。余日昨亦酩酊大醉之一人也。"

阿克孟之子伊立锡麻克曰:"子言是也。但余尚愿闻主人一言。主人之意,究何如者?"

阿稼生曰:"余不善饮。"

伊立锡麻克曰:"今日豪于酒者,皆不愿饮,余及亚里士多第马、斐德罗等,素不善饮,可以此而幸免。(苏格拉底不在此例,彼能饮,亦能不饮。)余医士也,以医理言,酒殊有害,余非不得已,必不饮酒,亦不劝人饮,更不劝日昨饮酒太多之人饮也。"

斐德罗曰:"余每趑君说,君之医理,尤所心折。诸公智者,当以君言为不谬。"

众皆不主饮酒。伊立锡麻克曰:"君等既赞同鄙说,敢更进一言。适才所见弄笛女郎,其速命他去,勿混乃公事,彼可弄笛自娱,或入内室,以娱妇人。今日清谈最佳,君等如有意者,余当以论题相告。"众咸称是,伊立锡麻克乃续言曰:"尤立比底(Euripides)诗中麦兰尼泊之言曰:'此非吾意也。'吾兹所欲言,亦非吾意,乃转述麦德罗之意耳。盖其他神祇,皆有诗人为之歌功颂德,独此璀璨庄严之爱神,反寂寂无闻焉。斐德罗常引为憾事。哲人如柏劳迭克辈,尝为文以颂海拉克里(Heracles)及他英雄。余近又见一书,于盐之功用,津津乐道,其他诸物,均有为之颂扬者。独自古迄今,竟无颂爱情者,是则大可异矣。斐德罗之慨乎言之,良有以也,今日雅聚,余敢以斐德罗颂扬爱神之说进,如以为可,则不患无清谈之资料矣。鄙见,在座诸君,每人应述一称颂爱情之辞。斐德罗君乎! 君坐左行首席,又为此题之创议者,今日之事,请自君始。"

苏格拉底曰:"伊立锡麻克乎! 子之所云,众必谓然。余于此题,略知一二,宁肯默尔。阿稼生与包散尼当无异言。阿里斯多芬尼曰与酒神爱神伍,则更无疑议矣。在座诸君,以余观之,亦无不首肯者。余列末座,此题及余,颇难措辞,然借此得先聆高论,亦殊为得计耳。斐德罗君,请先尽其说,并祝成功。"合座均称是,促斐德罗从苏氏言。

亚里士多第马于诸人言论,颇多遗忘。余(阿波罗多人氏)则于其所述者,亦已不能尽忆。无已,请就所知,择其善者,为君述之。

斐德罗首言:"爱情者,富有权势之神也。其于神人之间,行事甚奇,其降生则更奇。父母何人,已不可考。诗家散文家于此,均无证明,足征爱神于诸神中,年事最长,诚足荣也。希霄德(Hesiod)有言,'混沌初开,乃有厚坤,乃有爱情'。犹云,继混沌而生者,地球与爱情二者而已。诗人巴门奈底氏(Parmendides)歌神之世系曰:'众神之中,先成爱神。'阿克锡劳(Acusilaus)与希霄德之意,亦不谋而合。故诸家所述,皆足为爱神最长之说张目,且皆视爱神为吾侪最大幸福之源。以吾所知,少年之福,莫大于入世之初。作一有德之爱者,爱者之福,莫大于得一素心人。盖爱情为物其入人之深,断非名利之念、亲族之分所能望其项背。凡属士夫,当明此理,请申论之。羞恶之心,人皆有之,人而无耻,胡不遄死? 故爱者行检有亏,或忍辱懦怯时,于其所欢,必讳莫如深。宁为父母昆弟知,而不愿为所欢知也。所欢于爱者,亦如之。使国家与军队为爱者与其所爱者所集合,以之治国,则见利不先,赴义恐后;以之应战,则以少胜多,无往不克。爱者于其去职或弃甲而逃之时,宁愿为举世所知，而不愿为情人知也；宁万死而不愿为情人所笑也。危难之际，弃而他去，彼爱者忍为之乎？当斯时也，激于爱情，虽懦夫亦英雄矣。荷马称神降勇于人，爱神之谓矣。

"人于所爱，虽杀身亦所不惜，男女皆然。若阿塞斯提（Alcestis）者，诚希腊之光也。其夫病革，愿以身代。其夫非无父母昆弟也，然与阿塞斯提较，则若路人矣。至诚所感，金石为开，故死后神嘉其志，仍还阳世。至若沃依格之子奥斐斯（Orpheus）妻死，不以身代，而思生入地狱，携其妻归。神知其怯，匿其妻，不使相见，但示以假相。其后神恶其唐突，使死于妇人之手，以泄愤焉。又若阿克里（Achilles）之得报，其事则大异于此。阿克里者，伯脱克劳（Patroceus）之所欢也（常人每以栢脱克劳为阿克里之所欢实误，爱斯克里［Aeschylus］亦犯此失，实则阿克里丰姿较美，据荷马所述，年少而无须）。苟所欢能感恩知己，不负爱者，则鬼神钦敬，定得善报。盖爱者性质更为神圣，更足令人崇拜也。阿克里之母，曾告阿克里曰，不杀海克脱（Hector）者，（伯脱克劳与阿克里交称莫逆，柏氏与特罗［Troy］英雄海克脱战，死焉。阿克里闻耗，愤不欲生，誓为亡友复仇，后竟杀海克脱。）可庆生还。然阿克里为友复仇，至死靡他，故神更敬之。殁后，使居极乐之岛。由是观之，爱情者，乃最年长、最高尚、最有权势之神。抑亦世人生前死后，幸福与道德之源泉也。"

斐德罗之辞，大略如是。继之者，尚有数人。其辞则亚里士多第马已忘之矣。其次乃及包散尼。包散尼之言曰："斐德罗所言，余有惑焉。称颂爱情，固不可以一概论也。苟天地间只有一种爱情，则其说已足，余可无言。然天地间爱情，实有多种。吾人立论之先，须明示所称颂者，究为何种，然后择其善者而称颂之。吾侪皆知爱情与爱神不可分离，使世仅有一爱神，则爱情亦必仅有一种。然爱神有二，故爱情亦有二种。年长之爱神，乃由天王星神（Uranus）之女，有父无母，谓之高尚之爱神，故有高尚之爱情。其幼者为上帝(Zeus)与迪恩女神(Dione)所生,谓之庸俗之爱神,故有庸俗之爱情。二者性质迥异不可不辨。夫吾人举动,每观其所由,以定优劣。吾人此时饮酒唱歌,谈天说地,此举动之本身,无所谓善恶。为善则善,为恶则恶,爱情亦然。必其鹄的高尚始为高尚之爱情,始有赞美之价值。爱神庸俗,则其所生之爱情,亦必庸俗。重肉体而轻灵魂,但求达其欲望,取径之高尚与否,皆所不计。鲁莽灭裂,奴于凡俗之爱,至愚者之所为也。庸俗之爱神,年事较幼,由男女结合而生。高尚之爱神,则不然,由男性所生,女性无与。此其所爱,仅及少年。加之年事较长,故无放僻邪侈之行。受其感化者,于男子中智勇兼全之士。爱慕无似,此中关系,高尚纯洁,夫人能辨之。彼所爱者,非爱其为童子,乃爱其才智之渐臻发达也,故爱护之,终其身如一日。不以其弱小而侮之,然爱幼童一事,法当禁止。盖幼童将来为善为恶,不可预卜。不幸为恶,则一腔热血,付之东流,不亦大可惜乎?此事贤者固能自检,不肖者当绳之以法,犹法律之禁恶人与良家女发生爱情也。盖无论何事,一经误用,则信用尽失。人见其有弊也,乃谓爱情为非法。爱情岂真非法哉?复次,男子相悦之事,各邦对之见解不同。所订法律,因之而异。埃里斯(Eeis)与卜提亚(Boeotia)两地之民,沉默寡言,不善雄辩,故甚坦率。于爱情一事,无论老幼,不加非难。惟在安尼央(Ionia)及其他各地之在蛮人治下者,则爱少年与爱哲学及体育。同受非谤,盖此三者,皆不利于暴政。在上者为私利计,务使人民精神枯槁,不相为谋。彼深知人民彼此爱慕,其结果足以颠覆在上者之势力。如阿里斯多杰顿(Aristogeton)与哈墨迪之事是也。(阿里斯多杰顿与哈墨迪,皆雅典贵族,互相爱悦。霸主赫必之弟赫伯克司者,思夺哈墨迪,不得,则大恚。故辱其妹,以泄愤焉。阿里斯多杰顿与哈墨迪密谋复仇,杀赫伯克司。后四年,霸主赫必亦被逐。)故以此类友谊为可耻者,实由治者之贪暴与被治者之懦怯,非其自身之过也。其在吾国(指雅典),关于此事,立法甚善。惟颇不一律，公开之爱情，较秘密之爱情为荣。高尚之爱，虽爱者貌不美，亦甚荣也。世人激励爱者，无微不至，成则誉之，败则责之。志在求爱，世俗对之特加优容，非若攘权争利者之为人所笑也。虽指天誓日，无所不至，不惜为人厮养，席地而卧。平日众论所不许者，今则朋好不以为耻，仇敌不责其诈，盖爱者所为别有风趣，使之超出尘垢也。尤奇者，爱者立誓，虽自食言，神亦曲恕。神人之于爱者，优容若是。由是观之，此邦（雅典）风俗，固视爱人与爱于人为荣也。然有时则否，为父母者禁其子勿与情人语，使受师教。其伴见之，则加讪笑。长者亦惟听彼辈所为，不稍阻止。一若用情为可耻者，实则此事之正当与否，甚不易决。苟出之以礼，则当出以非礼，则不当。彼粗俗之情人，只爱肉体，不爱灵魂，见异思迁，色衰爱弛。若高尚之爱情则不然，海枯石烂，此志不移。我邦风俗，欲于此两种爱情，有所轩轾，故设种种竞赛以试之。凡贸然纳交者，视为不当。盖时间乃最佳之试金石，固不仅爱情然也，至为势利所屈者，患得患失，不能自拔。以利交者，利尽则交疏，安能有真正之友谊耶？正当之友谊，必致力于道德之修养。苟有人焉，于其友执礼甚恭，事之惟谨，以为非此不足以增进其智德。其事友之诚，不能目之为佞也。故男子相悦之风，应与修德问业之事。合而为一，所爱者之于爱者，曲尽其意，而一归于正。以礼自持，不敢逾越。取与之际，各得其道。一求智德，一则以智德与人。如是而相爱，可也。且若此无所为而为之爱情。虽受诈虞，不足为耻。非然者，受欺固耻，不受欺亦耻耳。彼利爱者之富，以求其宠。及知其贫也，则弃之，是则可耻也。至为进德而求挚友者，虽不得亦无闷焉。盖志乎，礼义善莫大焉，爱者与被爱者一是皆以修身为归。此高尚纯洁之爱，于己于国皆有裨益。至其他之爱则庸俗凡近，卑卑不足道。斐德罗乎！吾之颂爱情者若此，卒然作答，愧未尽也。"

包散尼述毕，乃及阿里斯多芬尼。阿氏以食过饱，适患咳，乃谓旁座之伊立锡麻克曰："请君速止我咳，不者，请先我言。"

伊立锡麻克曰:"皆所愿也。君患咳,当屏气,不效,则饮水少许。犹不止,则触鼻使嚏一二次后,咳虽烈,无有不愈者。今先君言,移时君当继余言也。"阿里斯多芬尼曰:"敬如命,愿闻君说。"

伊立锡麻克之言曰:"包散尼所谈者,首段甚佳,结论殊弱,余将有以补其阙。以余观之,分爱情为二,其说甚是。此二种爱情,无论动植皆有之,初不仅人类为然。爱神神通广大,六合之内,靡不包举。吾业医,请就医言。人身两种爱情,迥不相同,故其所欲亦大异。有健全者,有不健全者,其善者当取,恶者当去,勿使滋蔓。医术非他,即熟察身体之欲办其善否以抑扬其间而已。其术精者,视其所宜,增减爱情,使相反者能相成,如热之于寒,湿之于干,苦之于甜也。吾祖阿克里壁(Asclepius,希腊医术鼻祖)知融会斯数者,故首创医术。非特医术而已,即体育园艺各技术,亦可作如是观。此相反相成之理,于音乐中亦见。海拉克利图(Heracleitus,希腊哲学家)有言,"异质相和,弦柱是也。"恐即指此。夫谓不和谐之中有和谐,其说似矛盾,推其意,盖谓谐和者,乃高下不同之音所组成。始本不协,经音乐家之调和,乃言归于好,使高下之音始终不协者,则亦断无能谐和也。节奏由长短音所组成,其能谐和亦即此理。故音乐者实应用爱情原理于谐和节奏而已。此事知之匪艰,行之维艰。应用之于礼乐,其事綦难,不得不乞灵于艺术家矣。故于高尚女神之爱,务发而中节,不使过度于庸俗。女神之爱必审慎考核,不流于邪僻,犹之吾业医者,必使饕餮者得偿其欲,而不生疾病。故音乐医术及其他事事物物,要皆使此二种同时并存之爱情,得其调剂耳。四季之流行,亦含此理。苟余适间所言之寒与热,湿与干,能得乎中和,则人畜植物,发荣滋长,至其他邪僻之爱情。则年岁之大害而灾疹之源也,盖霜雹凋零,皆由爱情之混乱与漫无节制,推究此事与天体旋转、四季运行之关系者,谓之天文学。至于酬神之举,占卜之术,以余观之,亦无非假爱情以赎其愆而已。夫舍和谐之爱情,而尊放纵之爱情,其于神祇父母，必有渎神不孝之罪。占卜之术，即察此类之爱情而医治之，以沟通人神者也。爱情之力伟大若是，而爱情之得其正，发而中节者，其力尤大，幸福和谐之本也。吾颂爱情，遗漏孔多，然事出无心，阿里斯多芬尼可别辟蹊径，以补吾阙。君咳疾已愈，盍兴乎来？"

阿里斯多芬尼曰："余咳已止，余嚏后，咳乃止。一若此昂藏七尺躯，非喷嚏搔鼻不可者。"

伊立锡麻克曰："君其慎之，君出言不庄。倘再以无稽之谈相扰者，余当止君言。幸勿我责也。"

阿里斯多芬尼曰："然。前言戏之耳，不足计也。余所欲言者，恐不能使君等笑，反将使君等笑余。姑妄听之何如？"

"阿里斯多芬尼君乎！君思弃甲曳兵而走耶，君其慎重将事，余当不汝难。"（伊立锡麻克语）

亚里士多芬尼之言曰："余当别开生面，以称颂爱情。与包散尼及伊立锡麻克所言者不同。人类之漠视爱情以尚未能真知爱情也。如知之，则爱神已庙食千秋矣。众神之中，惟爱神乃人类之至友。举凡尘世疾苦，彼务去之惟恐不力，余将告君等以爱神之力，君等可持以语世人也。请先论人性。邃古人性，与今不同。性本有三，男性、女性、男女性。后者古曾有之，今也则无，仅余此名为詈语耳。复次，原人身圆，四手、四足、四耳，一首两面，前后可视，能立行，亦能伏地旋转，矫捷异常。夫性有三，由于日月地之为三，男性为日之子，女性为地之子，男女性为月之子。盖月由日地合成者也，故其形皆圆。初原人力大心雄，思犯诸神，如荷马所述之屋脱（Otus）与伊菲而脱（Ephialtes，阿洛司［Aloeus］之二子，勇猛过人，思侮神明，神怒，未成年，即为阿波罗［Apollo］所杀）竟上穷碧落，欲得诸神而甘心。上帝惧焉，召诸神议。金谓雷殛之死，则祀飨绝，非神之福。然不置之死，则跋扈恣睢，不堪其扰。议久不决，上帝乃曰：'余有一策，可抑其骄而导之于正。余将剖人为二，则人力减而人数增,于吾侪不更有利乎? 若曹当直立,以两足行,如仍怙恶不悛者,余再剖之,使独足行也。'言毕,剖人为二,如切果,如破卵。既剖,命阿波罗使人仅能瞻前以抑之,并命弥缝伤痕。阿波罗乃旋转人面,置皮腹上,裂处成脐,并使胸平无纹,惟略余脐处之纹,以示其本。人既剖后,此半急求他半,及其既得,则不愿再离。其一死后,生者必别求其伴,长相厮守,其情甚惨。上帝悯之,乃设新策,使人胎生,不复如草虫之为卵生也。男女相悦,人类因以不绝。故人求其偶,人之恒情,由来久矣。凡由男女性分裂而成者,则纵欲无度,男女之不正者属之。女子由女性分裂而成者,多女友,视男子则漠然。男子由男性分裂而成者,则多男友,爱护之不遗余力。或谓若曹无耻,则非也。声应气求,物以类聚而已。及其成年,每为政治家,然无室家之好,即有之,亦拘于法律,不得不然耳。故苟得至友,则若有夙缘,一日不见,如隔三秋,不自知其然也。苟赫弗施脱(希腊冶金神)在侧,问若曹曰:'君等将何求?'则皆瞠目不知所对。使再问之:'君等愿长相聚乎? 如愿者,余将治二君为一。在天比翼,在地连理,何如?'余知若曹必皆曰:'是固所愿,求之而不得者也。盖人性本一,本全求其全即爱也。'余不云乎,人之初生,身圆性,全徒以神意,剖之为二,如斯巴达人分阿克地人为数村然。吾侪苟仍不敬神者,神将分之为四矣,更安望有情人之都成眷属耶? 吾言甚庄,请伊立锡麻克勿笑。余非指包散尼与阿稼生而言,余所言者,含义甚广。然则,吾侪苟能虔诚事神,则于爱情皆得如愿以偿,以还我本来之人性,岂不懿欤? 爱神诚吾侪之恩人哉。伊立锡麻克乎! 余意与君意,微有出入,各言其志,请勿见嗤。今当及阿稼生与苏格拉底矣。"

伊立锡麻克曰:"君辞甚妙,余安敢有所论列。苟余不知阿稼生与苏格拉底于爱情之道曾三折肱者,余将为二君忧。盖精义尽宣,后来者难乎为继。虽然,二君固健者,余可无虑也。"苏格拉底曰:"伊立锡麻克乎! 君辩才无碍,然阿稼生述毕后,君处吾境,恐君亦不易为力也。"阿稼生曰："苏格拉底，君倘欲使余恍然若失乎？余今回思剧场中之情景，犹惴惴也。"

苏格拉底曰："当君所撰剧排演时，君与伶人昂首登台，俯视一切。此情此景，历历在目，如谓君在少数友人之前，反觉懦怯者，则余真健忘也矣。"

阿稼生曰："君将谓余但知登台奏剧乎？将谓余于千人诺诺不如一士谔谔之义，亦无所知乎？"

苏氏答曰："余非谓君不明此义也。然在剧场时，智愚一室，不能有所轩轾。然余固知君遇明达之士，必以礼相接，畏其论议也，然乎否乎？"

阿稼生曰："然也。"

"然则君固不畏为庸众所笑也。"（苏氏语）

语至此，斐德罗曰："阿稼生乎！勿答彼问。彼得一美少年，则与之语，喋喋不休。然今日之事，在颂扬爱情。请毕此说，然后纵谈。"

阿稼生曰："善哉君言。与苏格拉底畅谈之日正多，今当自述所以立说之要旨，然后毕吾说。

"前吾言者，以余观之，仅称颂人类所得于爱神之赐，而非称颂爱神且阐明其特性也。吾则不然。吾将先颂爱神，然后颂其所赐，此正则也。爱神者，诸吉神中之翘楚而至善之神。诸君固知之，亦知其尚为至美之神乎。斐德罗君乎！请听吾说。爱神年最幼，韶华永驻，百岁犹是童颜。盖爱与青年，不能相离。物以类聚，此之谓也。斐德罗所言，与余意颇多相似。然彼谓爱神较长于伊阿柏脱（Iapetus）与克郎诺（Kronos，二神皆天上巨灵之族［Titans］）则不敢苟同。爱神年事最幼，永远不老。希霄德（Hesiod）与巴门奈底氏（Parmenides，希腊哲学家）所述古代状况，即使有之，亦事非得已，非爱神之咎。苟彼时已有爱神者，则械锁支解诸神之事可免，必如今日天上之和平安乐，可断言也。复次，爱神年事既幼，性复温柔,荷马之叙欧黛女神(Ate)曰:'彼足柔兮,不履地兮,旋舞人首之上兮。'不履地而履人首,其柔可知。然爱神之柔,更复过之。爱神既不履地,亦不履人首。人首犹嫌其坚。爱神所履乃人之灵府也。然非谓人人灵府中,皆有此神。坚则离之,柔则依之。择至柔之处,固执而不释焉。爱神之形,屈伸如意,故能无物不包。铁石心肠,亦为感动。其性温柔,其态闲雅,盖俗物与爱情,不能并立者也。其所居必花香鸟语处也,心身之花不美,则爱神掉首不顾矣。爱神之美,不胜举。今姑舍是,更述其德。其于神人也,不受害,亦不加害,暴力不加诸爱情,爱情亦不以暴力加诸人。恩威兼施,使人心悦诚服,非公正耶?节制为快乐与欲望之主,爱情能奴视斯二者而为之主,非节制耶?至于勇,则虽军神亦非其敌,军神为奴,而爱神为主。夫主必勇于奴。则爱神之勇,可知矣。其勇其仁,既如上述,当更述其智。爱神为他人诗思之源。彼非诗人,乌能使人有诗意乎?常人遇之,虽不谙乐律,亦能成一诗人。己若无者,焉能使人有,己尚不知,焉能使人知?爱神能使他人成为诗人,则其为诗人也又可知矣。抑万物之化生,莫非爱情之所致。美术家之成名者,非得爱情之助乎?不得爱情之助者,如盲人夜行,甚矣其危。阿波罗因爱情始创弓矢卜巫之术,则阿波罗亦爱神之徒也。至诗神之歌,赫弗施脱之冶金术,雅典尼神之纺织,上帝之天国,皆爱神之所创也。

"余前不云乎,爱神未生,天上诸神,时有龃龉。及爱神出,和祥之气,始充塞乎天地之间。斐德罗君乎!爱神者,成己,成物己至于至美至善之域者也,敢为之辞曰,'爱力无边,举世和平,海静其波,鸟罢其鸣。'爱神能使人一德一心,忘人我之见。如今日之宴会然,增其爱而去其嫉妒之心,祭祀宴飨之际,爱为主宰。去怨存善,释嫌修好,贤者喜,智者慕,神明惊叹。不得者思得之,既得者宝之如拱璧,优美秀丽之所从出,言语动作之间,戒慎恐惧之中,爱神乃舵工也,指南针也,导师也,救主也。人神之光,生民之先觉也。吾侪当勉步后尘，歌其功而颂其德焉。此庄谐兼作之谈，斐德罗君乎，即余称颂爱神之辞也。"

当阿稼生语毕，四座欢忭，众谓此美少年立言得体。苏格拉底顾伊立锡麻克而言曰："阿克孟之子，余岂不有先见之明乎？余不云阿稼生雄辩滔滔，珠玉在前，令后来者难乎为继乎！"

伊立锡麻克曰："以余观之，前者固是，后者则未必然也。"

苏格拉底曰："老友乎！阿稼生之辞如是富赡，为之继者，不亦难乎？结论数语，更佳。谁能闻之而不惊羡耶？以吾浅陋，苟能退避者，余将弃甲曳兵而走乎？余聆阿稼生之言，已瞠目结舌，不知所措，有如荷马所云'化我为石'者矣。余前云，余于爱情，略有所知，愿随诸君后，以誉扬之。及今观之，誉爱情者，为之铺张扬厉而已。是非不暇计也。以此言誉，则余谨谢不敏。以吾之愚，以为誉者当不背真理，据实直陈，有条不紊。今以吾所闻，皆张大其词，凡百美德，悉加诸爱神之身，合理与否，在所不顾。所谓誉者，非真誉之，实貌为誉之耳。诸君称之，无微不至，以为非此不足以显爱神之为至美至善。此可欺愚夫，不可以欺智者。诸君用心，亦良苦矣。然余前以不明诸君誉扬之道，故敢附和。今既知之，请从此辞。前约有如尤里比底所云'唇舌之约，而非由衷之言也'，余之称颂爱神也则异是。如诸君愿闻真理，则请拉杂述吾所见，以相是正，非敢求胜诸君也。斐德罗君乎，君意云何？"

亚里士多第马曰："斐德罗与他人皆称是。"苏格拉底乃曰："余当先问阿稼生数事，然后就其所答，作吾论据。"

斐德罗曰："当如君言，愿闻明教。"

【阿波罗多入氏续述亚里士多第马之言。俟诸人之词既毕，苏格拉底乃作而言曰】

"君适才所述伟论，谓于爱情，当先明其体，继及其用，如斯起端，吾甚谓然。君于爱之本体，既雄辩滔滔，阐发无遗矣。敢更问所谓爱者有所爱耶？抑无所爱耶？请申余说，以明余旨。余不欲君言,爱者如于父则爱,于母则爱是,此则可哂之至。设余问君:'父者于何为父?'君将应我曰:'于其子女则为父。'应之诚是也。爱情于何则为爱之问题,其视此也将毋同。"

阿稼生曰:"君言是也。"

"君于母亦云然耶?"(苏氏语)

阿稼生称是。

"请更问君以明余旨。兄弟者,非于他人为兄为弟之谓耶?"(苏氏语)

曰:"是诚然。"(阿稼生语)

"兄弟者,非对于其弟兄姐妹而言者耶?"(苏氏语)

曰:"然。"(阿稼生语)

苏格拉底曰:"余将问君所谓爱者,有所爱抑无所爱耶?"

曰:"必有所爱。"(阿稼生语)

"请识之,且告我,爱者亦欲其所爱否,此余之所愿闻也。"(苏氏语)

曰:"是必然。"(阿稼生语)

"人之于所欲所爱者,已有之耶,抑尚未有耶?"(苏氏语)

"恐尚未有也。"(阿稼生语)

苏氏应曰:"余则谓必尚未有也。以余观之,必有所不足,而后有所欲。无所不足,则亦无所欲,自然之理也。君意云何?"

阿稼生曰:"吾亦云然。"

"善哉,然则大者欲大,强者欲强,有是理乎?"(苏氏语)

曰:"若是,则与前言自相矛盾矣。"(阿稼生语)

"是岂不以彼既有之,则毋庸求之耶?"(苏氏语)

"诚然。"(阿稼生语)

苏格拉底继言曰:"强者求强,捷者求捷,健者求健,是皆求所已有者也,是乌乎可?余所为举此例,所以祛误解也,阿稼生乎!兹数人者,当其时,固已有之。既有之,复求之,宁有是理。今有人号于众曰：'我健甚，且愿健也，我富甚，且愿富也。我但愿有我之所有者而已。'余将正告之曰：'吾友乎！君既富且健，思久有之，然斯时君则固有之矣。故当君言我但愿有我之所有者耳。君之意，岂不欲今之所有者，他日仍有之乎？'以此质之，彼必不能有异议。"

"彼诚不能。"（阿稼生语）

苏格拉底曰："然则彼非求彼之所已有，乃求永保其所已有者而勿失之耳。"

"诚有若是者。"（阿稼生语）

苏格拉底曰："然则人之所求者，乃彼之所未有，在将来而不在今兹，在彼之所不足而思有以补之者也。爱情愿望之所求者，非此类也耶？"（苏氏语）

"诚有若是者。"（阿稼生语）

苏格拉底曰："请复述吾侪之辩论。爱情必有所爱，此所爱必为爱者之所未有。然乎？否乎？"

"然。"（阿稼生语）

"君所述者，请勿忘。如忘之，余当重提。君曾言神明爱美，丑陋之物，不能有爱。君不云尔乎？"（苏氏语）

"然。"（阿稼生语）

"吾友乎！子言是也。由斯以观，爱者乃爱美而非爱丑也。"（苏氏语）

阿稼生称是。

"前不云乎，爱者，乃爱人之所欲而尚未有者耳。"（苏氏语）

"然。"（阿稼生语）

"然则爱情者，岂非求美而尚未得美者耶？"（苏氏语）

"诚然。"（阿稼生语）

"有物于此，求美而尚未得美，君将谓之美乎？"（苏氏语）

"否。"（阿稼生语）

"然则君仍谓爱情为美乎？"（苏氏语）

"余恐余于己之所言,未能了然也。"(阿稼生语)

苏氏答曰:"非也。阿稼生乎!敢更问善亦美乎?"

"然。"(阿稼生语)

"然则爱情既求美,不且更求善乎?"(苏氏语)

"苏格拉底乎!余不能与君辨也。今姑以君之所言为不谬。"(阿稼生语)

"君毋宁谓不能与真理辨也,与苏格拉底辨,固易易耳。"(苏氏语)

"今得将余前所闻于孟脱尼亚之第沃马氏者,为君曹更述之。第沃马氏,女中贤者,于学无所不窥,曾主祭礼,雅典大疫竟以是而迟十年。若夫吾之于爱,得之于彼者实多。今将即就阿稼生自许之说而一申其旨。缘阿氏所自许者,与余答女士时所自许者,无大出入。以彼例此,必能事半而功倍也。女士先论爱之体,继及其用,与阿氏所言者同。余谓爱情乃一至刚且美之神,又与阿氏为余述者,不谋而合。彼告余,爱非美亦非善,又即余所告阿氏者。余问之曰:'第沃马氏乎!君意云何?爱果下贱耶。'彼曰:'吁,不美者未必丑。'余曰'然。'曰:'不智者未必愚。世固有介乎智愚之间者,君知之耶?'余曰:'是何也?'曰:'正当之成见是,成见非智,智必有理可据,此则无理可据。然亦非愚,愚则断不能得真,此则有时而得真。故曰介乎智愚之间也。'余答曰:'诚然。'彼曰:'然则君幸勿固执,以为不美者必丑,不善者必恶,以爱之不美不善,遂谓丑恶也。夫爱,亦介乎美丑善恶之间而已耳。'余曰:'人固皆称爱为神也。'曰:'知之者称之欤,抑不知者称之欤?'曰:'皆称之也。'彼笑而言曰:'苏格拉底乎!彼既称爱为非神矣,又安能称之为神耶?是非自相矛盾而何耶?'曰:'是何人?'曰:'君与我即其中之二人也。'余曰:'宁有是理。'彼曰:'此易知也。神必美且乐,君之所知也。君将谓神亦有不美且乐者耶?'曰:'否。'曰:'有美与善者,君则谓之乐。然君不云乎,爱情求美求善,美与善,彼之所无也。'曰:'然,余言之矣。'曰：'然则安有神而无美善者乎？'曰：'此必无之事也。'曰：
'由是观之，君固知爱为非神也。'（自此以下数长段均苏氏语）

"余曰：'奚为爱？爱亦朽耶？'曰：'否。'曰：'然则若何？'曰：
'有如前言，非朽亦非不朽，介乎其间而已。'曰：'是果何物？'曰：
'彼实一巨灵，有如他灵之为物，介乎人神之间。'曰：'灵力之本性
若何？'曰：'是力也。人有祷祀，则达之于神，神有令赐，则行之于
人，阂碍于以沟通，上下之所会集。而巫觋之术，祀祷预言之技之
所从出，神不与人相处，而得与人相通。非此之力而谁力也？明乎
此，乃谓之圣智。其他百工技艺之小慧，尚何足齿数。夫巨灵亦多
矣，爱特其一耳。'余曰：'孰为之父，孰为之母？'曰：'其事甚长，吾
姑言之。美神诞日，大宴，众神莅止。谨慎之神米迪之子富神亦
至。宴毕，贫神率其故态，踵门求乞焉。富神既饮花蜜而醉（彼时
尚无酒），至天神之园，倒地卧。贫神自念穷迫，思得富神为之夫。
因就暖焉，乃生爱情。以其爱美，且以美神之诞日生，故事美神维
谨。一生运命，按其家世而知。爱情常贫，貌不扬，非若世人之以
为柔且美也。衣服褴褛，冠履不全，无室家，露宿街头，日处窘乡，
一如其母，常思构陷美者善者，则又如其父焉，短小精悍，足智多
谋，平居实一爱智者，其令人可畏，则又术士诡辩家之流也。彼非
朽，亦非不朽，得时则驾，倏起倏灭，挹彼注此，非甚困，亦非甚富，
盖介乎贫富智愚之间者也。夫神必非爱智或求智者，彼则既智，奚
事更求，下愚亦非求智者。己不美善，侈然自足，乃其所以下愚
也。'曰："然则求智者非智非愚，果为何如人耶？'曰：'此三尺童子
能答之矣。若曹犹爱情之介乎其间而已。惟智为美，爱则求美。
故爱亦一求智与爱智者也。既为爱智者，故介于智愚之间。是亦
爱之家世使然。其父富而智，其母贫而愚也。苏格拉底乎！爱情
之本性如是。君之误解，大抵于爱及所爱，辨之未能明耳。所爱者
美满无疵，爱则不然。前既言之矣。'

"余曰：'噫，君真奇女子也！君之所言，实获我心。夫使爱果

如君之所言，爱有何用耶？'曰：'苏格拉底乎！余将徐以告君。余于其本性及家世，则已述之。君固以爱为求美者，设难者曰："苏格拉底乎！第沃马乎，美者何？"或易词以明之曰："人之爱美，所爱为何？"君将何以应之？'余应之曰：'美能为彼所有耳。'曰：'于此更得一问。美为我有，有何得耶？'余曰：'此非仓卒间所能置答者。'曰：'余将易美为善，以问君曰："彼爱善者，其所欲为何？"'余曰：'思有善耳。'曰：'既有善矣，果何得耶？'曰：'福耳，答此不难也。'曰：'诚有若是者，福者因得善故得福，此已为最终之答复，不必再问何为而求福也。'余曰：'诚然。'曰：'此愿人之所同耶？人人皆求其善耶？抑仅止于少数人耶，愿闻明教。'余曰：'人人皆然，此愿人之所同也。'曰：'苏格拉底乎！人非皆能有爱者。有之，仅少数人而已。然君言人皆爱同一之物焉。'余曰：'余甚异之，不知其何为而然也。'曰：'此不足异也。以爱之一部专有爱之名，其他诸部遂不以爱见称耳。'余曰：'请举例以明之。'曰：'诗至繁赜，君之所知也。一切造作，自无至有之事，皆诗也。凡美术之用，皆由造作，是美术家皆诗人也。（希腊原文"诗"字训"作"）'余曰：'然。'曰：'若曹竟不称诗人，而有他名焉？诗之一字，仅限于音乐及韵律，而与创作中其他各部分离。凡长于音乐及韵律者，始得谓之诗人。'余曰：'然。'曰：'爱亦犹是也。人之求善与福也，皆得谓之由于伟大神秘之爱力。然彼有志于此，而仍趋于牟利及武术之途者，不得谓之能爱者，亦以爱之名。今限于一部，惟此一部始得称爱，及能爱者故耳。'余曰：'窃谓君言是也。'曰：'人言，爱者常求其半。想君尝闻之。余则曰，彼非求半，亦非求全，必也半与全皆善而后求之。苟为恶者，则避之若浼。虽断腕折足，亦无闷焉。彼爱之非为一己，为其善也。其恶之也，非为其不属于己，为其恶也，人之所爱，舍善无他物也。君意云何？余曰：'然。人固不爱他物也。'曰：'吾侪由是可得一结论，即人皆爱善是也。'余曰：'然。'曰：'可云人皆爱善为己有乎？余曰：'可，不特有之，且可云永有之也。'曰：'然则爱者

爱其能永有善耳。'余曰：'诚有若是者。'

"彼曰：'爱之本质，既知之矣，然则爱之栖栖皇皇，若恐不及者，果何为乎？'余曰：'第沃马乎！我不能知也。我若能之，不从君学矣。'曰：'居，吾语汝，不论于灵于体，化生于美，则谓之爱。'余曰：'此语费解，愧未能明。'曰：'余将告子，吾意芸芸众生，于其灵体，皆求生育而已。人类通性，至一时期，则求化生，且必生于美，而不生于丑焉。此真阴阳之秘，神圣之事。盖孕育之道，实万物之所赖以不朽，传之无穷者也。然不谐者不能有生，惟美始能与神洽，丑则不能。美犹诞生之神，鉴临一切。孕育之力，与美相接，祥和之气洋溢，乃得美果。及其见丑恶者，则拂然敛抑，忍痛而不生焉。故孕育之时，必有奇感。期美神之来，以减其苦。苏格拉底乎，爱固非仅爱美之爱也。'余曰：'然则若何？'曰：'爱凡化生于美者之爱也。'余曰：'然。彼亦应曰然。'余曰：'何为而有生？'曰：'天地之大德曰生。生生不已，而后朽者可以不朽。知保善勿失之足爱，则知人人必于求善外，更求不朽之故矣。'

"彼于爱情，所以教我者若是。日者彼问我曰：'苏格拉底乎！此爱情与其相伴而起之欲，其理果安在乎？君不见禽与兽乎？当其牝牡情动，促促靡骋，始则求偶，及雏既生，则爱护之惟恐不力。遇外侮，虽至懦弱，必挺身起，肝脑涂地而不辞，饥饿其体肤，险阻艰难，甘之如饴。此于人尚可谓出于天理，禽兽如斯，果何为乎？君其有以语我来？'余复答曰：'不知也。'曰：'此而不知，君尚思得爱情之三昧耶？'余曰：'第沃马乎！余自视慊然，故就教，甚愿君有以告我爱情之奥秘。'曰：'君如以爱情为不朽事，则此理了无足奇，朽者务使不朽，新陈代谢，世世相承，是以贵乎生也。即以一人论，亦仅有递变，而无定形。人犹是耳。然其自少而壮而老，新陈代谢，永无已时，毛发骨血，日有变化，但不自知耳。身体然，灵魂亦然。习性气质，成见欲望，苦乐爱憎，来者来而去者去。初无一定不变者也，更可异者。智识亦然，普通智识，新旧递嬗，固无论矣。

即特种智识,亦有变迁,所谓记忆,非谓智识一逝不返,时时遗忘,借记忆而得留存耶。新陈代谢,外观犹昔,内容已非,与不朽者之永远不变,始终如一,迥不同也! 苏格拉底乎,此腐朽之体所以虽朽而似不朽也。若真不朽者,又当别论。故人之于其所生,靡不珍惜,亦无足怪。此爱此情,盖皆为不朽计也。'

"余闻此言惊甚,卒然问曰:'智者第沃马乎! 君之所言,皆不误耶?'彼肃然曰:'苏格拉底乎! 君可无疑。试思人类自强不息,孰非惊于不朽之名? 苟昧乎此,必以扰扰攘攘为多事矣。劳瘁不辞,甘冒万险,置死生于度外,以求此不朽之名,所谓烈士殉名,盖有甚于为子孙谋也。君更思之,阿塞斯提(Alcstis)之代阿特米脱(Admetus)而死。阿克力斯(Achilles)之继派斗克拉斯(Patroclus)而丧其身与高特勒斯(Codrus)身死以保其国。(高特勒斯,雅典最后之王。铎里安族入犯,神论王如不死,则敌必胜。王闻言,大戚,誓杀身救国。微服入敌营,故与兵卒诟谇,遂被害。铎里安人知王死,乃引兵还。)兹数人者,苟非为流芳名于后世者,其肯为之乎? 吾故曰,芸芸众生,皆思宝此荣名,才质益美,则名心益切。疾没世而名不称焉,盖亦不朽之念使之然耳。

"'人之于身体以外,别无所就者,则暱近妇人,以得后嗣。冀其慎终追远,不忘本来,则己可不朽。至于灵之创造则不然。人有精神之创造,胜于肉体之创造者,其所孕育,皆灵之所当孕育者,诗人、艺术家是。是皆能夐夐独造者也,然至大至美之智,当为齐家治国之业,礼法是也。彼少时受此陶冶,闻风兴起,既长,思得行其道,以传之后世,浪迹天涯,以求彼美。(其于丑恶不能有生也)及其既得,则如鱼之得水,如形影之相依。饮食教诲之与美相接,则其蓄于中者,乃得发挥光大。若此美者,晨夕相依,须臾不离者也,此其相爱,有甚于夫妇。盖夫妇所生,肉体之子,此之所生,则为美善与不朽,不可同年语矣。孰有追怀荷马与希霄德,而不思舍其子以得彼之子乎? 孰不欲与此数古人争,思齐其业,以传于无穷乎?

孰不欲有莱克葛斯（Lycurgus，一译来喀瓦士，斯巴达大政治家）之子，以救斯巴达，且以救希腊乎？有若梭伦（Solon）雅典律法之父，世之所宗，乃至蛮夷中邦，代生贤者，瑰然各有所述作。其流风余裔，庙食千秋，世俗之子，安能膺此殊荣哉？

"'上之所言，犹非爱之甚深奥而神秘者。虽君亦能喻斯旨，及其甚深，则虽虚衷以求，循道而趋，其能否有获，尚非所敢知。余将尽力以教子，子其谛听，人之思由正路以求进于爱者。自其幼时，应爱一美，由此以生高尚之思，且知此美与彼美实相连属，美之见于各类者，一而已矣。既乃恍然，知所爱之一美，实卑卑不足道，因而于诸美无不爱。由是而进，则知内心之美更贵于外形之美，其于人之有一善可采者，亦将爱之护之，使之憬然日即于善。明夫制度文物之美，与诸美一体之理，仪容之美之不足为重，更进而引之入于学问之域，以窥其美。其爱之也，非如阃茸委琐之所为，实高瞻远瞩。蹢躅于美海之滨，浩浩乎华美之思，涌见目前。胸襟开拓，觉世间只有一种学问，此学问即随时随地之美而已。余将于此，更申其说，愿吾子听之。

"'人于爱情之道，曾受若是之教，于美之因果之序甚明者，及其至也，必恍然悟得一绝美之境。苏格拉底乎！吾辈一切劳绩，将于是焉取偿。其为物也，永久存在，不生不灭，不盈不昃，不囿于一时一地，非如面目手足之有迹象，鸟兽之有形体也。此其为美，无始无终，纯一真朴，无损益，亦无变化，永为他美之因。彼受真爱之陶镕以观美者，则其去此终极，亦不远矣。是故士之率循正道以至于爱者，应以尘世之美，为其阶梯。由此层累而上，由一美形以及二美形，更及其他之美形。由美形以及美行，由美行以及美念，由美念以至于至美，如此可谓知美之真谛矣。苏格拉底乎，若此默思至美之生活，固士之所宜有此至美也，苟能见之。则黄金华衮、俊童少艾，今之所未有而思有之以为快者，皆将掉首不顾，弃之如遗矣。人苟能见此神圣之美，纯洁无疵，不染尘垢，仰望想像，与之冥合,以孕育真正之德业,其所得为何如乎?夫观美以心,然后得美之真,而非美之伪,然后得立德以配天,而垂无穷。诚欲求不朽者,必由是道矣。若此者,君犹得谓为未足乎!'(苏格拉底复述第沃马之言止此)

"斐德罗乎!此第沃马氏之言。余持以告君,且以告他人。余自信其理之不可易,故更以求信于人。人而求达此鹄,莫善于得爱之助。故曰人当尊视爱情。若余之尊之者,更当循其途辙,尽力以劝人,一如余之所为也。

"上之所言,君可称之为颂爱篇,或称以他名,亦无不可。"(以上均苏氏语)

苏氏语毕,阖座称善。阿里斯多芬尼氏,方将苏氏涉及其辞之处,有所辩难。忽闻叩门声甚急,有似酒徒。且闻弄笛女声,阿稼生语仆趋视,狂客果为谁何,且曰:"客为吾友,则延之入,如非吾友,则嘱稍待,以俟宴毕。"未几,阿克拜第氏之声,已闻于庭。酩酊大醉,狂呼曰:"阿稼生安在?速引我往见。"移时弄笛女与其友人,扶之入。冠冬青墙花之圈,罗带飘飘,将至门,曰:"佳哉诸友,君曹愿与醉汉饮乎?抑将如吾来意,加冕于阿稼生而后去乎?余曰昨不克来,故以今日冠带而来。吾将取吾冠带,以加诸美而贤之阿稼生之首。我醉甚,君等笑我否乎?我之所言,皆真理也。虽笑我,庸何伤。君等且先语我,愿与我醉汉共饮乎?"

众咸欢呼以迎,阿稼生更亲邀之。诸人导之入,阿克拜第氏则自其首取冠带下,将加诸阿稼生。适蔽其目,不及见苏格拉底,而苏格拉底则避席以让之。阿克拜第氏遂坐阿稼生、苏格拉底间,拥阿稼生,以冠带加其首。阿稼生曰:"去客之屦,俾客可与吾二人共坐此胡床也。"

阿克拜第氏曰:"固所愿也。坐此胡床者,我与若而外,第三人为谁耶?"语时,转身见苏格拉底,曰:"咄!胡为乎来哉?今乃知苏格拉底亦在是,何君之突如其来,每使余不及料也。君今舍滑稽大

家阿里斯多芬尼氏而暱就此美少年，果何为者？"（阿克拜第氏语）

苏氏侧身语阿稼生曰："君其助我，彼盛怒不知所屇，自余爱彼后，彼未尝允余与他美少年语。或遥望之也，苟为之，则心生妒，申申詈余，且欲击余，余力不足以敌之，惧为所击，惟君有以护之。"

阿克拜第氏曰："君与余终难和好。余此时姑勿责汝。阿稼生乎！请丞吾带少许，以加诸此怪杰之首。余不欲使彼怨余贺君而不贺彼也。彼善谈，举世莫之与京，非如君日昨之获胜于一时，实永永如斯，无往而不胜者也。"乃取数带，冠苏氏，复倚床卧，既卧乃曰："诸君皆醒，余所不耐，必痛饮，余与君等所约若此，余将自为主人，待诸君尽醉而后已，请出巨觥。"随语仆取出酒器，器可容两斤，酌满，一饮而尽。命仆再酌，与苏氏。且曰："诸君乎！吾计虽巧，不能损苏氏毫末，彼虽纵饮，亦不醉也。"仆以与苏氏，苏氏一饮尽之。

伊立锡麻克氏曰："此何为者？吾曹将不谈不歌，惟作牛饮以解渴耶。"

阿克拜第氏曰："佳哉，君真令子也。"

伊立锡麻克氏曰："余于君亦云然，然则吾曹将何为乎？"

阿克拜第氏曰："君当决之，良医因病制方，吾侪惟有敬遵而已。"

伊立锡麻克氏曰："居吾语汝，君来之前，吾曹约，人各述一辞，以誉爱情，惟力是视。自左至右，吾曹均已言之矣。君酒酣耳热，犹未有辞，此时当及君，然后以命苏格拉底，自左至右，以及其他。"

阿克拜第氏曰："善哉，以醉者之言，与不醉者之言相较，岂得为平？余甚愿知适才苏氏所言，君真信之否耶。余知征之事实，适得其反。余苟于苏氏之前，舍彼而誉他人者，彼将拳击余矣。"

苏格拉底曰："鄙哉。"

阿克拜第氏曰："君虽哓哓置辩，亦无益矣。余于君前，断不称誉他人也。"

伊立锡麻克氏曰:"君必欲誉苏氏者,听君行之而已。"

阿克拜第氏曰:"伊立锡麻克氏乎,君作何想? 君将谓余于君前,敢诘苏格拉底以自取辱耶。"

苏氏曰:"君欲何为,君欲使人人皆笑余耶? 君之所谓誉扬者,即此意耶?"

"君如以为可,吾惟据事直陈而已。"(阿克拜第氏语)

苏氏曰:"君能据实立言,吾岂但许可,且将力促君之为之也。"

阿克拜第氏曰:"然则余言矣,如吾言有不实者君可止余,谓余信口雌黄,然吾意固惟在言真耳。余语无伦次,幸勿为过。盖滔滔不绝,有条不紊之辞,非吾醉时之所能为也。"(此下数段皆阿克拜第氏之言)

"余今将设喻以誉苏氏。余辞似谑而实具至理。夫苏氏实有似锡论(锡论[Silenus]为诸煞德[Satyr]之一,秃顶圆鼻,腹便便,能歌善舞,与马锡雅斯[Marsyas]并为笛之发明者)之面具,如坊间所陈,口吹箫管,中藏神像,君更似煞德马锡雅斯(煞德[Satyr],希腊神话中半人半山羊之神,纵酒恣乐,善歌舞,出没林野间,代表自然界之生气)。君面如煞德之面,虽君亦不能有异辞,至其他,亦颇有相似处。盖君亦一好事者,吾为此言,盖有所据,且君非一玩笛者乎? 君艺且胜马锡雅斯矣。彼以乐器感人,后人传其术,至今弗替。奥林普(Olympus)之曲,盖得之于马锡雅斯之教。今谱之者,不论其为大师或弄笛之女,其能力迥非他人所得比拟。盖惟此为能夺人魂魄。人之不得于神明玄秘者,至是乃得申其意。其所感者深也,然不足以语君,君但恃声音,不假笛器,而其影响之大,有过之无不及。君之与乐师,不同者在此。余尝晤他辩士矣,其言不足以动吾心。独君则虽片辞双句,播及闾阎。妇孺闻之,莫不感激。余今将述君言于余之影响。言辞质直,君谥余醉徒,所不敢辞也。当余闻君言,吾心必怦怦然,远胜高立彭宴乐之徒(Corybantes,非立基亚[Phrygia]祀利亚[Rhea]女神时,其僧徒奏乐狂

舞以媚之）。吾泪夺眶而出，吾知他人所感者，亦正相同。吾尝聆
贝里克里（Pericles）与诸大演说家矣，辞非不妙，然不能犁然有富
于吾心。吾行鄙贱，闻之亦不自愧也。及吾闻此马锡雅斯（指苏
氏）之言，则于吾向之所为，不能自安。苟不置若罔闻，远离此老
者，吾将听其言而不能去，不知老之将至矣。吾闻其言，知吾之所
为，不衷于理，不能修己立身，日惟憧憧往来，为雅典人谋，掩耳疾
走，不得已也。能使私心自用之我知惭者，惟苏氏一人而已。彼所
告者，吾皆心知其意，而不能非。然一离苏氏，则爱世俗浮誉之念
复起，故吾见苏氏，避之唯恐不速，羞恶之心胜，实无地自容也。吾
愿彼死者屡矣，然彼果死者，吾又将悲之不暇。此吾所以终日彷
徨，而不知所措也。

　　"此余与其他诸子，所以受困于煞德（指苏氏）之弄笛也。诸君
乎，盍再聆余言，然后知此喻之适当。与苏氏能力之大，为何如也？
在座诸子，无有真知苏氏者，余知之，故复述之。君不见彼之爱与
姣好者相处，常为姣好者所困乎？彼外观粥粥，若无所能，与锡伦
无以异也。然此就外表雕刻之首而言，若外幕既揭，吾同饮之友
乎，其内则满贮节制之德，声色富贵，常人之所慕。自彼视之，蔑如
也，视挟声色富贵者，若无睹焉。玩世不恭，以毕其生，然揭其外
表，观其内蕴，则庄严之金像若是其美也。余惟倾倒苏氏，惟命是
听而已（他人或未之见，余则见之甚明）。余曾自思，彼必倾倒于吾
丰仪之美（按阿克拜第氏为著名之美男子，才气卓荦，好大喜功，尝
为将，征西西利而致败，不免懿躁也）。余亦以此自负，以为借此可
听彼之所欲言矣。计定，乃至苏氏处，随余之仆，命之他往。（余将
尽情宣布，幸垂听焉，如有谬误，请苏氏有以纠正之）时室中惟苏氏
及余，更无他人。余谓此时，必向余作情话矣。乐甚，然竟无一语
焉。与余谈，一如平时，竟日乃去。其后余约彼往拳击场，余独与
之击者屡，以为事谐矣，复不成。后余以前策既失效，别出奇计，不
成不止。故余邀共晚餐，一若彼为美少年，余为情人也者。初辞不

至，强而后可。既至，席终即去，余未能坚留也。其后，复邀之餐，毕与之作竟夕谈。彼思去，则曰：'夜已深，不如暂宿。'彼乃就适才进餐之榻而卧。室中惟苏氏与余两人而已，此可告于众人而无愧者也。此后如何，则为吾醒时所不能出诸口者。然语有之，酒后方吐实，故余必言之，余方誉苏氏，于彼高行，置而不述，岂得谓平。余心滋痛，患病者但愿与同病者相告语，盖同病相怜，于吾隐痛，必能相谅而不作苛论也。盖余已为此毒蛇所螫，吾心中所受之苦，更有甚于蛇螫。此良心之苦痛，能使人无所不言，无所不为也。余知斐德罗君、阿稼生君、伊立锡麻克君、包散尼君、亚里士多第马君，皆曾具此如醉如狂之经验者也，苏格拉底更无论矣。故请听余言，且恕其前之所为，与今之所言，侍者与其他无礼之人，充耳不闻可也。

"灯既灭，仆人散去，余思此时，当直告，不宜再含糊其辞矣。乃握其手曰：'苏格拉底，君已眠乎？'曰：'未。'余曰：'君知余何所思乎？'曰：'何所思乎？'余答曰：'余契友多矣，惟君吾所心折，君何默默乃尔？斯时吾斩其惠而勿与，是大愚也。敬将余及余友之所有，一以奉君，愿明以教我。以至于道，吾之所欲，莫过于此，能助我者，未有若君者也。余自思顺君而有流俗之谤，所不足计，惟逆君而使世之智者见讥，则诚可畏耳。'彼闻言笑曰：'吾友阿克拜第乎！使君言而非虚，使余而实有此力。导君于善，则君之志，可谓高矣。吾美之为君所见者，必有胜于君美之为吾所见者。以君之美，易吾之美，于君诚得，所谓以假易真，以铜易金者也，然请详察之，果不为余所欺乎！老眼昏花，则寸心益明，君尚未至其时也。'余闻言，即曰：'余已实告君，余言出自至诚，君其思之，俾尔我得一至善之术。'彼曰：'善。来日吾曹于斯以及其他事事物物，必求一至当不易之道也。'余闻言，知彼已入吾彀中，不待其辞毕，即起以衣覆其身，而吾身则往蜷伏于彼褴褛之外套下。时届冬令，是夜余即挟此怪而眠。苏格拉底乎！此君之所知也。然彼竟不为吾美所动（窃思吾美尚能动人），鄙弃之不屑道。诸君乎！苏氏诚傲哉，晨兴一若与父兄相处者，此则可昭告于皇天后土者也。

"君试思之，余彼时见弃，自惭无地，所感为何如乎？然余未尝不惊其律己之严，与其卓识苦行，为不可及。吾亲之之不暇，安忍离弃之乎？吾熟知阿加克斯（Ajax，希腊勇将）苟刀兵之所不能伤，更何有于财货？吾惟一可以诱彼之时机，乃竟失之。故余彷徨终日，莫知所措，受制于人，未有若是之甚者也。此犹在出征波提达亚之前。波提达亚之役，余与彼同食，乃得观其坚苦耐劳，枵腹从公。盖军中粮秣，每有匮乏也。其任劳任苦，并世无匹。及置酒高会，惟彼为能尽欢。不饮则已，饮则众皆披靡，人无有见苏氏醉者，谓余不信，今日可试之。其耐寒之力，亦迥异常人。战地苦寒，严霜砭骨，众皆伏室而不敢外出，出则羊裘毡履，御寒之具，惟恐不周。独苏氏跣足冰雪中，衣常服，鼓勇前进，远胜他人。兵士怒目相向，盖以苏氏之貌之也。

"余述此事竟，当更告诸君，此人战时之坚苦卓绝，为何如也。夏某晨，彼方沉思，不得其解，思之不已。自晨至午，竟植立其地不稍动。及午，事闻于众，众谓苏氏鹄立沉思已半日矣。晚餐毕，安尼央族数人，好奇心发，携席卧幕外，以观苏氏，果植立达旦否。苏氏竟鹄立一昼夜，及晨，乃祷日而他去。君等如愿闻，余当言苏氏赴战之勇，出我于死者非他，苏氏是也。余受创，彼不忍离，惟尽力卫我及我兵器。将军欲赏余，余谓当与苏氏。然苏氏成功不居，谓应受赏者，非彼实余也。

"复次，苏氏为人，与大力堰之战，败走时，更可知之。时余适乘马，观之甚明。前列既遁，苏氏与赖吉斯亦后退，余告彼勿丧气，余当与共。阿里斯多芬尼氏乎，彼时之苏格拉底一如君之所述，在雅典道中大踏步行，有如天鹅，两目炯炯，凛然不可犯，与伴安然而退。盖若苏氏者，虽败亦无敢撄其锋。敌所追击者，皆弃甲曳兵而走之徒也。余观其从容镇定，胜其伴赖吉斯万万。苏氏言行，上之所述,未尽十一。其所述者,人或能之。以余观之,事之至足奇者,即苏氏之出类拔萃,与众不同也。吾侪可称白拉锡特斯(Brasidas,斯巴达名将)以及其他诸人,有似阿克力斯,纳斯脱(Nestor)与安顿诺(Antenor)。以上三人均荷马诗中有名人物)有似贝里克里,其他闻人,皆可比拟。独此苏氏,上稽往古,旁求当世,罕有其俦(孟子述有若之言以赞孔子曰,出于其类,拔乎其萃,自生民以来,未有盛于孔子也,云云,正与此节旨意相同)。有之,即锡伦与诸煞德也。抑此喻非仅状其为人,其言辞亦如是也。苏氏之言,骤闻之,弥觉可笑,有如锡伦所蒙之皮,其所语皆贩夫走卒之言。反复申说,不知自已。然苟去其外幕,察其内涵,然后知彼之所言,至可玩味,至为神圣。嘉言懿行,闻之振奋,举善人之全德而包举之靡遗也。

"吾友乎！此余之所以誉苏氏者也。余之所不慊于彼者,即彼有时竟薄待余也。彼所薄待者,初不止余一人,若格劳铿子嘉米特氏、狄克里子尤锡第马及其他诸人。苏氏始则爱之,其终则诸人无有不献殷勤于彼者。语有之,戒之戒之,毋为所欺,毋蹈余之覆辙,甘为愚人也。阿稼生乎,其念之哉。"(以上均阿克拜第氏之言)

阿克拜第氏言毕,众皆笑其质直。苏格拉底曰:"孰谓君醉,不者。君亦奚必故作迂回,以饰君之锡伦之誉哉。君之所谈,滔滔不绝,然其用意,至末而明。盖欲使我与阿稼生有龃龉焉耳。从君意,则余必爱君,不及他人。爱阿稼生者,必为君一人。惜乎君煞德剧之结构,已为余窥破。阿稼生乎！余与君和好如初,勿为彼之言所惑也。"

阿稼生曰:"君之言是也。揣彼之意,盖欲离间吾两人也,然余必使彼无所得。余当卧于君旁之榻也。"

苏格拉底曰:"善哉,幸卧余旁。"

阿克拜第氏曰:"噫,余为此人所欺也。彼事事必求胜余,然余终望君之能允阿稼生卧于吾两人之间也。"

苏氏曰："是乌可者。君既誉余，余当誉吾右邻。彼如坐君旁者，则次序颠倒余，所欲誉者反誉余矣。君请听吾言，幸勿见妒。盖余甚愿称道少年也。"

阿稼生呼曰："美哉，余当速起，俾苏氏得称美余也。"

阿克拜第氏曰："苏氏所至之处，苟有美者，他人不得与共。彼此时又借巧辞，竟使阿稼生复为彼所有矣。"

阿稼生起立，将坐苏氏旁。忽众酒徒自外至，先是，客有外出者，未阖门，彼辈乃乘间入，据座狂饮，秩次大乱。亚里士多第马氏谓是晚伊立锡麻克氏、斐德罗氏及其他诸人先行，彼则倦极而眠。夜长酣睡，及旦，鸡鸣乃醒。醒时，见诸人有他往者，有睡而未醒者，独苏氏方与阿里斯多芬尼氏、阿稼生氏围坐，酌酒纵谈。亚里士多第马氏于苏氏之言，未能尽闻，但忆苏氏力辩喜剧之天才与悲剧之天才无异，悲剧之作者，即为喜剧之作者。二氏意有未喻，且倦甚，颔之而已。阿里斯多芬尼氏先卧，黎明，阿稼生继之。苏格拉底俟二人皆睡后，乃行。亚里士多第马氏随之。苏氏浴于会所，一如平日，日暮乃归。

（《学衡》1925 年第 43、48 期）

斐德罗篇(Phaedrus)

——柏拉图语录之五

郭斌龢　译

引

本篇所纪,盖苏格拉底与斐德罗论爱情及修辞之语。与《筵话篇》大旨相同,此其所谓爱情实即人性中向上之力,悬理想以为鹄,薪至于至真至美至善之域者也。篇中奇思妙理,络绎奔赴,歌颂天才与神秘之经验,自是柏拉图思想之本色,与古希腊常人之人生观,稍稍异矣。然其重理性,主节制,由人及神,下学而上达之精神,犹可于飞车一喻中见之。今之崇奉自然主义之浪漫派,自附于柏氏以为高者,皆柏氏之罪人也。白璧德于《新南阿空》(*The New Laokooa*)一书中,论之綦详,读者可览观焉。

本文

【篇中人】苏格拉底　斐德罗

【所在地】伊里塞河岸榆树之下

【苏格拉底】斐德罗乎,君适从何处来,今将奚往?

【斐德罗】适从凯法勒之子赖锡阿处来,将往郭外闲步也。余晨兴,即过赖锡阿晤久。友人阿科孟告余,宜作郊外游,谓可游目骋怀,远胜蹀躞庭中也。

【苏】彼言是也，然则赖锡阿当在城中矣。

【斐】然。彼与伊匹克雷均在莫立却斯家，其地密迩天帝庙。

【苏】彼何以款君，必有鸿论相飨。然乎，否乎？

【斐】君如少留，余将告君。

【苏】若是，余不将视君与赖锡阿之一夕谈。其可贵胜他事万万，有如品达（希腊诗人）所云者乎。

【斐】盍前行？

【苏】盍继述其辞？

【斐】苏格拉底乎！吾侪所论，亦为爱情，与君说颇相类。赖锡阿悬想一美少年，为人所欺，欺之之人，乃非爱者，此其主旨也。赖氏运其巧思，证明吾人应舍爱者而取非爱者。

【苏】佳哉此人，吾愿彼且曰吾人应取措大而舍富人，取老耄而舍少壮，使彼与我辨，则彼必有妙论以惠世人。吾亟欲闻其议论，君即步行至麦加拉地至墙而返，有如哈墨迭克所言，余亦不汝离也。

【斐】君意云何，吾斯之未能信。当世辩士经年所著之鸿文，君谓余能复述之乎？噫，余不能也，苟其能之，敢不尽力。

【苏】我知之矣。我之知君，有如自知。君闻赖锡阿之言论屡矣，君娴之不已，彼亦乐从君意，犹以为未足。廉得其书，则大喜，亟展卷读，此非君今晨之所为乎？其文或不甚长，知君已能成诵矣。君坐久出步，行郊外，邂逅一谈士，声应气求，则自忖曰，吾道不孤。邀之同行，及谈士请益，则施施然曰，我不能也，若不好此者，使此人舍而之他，君又将强聒于其旁矣。斐德罗君乎，迟速终须一述，盍不早尽君言。

【斐】君既相强，余惟有勉从君命。

【苏】若是则善矣。

【斐】敢不惟力是视。苏格拉底乎！余实未忆全文，但识其大要。余将原始要终，依次约述其辞。此辞主旨，在阐明非爱者之优于爱者。

【苏】吾友乎！子言诚然。然余甚愿知君左手所执匿衣下者，果为何物。彼一卷纸，非即原文耶。既有赖氏之原书在，吾爱君，吾忍劳君苦思背诵之乎？

【斐】勿再饶舌，余自问实无术以欺君，今如读其文，君意欲往何处小坐？

【苏】请由此径往伊里塞河干，觅一幽地，然后坐谈。

【斐】余幸未着屦，君亦未着。盍缘溪行，且濯吾足，夏日亭午为此，亦大佳事。

【苏】姑前行，觅一可坐之地。

【斐】君不见远处有一高树乎？

【苏】然。

【斐】彼处绿树阴浓，微风拂面，吾侪可借草坐也。

【苏】且行。

【斐】苏格拉底乎！所谓北风之神，曾于伊里塞河岸挟沃立雪亚（雅典王欧勒支苏之女，为北风所卷，吹至色雷斯）以去者，非即此地耶。

【苏】传说如是。

【斐】此即其地乎。河水清且涟漪，恐有凌波仙子，徜徉于其间也。

【苏】以余所知，此非其地也。其地离此有一里之遥，似有一北风神之祭坛，由彼渡河，即至阿格拉庙。

【斐】余忘之矣。敢问君此事否。

【苏】智士存疑，使余而效智士所为，亦不足异。解之者曰，沃立雪亚方与其伴法麦雪亚嬉游时，为北风所卷，触石而死。后人遂谓为北风神所挟去，至其地，则诸说纷纭，或云为军神山，而非吾侪所称之地也。此类解释，不无可取，为此者用力甚勤，运思甚巧，使牛鬼蛇神，飞马石怪，种种荒诞无稽之物，各得其所，曲为解释，以求心安，毕生精力，消磨于此。夫我则不暇，德尔非铭有言曰，人必先知己，己之不知，惟物之是务，是大谬也。吾于考核名物之学，敬谢不敏，人云亦云可矣。（按《中庸》记孔子曰："素隐行怪，后世有述焉，吾弗为之矣。"正即此意。）吾之所欲知者，非知物，欲自知也。（按《论语》称孔子不语怪力乱神，又曰："未知生，焉知死。"又曰："知之为知之，不知为不知，是知也。"皆即兹所言之义，盖由吾身推及于他人，故人性为可尽知。至若天性与物性，皆不可得而知者。［从获知一二亦不能详备］此分别至明显，何古今中西人愚妄颠倒者之多也。）君视我为何如人，为素隐行怪纵情任性之徒欤，抑淡泊敦厚隐居以求志者也。今姑勿论，吾友乎，此非君所欲觅之榆树乎！

【斐】是也。

【苏】此间鸟语花香，景色绝幽，榆树亭亭如盖，树下一泓清水，沁人心脾。微风吹过，虫声暖游，枕草而眠，草软如茵，如此仙乡，为君觅得，君诚良导哉！

【斐】窃怪以君之明，一至郊外，如入异国，一惟导者之命是从，敢问君曾出疆否？以余观之，君且未尝出郭门一步也。

【苏】君言诚是。然余亦有说，子其听之。余实一爱智者，为吾师者乃城中之人，而非城外之树木也。（按浪漫派之远离人群、耽溺自然，与苏氏之所行正相反背。）今日竟为君诱，以至于野。一若饥牛之奔其饵，君但饵我以学。虽走遍雅典，浪迹天涯，亦所不辞。今既至，我倦欲眠，请君速读其文，坐卧君自择之。

【斐】子其谛听。

余于爱之见解，君知之，余不谓余非君之爱者，遂不能邀君之青睐也。爱者之惠，时过境迁，每生后悔，非爱者则不然。来去自由，不为事牵，其施惠也，亦视其利己与否以为断。复次，爱者施恩不忘，稍遇横逆，遂谓其责已尽，可告无愧。非爱者则施不望报，不市惠，与人无忤，无入而不自得也。其于意中人，有不视其力之所及以悦之者哉。或者曰，爱者之爱，其爱大，他人所不为者，彼则为之，所以献殷勤者，无微不至。虽然，此但目论，且益证其用情不专,喜新厌旧而已。然则尚有何人,甘屈己以就此身患痼疾之人乎？病者方自承神思错乱,故明知故犯之不暇,安有醒后以其瞀乱时之纵欲为至当不易者乎？复次,非爱者较爱者为众,故能择善而从,易得知友。爱者以人之慕己,犹己之慕人也。事谐则踌躇满志,夸于众人,以为得计,则君畏人之多言,不愿人知者,不几殆乎？若非爱者能以礼自持,朴实无华,非儇薄之流也。复次,爱者与其意中人,每形影相依,苟交谈,他人必窃窃私议于其旁,与非爱者相遇,则人视为固然,无有察之者。复次,朋友间之反复,其于常人,淡然置之,惟于爱者,则因爱生畏,不敢稍拂其意,以失彼惧。爱者视举世若敌人,故禁其所眷,勿交富者,惧富之胜彼也,勿交智者,惧智之胜彼也。其他诸善,避之亦惟恐不及,据为己有,惟其所欲,稍违其旨,则诟谇生矣。至非爱者则不然,其得爱也,由才智之优越,故所眷与人相处,彼不特不忌,反加喜焉。彼方以所眷交友之广为可喜,不与其所眷为友为可耻。若此者,爱心胜于忮心矣。复有爱者但见丰采之美,于其人品身世,未能了然,即率尔订交,及芳华衰歇,则掉首去之,非爱者大有异乎是,不为声色所移,久要不忘。回思曩游,益增友谊之重,故曰君与我相处则有益,与爱者相处则有害也。彼之誉汝,实谄耳。一则恐攖君怒,一则为情所掩,不能明辨。盖爱者苟一失意,则怪状百出,人不以为苦者,彼则以为苦矣。及稍得志,则不当誉者,亦誉之矣。故其意中人不足羡,而至足怜也。君如聆余言,与余谛交,余当弃目前之乐,图久远之业。役爱而不役于爱,不以小眚而掩大德,无意之失,吾将恕之,有意之失,吾将正之。若此者,可永以为好矣。倘君必以爱者为至友,则父母昆弟,皆不足重,道义之交,终不可得。盖道义之交,起于敬而不起于狎昵之私也。复次,苟吾侪于有求于我者,假以辞色,则所识穷乏,连翩而至,有道之士,望望然而去之矣。夫仅以其求我之殷而报之,则君治宴将舍君友而邀无赖之徒,以其踵门求乞,善颂善祷能博君欢也,然而未必然也。君亦曰,当舍幸进者而取能报君以德者，舍爱者而取能副其爱者，舍爱君少年丰采者而取晚年能与共患难者，舍骄矜自命不凡者而取恬淡自退者，舍朝三暮四者而取久要不忘终其身如一日者。吾所言者，请识之，吾见有爱者为人所斥责矣，未闻有非爱者而为人所斥责也。

君如问余宜纵任非爱者乎？对曰，虽爱者亦不劝君纵任爱者也，盖姑息之爱，受之者不以为恩，徒遭人忌而已。夫爱固宜两利，而不宜两害者也。

吾言已多，君犹以为未足者，苟有问，敢不勉答。（以上斐德罗诵赖锡阿之文）

苏格拉底乎，子意云何？此文议论发皇，其辞采不尤美乎？

【苏】诚美矣，令人拍案叫绝也。斐德罗乎，余观君读此文时，兴会淋漓，一若于此等事，较余更有经验者。余故步君后尘，欢欣鼓舞于不自知也。

【斐】君亦乐之乎？

【苏】君谓余言不由衷耶？

【斐】苏格拉底，请勿云尔，愿明以告我。神明在上，君谓尚有其他希腊人能著博大精通之论胜于此者耶？

【苏】君与余将誉作者之立意耶？抑誉其文辞之明白周至耶？前者惟君意是从，余不敢赞一辞，余惟就文论文而已。赖氏所言，每患重复，辞不达意欤，抑率尔操觚用力未专欤。彼其一意之陈，必数易其辞，若故示其能文者。

【斐】恶是何言欤？彼于此题，已推阐尽致，纤屑靡遗，此正其辞之佳处。以吾观之，自有论爱之文以来，无有能出其右者也。

【苏】余则不敢苟同，使余强为附和，则古之贤哲于此有述作者。九原有知，必严责不贷余矣。

【斐】所谓古贤人者谁耶？君又安所得而闻更妙之论耶？

【苏】余实闻之，非闻之于美者萨福（希腊女诗人），即闻之于智者安那克伦（希腊诗人），或一散文作者耳。余觉蕴积于胸中者至富，实能别成一文，不让赖氏专美于前也。虽然，余非能有所发明也。余自视慊然，余之所知，仅凭耳食，犹此瓶之水，得之于他瓶然。惜余性鲁，不能忆其为谁氏所告耳。

【斐】佳哉。今姑不问君之所言，闻之于何人，但请如约别作一等长之文。余将为君范金铸像于迪姆之地以相报也。

【苏】君如以为余视赖氏所言无一当，余辞中于彼所言，将一切弃去，则君之愚，诚不可及矣。夫至劣之作者，亦必有一二中肯语。今论此事，谁能不誉非爱者之谨慎，而责爱者之卤莽灭裂乎？理之浅者，虽言之各有其术，然固尽人能言之。理之深者，则言之不易，有恃乎戛戛独造之思矣。

【斐】子言诚然，余亦不事吹求。君可采爱者之神思颠倒甚于非爱者之说，以立论也。君能由此以进，别成一长文，胜于赖氏所为者，余必为君范金铸像以想报也。

【苏】前言戏之耳，君何不相谅耶？斐德罗乎，君谓我于赖氏之文，真能有所献替耶？

【斐】君此时待余，一如适才余之待君。君幸大放厥辞，毋使余反唇相讥曰："余知苏格拉底，犹之自知，欲言而故作态也。"余甚愿吾曹苟未尽所欲言，勿越此一步。余力大，年少，慎勿使余用武也。

【苏】斐德罗乎！率尔而对，吾安能与赖锡阿争乎？彼于此道三折肱，余则愧未学也。

【斐】事已至此，勿复惺惺作态。不则，余有一言，破口而出矣。

【苏】请勿言。

【斐】余必言之。余今指树为誓，果有何神鉴临乎？余誓曰，君在此树下，如不述其辞者，余将永不告君以他文矣。

【苏】狡哉此豸！余为所胜矣，好谈如余，夫复何言。

【斐】若是，子犹故作狡狯者，何也？

【苏】君既信誓旦旦，余亦不复相戏，致不得聆高论，以馈我之贫也。

【斐】速述之。

【苏】余将告君以余之所欲为者，君愿闻之乎？

【斐】何哉？

【苏】余当以幕蔽面，遽述余辞。不者，余将羞愧无地，不知所云矣。

【斐】君但言之，余事一以任君耳。

【苏】噫，文艺之神乎，其助余，以述此辞于吾友斐德罗，以为彼之友告，盖斐君于其友，视为聪明睿智，非人所能及也。

昔有一美少年，丰神楚楚，昵近之者颇多。有某者独黠，语少年曰，吾非爱汝者也，然不爱之者，亦爱之而已矣。日者，彼告少年，亦以是言曰：君必舍爱者而取非爱者。

其言曰，忠告之言，造端皆同，劝人者必先知其所劝者为何，乃克有济。然常人每强不知以为知，于其辩难之初，既无一共同之点，其结论之前后互歧，自相矛盾，盖可知矣。余与君当力避此类之谬误，在吾侪讨论爱者与非爱者孰优之前，当先明定爱之性质与能力为何。此义既明，然后进而论爱之利害。

爱者，欲也，此尽人所知也。非爱者之所欲，为美为善，亦尽人所知也。爱者与非爱者果何别乎？曰，人性中有二力焉。吾人行为，惟此二力之马首是瞻。其一为求乐之嗜欲，出乎自然；其二为求至善之见解，出乎学问。二者时而翕合，时而乖违，此起彼伏。见解胜，因理智之助，至于至善，则谓之节制。及嗜欲胜，理智失效，则谓之放纵。纵欲之道多端，无一善者。食欲盛，谓之饕餮，其人则饕餮之徒也。纵饮无度，亦有其名，可无述也。其他诸欲，皆可作如是观。有一盛者，必有一名，余之论旨，君当知之矣。今更申其说，人有大欲焉，胜于合理之见解，则好美，尤好容色之美，克他欲而为之长。此欲也，爱力是矣。

斐德罗乎！吾自视言时若有神助，君以为然乎？

【斐】苏格拉底乎！诚然。君言滔滔不绝，若决江河也。

【苏】子其谛听。此间圣地也,余言苟意气激昂,若有神助者,君幸勿为怪。

【斐】唯。

【苏】今更为君言之,君其谛听。

吾友乎!吾侪于爱之礼,既已言之矣,此理既明,且进而论爱者与非爱者于人之利害。

彼纵情恣乐之徒,于其所爱,但求其悦己,曲顺其意之人,则昵之,与之相埒,或胜之者,则恶之,必抑之居其下以为快。夫愚不若智,懦不若勇,讷不若辩,椎鲁不若聪明。此皆所爱之本性,以取宠于爱者者也。爱者且使之有其他疵病以快意焉,惟然,爱者必多忮心戒所爱不与他人接。尤戒,与哲士相处,畏其智将胜彼而藐之也。窒所爱之聪明才力,使一切依赖之其为害莫有甚于此者。爱者,诚益友乎哉。

彼弃善就乐者,其锻炼所爱之身体则何如乎?不将取体弱者而舍壮健者乎,取饫膏粱珍馐者而舍胼手胝足者乎,取涂脂敷粉者乎?其所取者若此,可无俟余之赘述矣。一言以蔽之,其所取者,战时或艰难之际,其友好必为之顾虑,而断不足以慑敌者也。

所爱与爱者相处,于其身家财物之利害,为何如乎?爱者于其所爱,必先使之与亲友远离,以为父母亲朋皆足阻其所爱与之畅叙者也。至于财货,有之则控制不易,故彼利其无,不利其有,且深愿其所爱之永无室家焉。

世固有谗谄面谀之徒,虽令人厌恶,亦自有其可取处。女间恶矣,然有时亦足为欢。惟爱者不特心怀叵测与之相处,断无是处。语有之,物以类聚。年相若,则志趋同。声应气求,其能相处必矣。然有时犹觉其可厌,若爱者之于所爱,既不相类,一则老,一则少,朝夕不相离,据所爱为己有,极视听之娱,追随左右而勿去。于所爱果何益耶?日与老朽相处,言之犹有余羞,有不恨恨者乎?且也举动不自由,入于耳者为誉为毁,皆无一当。彼醒时言之,固已不堪,及其既醉,则所言愧态毕露,遐迩咸知矣。

爱者之爱，存在时，为害无穷，与人以不快。及其爱弛，则背盟负义，昔之强颜博欢，指天日涕泣，誓不相忘者，今皆置之不顾，见利忘义，前后判若两人，而所爱未知也。缅怀当日，以为爱者犹是，而爱者则羞惭无地，自问无以偿宿诺，且知昔日所为多谬，思改弦易辙，然不敢告所爱，则宵遁以避之，翻云覆雨，昔则趋之，今则避之，而所爱犹执迷不悟，亦足悲矣。夫纳交爱者，是与忘恩负义面目可憎之人为伍，身心交受其祸也。美少年其识之，与爱者相处，有损无益。彼嗜欲深，以君为可欺也。"爱者之爱人兮，有如狼之爱羊"。余之所言，出以诗句，余言已多，姑止于此。

【斐】吾意君所言者，仅及其半，于非爱者之可取处，必更有阐发也。盍续言之？

【苏】若不见余辞已由歌而入于赋乎？余既毁爱者以诗，将何以誉非爱者乎？君不见余以君故，已受神祇之驱策乎？一言以蔽之，非爱者之所长，皆爱者之所短也。余言尽于此，余将渡河归家，免更为君所窘也。

【斐】勿行。日中暑气正盛，吾侪且居此，将适所述者论之，乘凉而归，不亦可乎？

【苏】斐德罗乎！君喜谈论，可谓至矣。以余所知，强聒不舍，使人不得不述其辞者，舍西勃之锡密氏外，并世未有若君者也。君此时又使余不得不言矣。

【斐】佳哉此言。然君意何居？

【苏】余适欲渡河，灵儿复止余，似云，余已干渎神之罪，宜速自赎，不可他去。余实一前知者，虽不甚善，然吾之宗教已敷吾用，犹之劣手之文，能如是，是亦足矣。噫，吾友乎，吾灵儿诚不爽也。彼时余即局促不自安，觉违神以邀庸俗之宠，今知祸矣。

【斐】何过耶？

【苏】即君所述之邪辞耳。余为君所瞒，亦述一辞，其荒谬乃相等。

【斐】何谓也？

【苏】其辞实拙，且渎神也。世尚有谬妄甚于此者耶？

【斐】如君所述，当无更谬于此者矣。

【苏】然则爱神非一伟大之神金星女神之子乎？

【斐】人言如是。

【苏】然。此非赖锡阿辞中之言也，亦非吾辞中之言也。吾所言者，皆因君故，实君之辞，而非吾辞也。夫爱苟为神，必不恶也。然而吾侪之辞，均失之矣。出语若甚庄，实则中无所有，徒貌似神圣，欺世盗名已耳。故余必盖前愆，余因之思古之自赎误述神话之罪者矣。此自赎之法，创之者非荷马。荷马固未知其丧明之故也，而实为施德西考拉氏。施氏乃哲学家，能知其故，彼盲后，知因悔海伦也，自涤其罪，作悔过之言。其起句曰："吾谓君（指海伦）未乘船至特罗城者，吾之謷言也。"悔过之诗既成，两目复明。余则视荷马与施德西考拉氏更智矣。作悔过之言于两目未盲之时，余将不加面罩，脱帽露顶，侃侃而谈矣。

【斐】是固余所愿闻也。

【苏】斐德罗乎！君其思之，吾辞与君所诵之辞，其鄙倍为何如乎？彼宅心长厚，志行纯洁，其所爱亦与之相埒者，闻吾侪言爱者勃豀诟谇，积不相能之故，及其有损于所爱之论，不将谓吾侪所言，毫无一当，皆齐东野人之语乎。

【斐】决不以吾侪所言为然也。

【苏】吾外惭清议，内疚神明，当汲水以一洗吾污。敢告赖锡阿氏，速再述一辞，证明苟才智皆同，当取爱者而舍非爱者也。

【斐】彼必为之也，君且语我以誉爱者之言，余必强赖锡阿笔之于书也。

【苏】若是足征君之坦白，吾甚信之。

【斐】请速言。

【苏】吾适才所与言之少年（指斐德罗）安在，彼当聆吾言，俾不为一偏之说所惑也。

【斐】彼在是，惟命是听。

【苏】适才之辞，乃妄人之子，涂脂敷粉之斐德罗所为也。下之所述，则为施德雪考悔过之言，施氏敬神而返自迷途者也。吾适所言，所爱宜取非爱者而舍爱者，以一则智，一则狂故，其言实不足信，使狂而恶，则其说亦未可厚非。然有时狂且为天之所赐诸福之源。夫预言亦狂之一也。德尔非及铎唐那两地之女尼，当其疾作时，嘉惠希腊，于公于私，实非浅鲜，及其清醒，则所赐盖寡矣。吾更能告君以锡弼尔之事，恃其前知之力，指示途辙，以导人于正焉。然此事不烦言而明，可无赘述也。

复次，吾侪窥造字者之用意而可知矣，使古之制字者，以狂为可耻，则彼曹必不名预言之术为狂。推其意，必有以天纵之狂，为可尊敬者也。夫希腊文预言术（mantike）与狂（manike）实一字，其t字不过后来俗人所加，犹之以鸟及他物以测未来之术之名。其初因其由理智而与人以了解及智识，称之曰"oionoistike"。求其谐声，增一w字而成"oiwnistike"也。（按因吾国印局未能排印希腊文字，故此段希腊字改以英文字母代之，不合之处，希读者恕谅。）故前知之学，于名于实之优于筮卜，犹狂易之优于健全，盖前者属人，后者则属天也。复次，灾害并至，疫疠蔓延之时，则狂易振臂一呼，回翔于祷祝教仪之间，以援求助之人，而人之与此有缘者，着魔之后，不由自主，经净罪祓禳之礼，复得化险为夷，脱诸苦之羁绊焉。此外尚有第三类之狂易，即诗狂是也。风雅者得之，望古遥集，发为抒情诗与其他诸诗，歌颂古代英雄豪杰之遗事，以为后世劝。至生有俗韵，不能感兴者，虽费尽推敲，终不能登大雅之堂。盖清明者与狂易者较，无往而不败也。

其他可歌可泣之事，得之于狂者，更不可殚述。论者谓有节之爱优于狂放之爱，徒辞费耳。彼如欲求胜者，当言爱之为物。神施之于爱者与所爱，均不得其益焉。然后吾侪可明告之曰，爱狂乃天之至大之惠也。是言也，大智者必以为是，小智小慧之人或不以为然耳。吾侪首必明人与神之灵魂。其体用为何如，请申其说。

夫灵魂不朽者也，何以不朽？曰恒动故。彼动于人者，失其动，则失其所以为生矣，故必自动，乃能恒动，且为他动之源。夫始必无所有，有所由，则有始，而始则不能有始，使始而有所从出，则失其为始矣。（此段文深意曲，兹释之如下：始＝无所由，所由＝有始，今始≠有始，始≠所由。）无所从出者，亦必不灭，使始而灭，则物无始，始亦无物矣。万物必有始者也，是故自动为动之始，不能生，亦不能灭。苟其不然，天地息，万物灭矣。自动既为不朽，彼谓自动为灵户之精髓者，固振振有辞也。盖身体之动，由外铄者无灵魂，其由内发者，则有灵魂，灵魂之性质如是，然则既知灵魂为自动，则其为无始与不朽也明甚，不朽之说如是。

灵魂之形体何若？乃神圣高尚之论题也。竭人类语言之所能，只可设喻以明之，或可得其一二。今姑以两飞马一御者为喻，神之飞马与御者皆非凡种。吾侪人类所有者，则混合种而已。吾侪之御者，控两马一良一劣，其事之难，概可想见。（此言人性为善恶理欲之二元，与神性之为纯善纯理之一元者，截然有异。）余将试言朽与不朽之别，灵魂有生，约束无生之物，回翔天上，仪态万方。当其振翼鼓翅，则扶摇直上，为宇宙之主宰。至不完备之灵魂，则羽毛丧失，下止于地，得一驱壳，外似自动，实则被动，此灵肉之混合体生物是也。此类之结合，非朽而何，虽吾人意象所及，谓有神焉。既有躯体，复有永久之灵魂，姑备一说，未可尽信。至灵魂之何以失其羽毛，下当述之。

此翼每思扶摇直上，以达九霄，神明所居之地。此翼也，为身体中最近于神者也。夫美智善，神矣，培养灵魂之翼，俾得长大，若所恃者为恶浊，则翼不崇朝而萎谢矣。天帝雄武，御飞车，六辔在手，发号施令，众神及半神，共十一队，鱼贯而随其后，独家神留守，他神皆依序而入队焉。天之内，瑶草奇葩，众美毕陈，广衢纵横，诸神笑语，循序而过，怡然自得，愿从者则相从，不分轩轾。天上仙班，不识媚嫉，此天内之状也。及其赴盛宴，攀跻以升，直造天顶。神明驾车揽辔而上，如登周道，其余则有患，马性未驯，不思上进，反下就于地。此则灵魂困苦之时也，不朽之神，独立天脊，诸天旋转，乃见他世，此天外之天。下界诗人，无有能歌咏而无憾者。余既矢志言真，故不可不言之。夫无色无形，不可捉摸之素质，惟心能知之。心即灵魂之主也。诸天之上，绕此而为纯智之域。若此大慧，寝馈于纯智之中，未有不思重睹宇宙之本体者也。见道愈明，因诸天之旋转，复归本原。当诸天之旋绕也，此大慧见公正节制与绝对之智。此数者，非人世之所谓存在，有化生与相对之迹象可寻，乃绝对之智之见于绝对之存在者也。遍观他相，莫不如是，啜其精华而至于诸天之中，返其故宅，御者置马于厩，饮之以琼浆玉露焉。

众神之生活盖如是。至其他灵魂，能力追天帝，与之冥合者，则御者昂首天外，虽颠蹶时虞，终得周览本体也。其次则旋起旋落，马性难驯。一瞥之后，终无所睹，复有抗志青云，衔枚相从，力与愿违，乃陷深谷。绝靷而驰，足折翮断者矣，创巨痛深，终不得参本体之秘。望望然而去之，挟成见以终古焉。夫必以睹真理之平原为快者，实由灵魂之至高部与灵魂借以高飞之羽翼，皆仰此牧场以食者也。种瓜得瓜，种豆得豆，报施不爽累黍，灵魂之能因神以窥真理者，则无咎，永窥之，则永无咎。及其用力衰，不复窥真理，则纵恶如崩，下堕于地，不为他物，乃成为人，其灵魂之见真理最多者，则为哲学家、或艺术家、或音乐家、或爱者，其次则为英主、或武士，其三则为政治家、或理财家、或商人，其四则为好锻炼身体者、或医士，其五则为预知者，其六则为诗人或模仿者，其七则为工人、或农夫，其八则为诡辩者、或煽惑群众者，其九则为霸主。等次无定，黜降一依功过而定也。

一万年后，灵魂始得重返故土，盖必经此时期。毛羽乃丰满也,惟纯正哲人之灵魂,与知哲理之爱者之灵魂,苟镂而不舍,千年为一度,三度不变,则三千年后,即生羽翼,上升于天,返其故乡矣。其他灵魂,一世之后,或入地府,而得冥谴,或升天界,视其生前所为,定其际遇。千年之后,善魂恶魂集而拈阄,一任自由,以定其二世,人魂入畜,或由畜复返于人。然魂之不见真理者,不得有人形,盖所贵乎人者,为其能于纷纭万象之中得一贯之理也。此理此智,即灵魂当日与天帝并居。下视凡界,仰窥真如时所见之回忆耳。惟哲人三千年后,即生羽翼,事固应尔。盖惟哲人为能充其力之所至,眷念真如境界,仰体天心拳拳而勿失之也。凡能运用此回忆者,乃得参幽探微,超凡入圣,然彼薄世荣而修天道,则庸人斥之为狂妄,不知彼固感于神者也。

上述乃第四类亦即最后一类之狂。患此狂者,当其见此世之美,即回想及于真美,欢欣鼓舞于不自知。思奋飞远适,而有所不能。鼓翼仰望,秽其尘容,人皆目之为狂。此所谓狂,实至高无上之感兴,必有此狂,始得谓之爱美者。盖有如前言,人之灵魂,必曾见真如,否则不能有人形也。然未必尽人皆能记其前世之事,所见之时,或不甚久,或不幸堕入红尘,习俗移人,竟忘其昔之所见,其能牢记者,实不多觏。故当其偶见前世之影像,则惊讶莫名,无真知灼见故也。公平节制,以及一切灵魂所视为宝贵之德,其此世之摹本,皆无光辉,与原本较,仅得其仿佛耳。能于影像中见真相者盖寡,即之之其事,亦至不易也。其能见者,当其随天帝或诸神之后,睹美之容光焕发,顿觉置身于不可思议之境。一片天机,众恶俱泯,但见神灵摇曳,清光大来,无驱壳之为累,非如吾侪之为此臭皮囊所困,蛰伏于蛎壳之中也。

今更申言之,美之为物,高居天庭,光冲霄汉。及其下地,吾人犹得借至敏之器官,窥其色相。夫人身至敏之器官为目,然初不能见智,使智而有迹象可睹,则其妙有不可胜言者矣,其他诸观念之不能见亦然。独美既妙且显,故能见。钝根凡夫,不能超脱此世以窥绝对之美于他世，见此世之美，不知倾心崇敬，惟如饿鹰攫肉，据为己有，放僻邪侈，无所不为。至新窥此中奥秘，曾目击他世灿烂庄严之境者。见天仙不啻之容颜体态，知是乃神美之摹本也。始则惊疑，继则倾心拜倒。苟不畏他人谥之为狂者，将视之如天神，香花供奉之矣。当此时也，目与美会，由战栗而竟体汗流。故翼润而体温，全身通畅，毛羽振奋，踌躇四顾，热情动荡，不能自已，灵魂初生翼时，局促不宁之状，一同于斯。及饱览秀美，受其感应，竟体温和，苦去而乐生矣。迨至灵与美分，则失其润泽，翼孔敛垂，翅芽不出，中与欲会，搏动无已，张脉奋兴，全灵受困，及回忆及美，乃稍得乐，灵处于此，恍兮惚兮，寝不安枕，食不甘味，思苟得见美者，无远勿届。既见，则踌躇满志，心身俱泰，乐不可支矣。此爱者之灵，所以永不去美，倾倒于无己，忘其亲友，视资财之耗失，曾不稍措意。放怀跌宕，于彼美之前，奉之维谨。视之如神医，以为惟彼能疗其疾也。此境此情，吾少年乎，世人称之曰爱。诸神则别有一名，君不更事，或且笑此名为无谓也。此名出荷马外编诗中颂爱之二句，内一句稍粗犷，韵亦失调，其辞曰："世人谓之爱兮，神则谓之鼓翼之鸽。翼之鼓动兮，彼之所不可失。"君信与否，一以任君。然爱者之爱与其原由，则不出乎吾之所述也。

　　追随天帝之爱者，任重致远，独立不倚。追随战神之爱者，稍不称意，拔剑而起，亡其身而不悔。其追随他神者，当其所忆不谬时，亦莫不冥心追慕，得其近似。在第一世时于其所爱及他友好莫不以此相待焉。人各随其禀赋，以择其钟情之物，然后奉之如神明，低首拜倒，不敢稍违。瓣香天帝者，冀其所爱之心灵，有如天帝。故求睿智英伟之资。既得之，则爱之，尽力以成全之。己所弗知，叩之他人，其求诸己也亦然。其事更易，盖高山仰止，习以为常。忆念天帝，耿耿不忘，目有见，见天帝，耳有闻，闻天帝，渐流渐渍于不自知，人力之能配天者，尽于此矣。惟其如是，其亲所爱益甚，所得于天帝者，一加之于彼，使之酷似乎神也。膜拜天后者，则求后德。既得之，待之一如前者。敬仰文艺之神与敬仰他神者，莫不如是，求一素心人，能似其神者，既得之，以身作则，力模神之所为，复使其所爱效之。盖其所爱也，无媚嫉之念，意在陶镕，无微不至，推爱者之意，将使所爱得窥真爱之秘。其裨益于所爱者，岂浅鲜哉！至所爱如何而为人所得，则有如下述。

吾前不云乎，人之精神，可分为三。一二为马，三为御者。二马之中，一良一劣。今当更述其品类。良马气象轩昂，天骨开张，毛雪白，目黑，能自敛抑，一心思建大功，不须鞭策，惟命是从。劣马则形陋，项短，面平阔无光，目灰色，含血，耳生丛毛，冥顽不灵。当御者见爱之光景，欢欣鼓舞，若不能自已者，良马知耻，不敢稍侮所爱，劣马则不然，置鞭挞于不顾，奔突跳踉，促其伴与御者，使就所爱，且设辞以诱之。良马与御者，初闻其言，恚甚，不稍动，稍久，亦不能自持，随劣马之所之焉。及见所爱，容光焕发，御者因目中所见之美，忆及真美，睹其与贞洁之神端坐于天庭之上，肃然敛容，退而拜，乃悬崖勒马，良者驯伏，劣者犹负固不肯退。稍退，一则愧怍无地，汗流竟体，一则喘息甫定，怒目相向。申申詈其伴与御者，一若责以大义，背盟偾事者，御者与良马退，淡焉置之，不措意，彼则咆哮跳跃，急曳之前进，俯其首，翘其尾，衔枚疾走。当斯时也，御者乃不可复忍，初姑纵之，继乃力曳其口中之枚，血喷出，迫其足腹及地，重创之。如是者数次，劣马乃屈伏不敢为非。见美者如睹神明，由此以往，爱者追随所爱，寅恭克让，彬彬有礼焉。（此段描写人心中理欲善恶义利二者之交争，及存养修持尽得复性之工夫，至为真切明显，不特为千古妙文，亦道学之精华，学者务须熟读而深味之。）

夫如是，故所爱如神，得爱者之崇奉，心悦而诚服之。彼此沆瀣一气，曩日以同学少年之间言。深自隐晦，今则年已长大，呕呕引为知己矣。盖小人相处无友谊，君子相处则有之，理则然也。既与订交，疑忌尽泯，益觉爱者之真诚为不可及，非泛泛之交所可比拟于万一。彼此时共谈笑，踪迹既日密，则此涓涓之美流，由所爱以波及爱者，入而复出，有如泉石之相荡摩，出乎尔者，复反乎尔。所爱之灵，乃为爱所包举矣。当其爱也，莫之为而为之，但觉爱者有如明镜照见己形，然亦不自知其然也。合之则双美，离之则两伤。爱者之劣马，与御者语，当有以酬其劳，至所爱之劣马，则深情若揭，不能自已。爱者有所求，无不应，独御者严斥之。由斯以往，彼曹之福，存乎自制，如以礼自持，则去邪从正，有终身之乐，及时至，振翮欲飞，三千年为三度，已占其一。人力天意，其降福于人者，莫大于此矣。苟舍道义而崇荣利虽所为不正，不惬于心，然仍相爱悦，但稍逊耳。彼此观摩，誓不相逾越，终乃离驱壳，虽无翅翼，然思奋飞，受爱与狂之赐也。天游者，既升不复降，既迁于乔木，则不复返于幽谷，长途结伴，层累而上，待羽翼之生，乃飞回天上。爱者与所爱，以其相爱，毛羽亦同焉。

君其识之，与爱者为友，其益之大也若是，与非爱者为友，则卑卑不足道，盖非爱者阆茸委琐，庸人誉之为有德。然而无足取也，与之为友，则九千载中，永居尘世，长为愚夫而已矣。

爱神乎！吾今改正前言者，亦可谓尽心焉尔矣。所引喻言，因斐德罗故而用之，不得已也，请恕前愆，许其自新，勿盲吾目，使为采者所荣也。苟与斐君所言有不合者，此则赖锡阿氏道述此论之过，责之可耳，令彼效其兄包里麦克氏亦治哲学。若是，则彼之爱者斐德罗，得致力爱与哲理之探究，而不为彼之修辞学所误矣。

【斐德罗】苏格拉底乎！君善颂善祷，使此而有益于我，我虽不敏，请尝试之。抑君之第二辞，远胜彼第一辞者。果何故耶？赖锡阿氏虽竭其全力，为等长等美之辞。终且相形见绌，况彼未必愿为之耶！政客某近方以此病赖锡阿氏屡称彼为演说辞之作者，彼为声誉计，或将不为此取耳。

【苏格拉底】是可哂也。然吾思之，君苟以君友稍受指摘，即自馁缩，则误矣。抑君将谓毁之者之用意甚真耶！

【斐】其用意甚真,今之执政柄,声势煊赫者,皆以作演说辞为可耻,惧后人目之为诡辩家焉,此固君之所知也。

【苏】若曹不愿作演说辞,犹望梅止渴,既不得梅,遂谓梅之不值一啖耳。君于此旨,恐有未喻。夫此曹政客所喜者,莫逾于操觚作演说辞,以传于后世。有揄扬之者,若曹感激涕零,书其名于演说辞之端,以示不忘焉。

【斐】君意云何,我弗知也。

【苏】君岂不知政客每作一文,必冠以誉之者之名耶!

【斐】何谓也?

【苏】政客为文,开端即曰"某建议,请常委会、全民会或联席会通过事。"于是历叙己之职衔,俨然自炫其才能,作冗长无味之文字。若此者,非操觚为文而何耶?

【斐】诚然。

【苏】苟所议幸而见纳,则离议场时,顾盼生姿,喜不自胜。如所议见,摈以为不足厕于作者之林,则彼与其徒党,皆气沮神伤,若丧考妣焉。

【斐】诚有若是者。

【苏】由是知,若曹非特不以能文为耻,且以为荣也。

【斐】然。

【苏】苟国王或演说家,因著作而得不朽之盛名,如来喀瓦士(斯巴达文法家)、梭伦(雅典立法家政治家兼哲人、诗人)、大流士(波斯王)之所为。其人生时不将自视若神明,而后之人读其文者,亦以神明视之耶。

【斐】诚有若是者。

【苏】然则若曹纵无赖,宁愿以著作家三字为赖锡阿氏之罪名乎。

【斐】若曹不为也,苟为之,则自贬其所好矣。

【苏】执笔为文之不足为耻,虽三尺童子知之。

【斐】不足耻也。

【苏】为文不美，斯足耻耳。

【斐】其理明甚。

【苏】然则文之工拙，岂必于赖锡阿氏或其他诗人演说家之有韵与无韵，已作与未作，政论与非政论之文中求之，方明其道乎？

【斐】吾侪论究，亦可自知，人生舍清淡之乐，尚何求乎肉体之乐？每于苦后得之，宜谓之奴性之乐，人生鹄的，当不为是也。

【苏】为时尚早，今日之方中，树巅草虫，嘤嘤对语，下视吾辈，苟吾与君一若常人，不正襟谈论，玄思默运。惟闻虫声而思眠，草虫将谓尔我为何如人，为虫所笑，不亦宜乎。彼虫将视吾辈为臧获，如群羊之午时绕井而卧也；若草虫见吾两人论道，娓娓不倦；如奥德西扬帆疾驶而过，充耳不闻妖女锡伦（Sirens，事见《荷马史诗·奥德西》卷十二）之声，则彼曹敬仰之余，将以所得于神祇者畀吾辈也。

【斐】兹谓所得于神祇者，指何而言，我未之前闻也。

【苏】好乐如君，当闻虫草之故事，或谓草虫者，在文艺之神时代以前，固人也。文艺之神既至，遂有诗歌。彼等狂喜，终日歌吟，至忘寝食，竟以身殉。死后流转为草虫，不饥不渴。有生以来，但知歌唱，死后上升于天，告文艺之神以下界尊之者之姓名，舞蹈者因之得舞神之垂青，恋爱者得爱神之眷顾，尊奉其他文艺之神者，皆因所先施，各得其报。年最长之史诗之神与次长之天文学之神，惠厚哲人，草虫则告之以哲人之乐。兹数神者，知弥六合，学究天人，吐辞之美，莫与伦比。以此数因，吾侪当质疑问难，谈论终日，而不当昼寝也。

【斐】且谈何如。

【苏】吾侪将讨论作文与演说之规律，有如适所言者乎。

【斐】甚善。

【苏】欲求言辞之美，言者于其所言不当知之甚审，乃可言之有物耶。

【斐】苏格拉底乎！吾闻之矣。苟欲为一雄辩家，真正之公道不必问，但求多数评者之诺诺而已。不求真善真美，但求世人对于真美真善之成见，以为惟成见能动人，真理则不能也。（此反侧之言）

【苏】此辈哲人之言，容有真理存乎其间，吾辈宜加以探讨，未可置而不论也。

【斐】子言是也。

【苏】吾辈当若是论之。

【斐】何如？

【苏】苟我告君，君往战场，当市一马。若我与君皆不知马之为何物，我但知君心目中之马，乃驯兽中有最长之耳者也。

【斐】是可哂也。

【苏】殆有甚焉。苟我谆谆告君之后，指驴为马，为文以誉之曰，是英兽也，战时不可少也，能负主前驱而载糇粮也。（按指驴为马，犹秦赵高指鹿为马以欺二世。）

【斐】可嗤哉。

【苏】固也。可嗤之友，不犹愈于狡狯之敌乎。

【斐】诚有若是者。

【苏】今有演说家焉，其昧于善恶之辨，犹众人也。不指驴为马，而指恶为善，揣摩时尚，使人弃善趋恶，演说术所种之因若是，其所得之果，将何如乎？（驴不可以为马，而可以善恶倒置混淆乎？）

【斐】不善而已矣。

【苏】吾友乎，吾辈对于修辞学之不足重，不言之太过乎？修辞学将反诘曰，尔曹何为嚣嚣然，余固未曾强演说者之必昧于真理也。苟愿闻吾忠告者，余当正告之曰，汝且往求真理，真理既得，乃来就我可耳。（按此即修辞立其诚之义）虽然有真理而无我，真理亦不足以动人，此则余又敢断言者也。

【斐】此君自辨之辞,未可厚非。

【苏】诚然,苟其他尚未申述之理由,皆证明修辞学之为一艺术者。诚哉,修辞学自辨之言是也。然吾闻彼曹众口一辞,皆以彼之所言为不足信,谓修辞学者,一欺人术耳,安足当艺术之名哉? 今有斯巴达人于此将谓言之无物者,其言虽辨,终不得以艺术目之也。

【斐】君所谓理由者,指何而言,幸直告,吾曹可明察之也。

【苏】宁馨儿(指理由)盍速出,以折服此拥有佳儿之斐德罗(即指持有诸多理由之辩士)使彼知,苟于哲学无素养,侈谈哲理,百无一当,不识斐德罗将何以置答。

【斐】速问我。

【苏】所谓修辞学者,岂非以辨论攻心之术乎?(亚里士多德所下定义,谓修辞学乃求发见任何问题中所有各种说服他人之方法之智术也。见亚里士多德《修辞学》[Rhetoric]卷一第二章,可资比较。)操此术者,非特行之公堂及大庭广众之间,于私家亦行之。事无大小,无邪正,此术对之,不分轩轾,君之所闻者,岂非是乎?

【斐】唯唯否否,异乎吾所闻。吾闻此术止于讼事之辨护,及大会之演说而已。

【苏】吾意君所闻之演说,不过奈斯特与奥德西(奈斯特[Nestor]与奥德西[Odysseus]皆古希腊英雄,事见《荷马史诗》)之演说而已。彼等在特罗城外所作,而非派拉米之演说也。(派拉米[Palamedes]亦为古希腊英雄之一,受奥德西之计谗,诬以通敌,为希腊军以石击死,其后又相传为一哲人且为灯塔度量衡等之发明者。)

【斐】吾既未闻派拉米之演说,亦未闻奈斯特与奥德西之演说,必也君之奈斯特乃高杰亚,君之奥德西乃塞拉锡马克与德奥图乎。(高杰亚[Gorgias]、塞拉锡马克[Thrasymachus]、德奥图[Theodorus]皆与苏格拉底同时之诡辩家。)

【苏】倘吾意欤，姑舍是。今且问君，在法庭之上，原告与被告所为者，岂非论辨耶？

【斐】然。

【苏】所争者，非孰是孰非乎？

【斐】然。

【苏】工辨术者，抑扬任情，使人觉同一事物。朝以为是者，暮以为非焉。

【斐】然哉。

【苏】当其置身会场，彼岂不可使同一事物，朝以为有益于国者，暮以为有损于国耶？

【斐】诚然。

【苏】君不闻有辨术之芝诺乎？同一事也，芝诺可使听者感其同而异、一而多、动而静乎？

【斐】诚有若是者。

【苏】然则辨术固不限于法庭及议会，凡各种语言文字之用，皆有辨术寓于其间。吾不知世果有辨术否也。借曰有之，则此辨术者，盖不求物之真相，惟求物之貌似。人之以貌似欺我者，能察其为伪，欺人而不欺于人之术而已。（此亦设为反侧之言）

【斐】何谓也。

【苏】敢问两物大异时，易于作伪耶？抑小异时，易于作伪耶？

【斐】小异时易于作伪也。

【苏】作伪者苟由此至彼，行之以渐，固较操切者，难于觉察也。

【斐】诚然。

【苏】然则彼欲欺人而不欺于人者，不当于事之异同，加之意乎？

【斐】彼当如是也。

【苏】是故操此术者，必先明识各种事物之真相，否则安能于他物中，察其与此真相貌似处之多与寡耶？

【斐】彼不能也。

【苏】当人受欺不明真相时，其谬误之点，即由貌似处乘隙而入耶？

【斐】诚由此道也。

【苏】彼欲操是术者，苟不深明每事之真相，安能运用貌似之法，任意出入，以伪乱真，以紫夺朱，使人罔觉乎？

【斐】彼不能也。

【苏】彼昧于真理，但求追逐现象者，其所得之辨术，殊不足道。所谓术者，又安得谓之术乎？

【斐】事有必至者。

【苏】今请比观君手中所执赖锡阿氏之演辞，与我之演辞，依吾人见解，一较论其美与不美，可乎？

【斐】事固莫善于此。吾方谓吾两人所切磋者，不免空疏，而少实证也。

【苏】此二演辞，实一最佳之例。立言之士苟洞明真理，虽咳吐皆成珠玉，闻者倾心，吾辞之成，吾当归功于此方之神祇，文艺之神之宣旨者（指草虫）。当头歌唱，或足使吾感奋，助吾文思，盖吾于修辞之术，愧未学也。

【斐】姑以君言为不谬，请毕其辞。

【苏】请告我以赖锡阿氏演辞之开首数语。

【斐】"余于爱之见解，君知之。余不谓余非君之爱者，遂不能邀君之青睐也。爱者之惠，时过境迁，每生后悔。"

【苏】足矣，我将告君以此数语中修辞学上之谬误乎？

【斐】唯。

【苏】世间事物，吾人对之，有同然者，有不同然者，此人人所知也。

【斐】我似喻君意，请申述之。

【苏】当人言银铁时，岂不皆知银铁之为物乎？

【斐】诚然。

【苏】然一言义善诸德，岂不聚讼纷纭，莫衷一是耶？

【斐】有如君言。

【苏】岂非世人对于事物，有同然者，有不同然者乎？

【斐】是也。

【苏】然则于何者之中，吾人易为所为欺，修辞术得施其技乎？

【斐】当于不同然者之中。

【苏】然则论辨之士，允宜将二者分明，孰为众人之所易误，孰为众人之所不易误？

【斐】能为此者，已得一妙诀。

【苏】复次，操辨术者，于事事物物，必明察之，俾分类时不至有误也。

【斐】然。

【苏】敢问爱情应归何类？归于无定之类乎？抑有定之类乎？

【斐】属于无定之类无疑。苟非然者，爱情安能一任君大言炎炎，以为爱情于爱者及所爱，皆为不利，又以为大利耶？

【苏】佳哉！君能告我，我于致辞之初，于爱情已下定义否？我喜极而狂，已忘之矣。

【斐】君已下定义矣。

【苏】然则阿齐洛之水神，与水星神之子牧神，使我振奋者，其辨论之术，固远胜塞弗洛之子赖锡阿氏也。彼此度量相越，不亦远哉？虽然，吾言或谬，赖锡阿氏于其辨辞之开端，固亦斤斤于爱情之定义，然后就其定义加以发挥，以至终篇。今请重读其卷端语。

【斐】姑如君言，然恐无所获耳。

【苏】请读之，俾知其原文。

"余于爱之见解，君知之。余不谓余非君之爱者，遂不能邀君之青睐也。爱者之惠，时过境迁，每生后悔。"

【苏】彼之所为，似适为其所不当为，本末倒置，犹仰卧而游于浪涛之中，以复返于所始之地也。彼与美少年（按希腊之爱皆对男子，故云美少年）之辞，其开端之语，实爱者所应最后言者也，斐德罗乎？君以我言为然乎？

【斐】是也。彼之辞诚始其所终也。

【苏】至其他各节，岂非任意排列乎？果有一定之原则寓其间乎？此段在彼段之后，果何故欤？以吾之愚，知彼为此文，乃信笔直书，仓卒草成者。虽然，一文之成，其谋篇布局，必有修辞学上之原则可寻焉？君意以为何如？

【斐】君若谓余于修辞学有深知灼见者，君实过重视余矣。

【苏】夫文章犹一有机体也，有驱干，有首足，有中，有始末，互相为用，以成其全者也。（按亚里士多德《诗学》[Poetics]第七第八章所论正与此同，可资比较。）

【斐】诚然。

【苏】赖锡阿之辞，足以语此乎？今且观其全文结构之佳，能胜于斐立杰亚人密达斯墓上之碑文否？

【斐】此碑文之特色安在？

【苏】碑文如下。

"我一铜女，卧此墓旁，与墓始终，水流树长，敢告行人，下有密王。"

在此韵文中，词句位置，可上下移动，毫无轩轾也。

【斐】君之所言，实调侃吾侪之演辞耳。

【苏】吾将不复论君友之辞，恐逢君之怒也。虽然，此文舛误实多，尽宜汰除，吾将进论他辞，于研究修辞学者，不无小补也。

【斐】其道何由？

【苏】此二辞用意不同，一则尊爱者，一则尊非爱者。

【斐】然哉。

【苏】君毋宁谓狂哉，彼曹主狂，爱亦狂而已矣。

【斐】然。

【苏】狂有二,一为人类之疾病,一为灵魂之解脱,超凡入神,不受世俗之羁绊者也。

【斐】然。

【苏】神狂有四,有巫狂、有密狂、有诗狂、有爱狂,各有一神,监临其上。巫狂得光神之灵感者也;密狂得酒神之灵感者也;诗狂得文艺之神之灵感者也;爱狂得爱神母子之灵感者也。世每视爱狂为最美之狂,吾侪述此狂时,曾设一喻。引一疑信参半之神话,此神话赞美爱情,斐德罗乎?此爱情也,控驭尔我,庇荫佳儿。吾侪对之,固已歌其功而颂其德矣。

【斐】吾已闻君言而大乐矣。

【苏】今姑取此,以观由毁为誉之转变法何如?

【斐】何谓也?

【苏】此作颇诙谐,逸趣横生。然中有二原则可寻,苟美术而可言说者,甚愿于此有一明了之阐述也。

【斐】所谓二原则为何?

【苏】其一为综合事理,虽颐求其会通吾侪所论爱之定义,当否不可知,然已足使辞意晓畅而一贯矣。立言者,必于其各观念,加以界说,然后意义始得明显耳。

【斐】其第二原则为何?

【苏】其二为分析就事理之固然而分析之,如庖丁解牛,游刃有余。吾侪二演辞,其初皆以爱情为一非理智之物,继乃如身体然。由一生二,分为左右,此左右复各有其左右。言者就左部而分之,得一不善之爱,从而毁之,亦固其宜。其他一辞,则求狂于右部,别得一爱,名同而实异,此爱乃神圣之爱,言者翘以示众,以为天地间有益事,皆由此而生也。

【斐】然哉。

【苏】吾夙好综合与分析之术,以其能助吾言助吾思也。有能见事理之一与多者,吾当追随其后,奉之若神明。若而人者,吾常名之曰辨士，不自知其当与否也。吾今愿知，若君与赖锡阿两人之弟子。宜锡以何名，此分析综合之术，即塞拉锡马克之徒，所以教人所以躬行之有名于时之修辞术耶。若曹诚能言之士哉，苟有以势位货利为报者，则倾其所有，以传其术焉。

【斐】若曹诚名人也，然其辨术与君所称辨士之辨术迥异，至修辞学之究为何物，吾侪终不明耳。

【苏】何谓也？修辞之学，既去辨学，能余几何？此所余者，苟有法则可寻，诚一佳事，敢问所余几何？

【斐】修辞书籍中所述者，不亦甚富乎？

【苏】感君告我之厚意，忆余曾闻有所谓小引者，说明演辞之应如何发端，君心目中之修辞，岂非指此类小技耶？

【斐】然。

【苏】小引之后，则有叙述，继之以人证、事证与假设。苟吾言不谬，彼皮桑丁（按即君士但丁，后为东罗马帝都）之造字者，且有再证、三证之说矣。

【斐】君谓德奥图氏（名见前注）乎？

【苏】然。彼告人在控告或辨护时，层层反驳之法。外此有柏里人名声藉藉之伊文奈斯氏，皆先发明讽示及烘托隐刺诸法，并写成韵语，以便记忆，抑德锡斯氏与高吉斯氏，余亦应道其名。（按兹苏氏所举诸人，皆在当世负盛名而致富贵之诡辩家。然苏氏实轻鄙之，所谓彼辈身与名俱灭，何足挂齿类哉。）德高两氏，固知或然之胜于必然也。彼假辨术，以证小之为大，大之为小，以新为旧，以旧为新，事无短长，皆有方式以副之。吾曾与柏劳迪克氏言之，彼莞尔而笑曰，彼自信已得艺术之真谛，谓每辞既不宜长，复不宜短，当适中也。

【斐】智哉柏劳迪克也。

【苏】吾侪不云赫毕亚氏乎？以吾观之，此伊里籍之寓公，或与柏劳迪克之意相同。

【斐】然。

【苏】外此更有朴洛氏，喜用对偶箴言比喻诸名词。此类名词，有自创者，有得诸李锡孟氏者。

【斐】普罗搭果拉氏，不亦以类乎此者教人耶？

【苏】彼所以教人者，有雅辞之通则，及其他苛细之格律。至形容老年愁苦，及其他可泣可歌之事，则无有出凯尔西地伟人（指塞拉锡马克言）之右者。彼运其魔力，能使举室之人，喜怒哀乐，一任其意，且可使举室之人，不喜不怒，不哀不乐，至造作蜚语，或反驳之，亦以彼为巨擘。再此数子者，皆主一辞之末，必有一段复述，命名不同，用意则一也。

【斐】君所谓复述者，乃指各种论辨文末段之撮要，使听者不至遗忘耳。

【苏】关于修辞之术，余所欲言者，尽于此矣，君犹以为未足耶？（此下另为一段）

【斐】所阙不多，且无重要者。

【苏】今姑舍末节而论其根本。修辞之术，果有何效？苟其有效果，在何时耶？

【斐】公众集会之所，其效甚大。

【苏】诚然。然余于修辞学家所为，终觉有懈可击，君有同感否？

【斐】请举一例以明之。

【苏】我将为之。有人于此，往见君友欧莱克马，或彼父亚科孟，而告之曰："我有凉热之药于此，可使病者呕吐洗涤肠垢也。乃号于众曰，我知医，我能教人为医也。"君思之，闻其言者，将谓之何？

【斐】彼辈将问，彼既以药与人，亦知此药应与谁何，与之应在何时，须几何乎？

【苏】苟彼率尔而对曰，我则不知，此患病者所当自为计者也。

【斐】彼辈必曰，苟此人于医术毫无所得，但粗读医书，略熟一二汤头歌诀，即以良医自命。若而人者，非愚即妄耳。

【苏】今有人于此曰彼善言，小大由之，愁苦欢悦之辞，为之无不工。乃往见苏封克里与尤立比底曰，彼能授人以作悲剧之术也，则何如？

【斐】苟彼以为将前言各节，排比得当，即足尽悲剧之能事，则悲剧家将嗤之以鼻矣。

【苏】以余度之，彼辈当不如是之无礼也。有人于此，但知最高与最低之音，即以深于乐理自命，音乐家遇之，将斥之为妄人矣。彼音乐家固不如此也，将婉告之曰："吾友乎，欲为和音家者，不可不知此。然使仅知君所知者，则亦不得谓之为和音家也。盖君所知者，仅为和音之绪论，而非和音也。"

【斐】诚然。

【苏】然则苏封克里不将对此自命为未来之悲剧家，而谓之曰，君所称者，乃悲剧之绪论，而非悲剧乎。亚科孟不将对于自命为医师者，作相似之论乎。

【斐】然也。

【苏】苟使彬彬有礼之亚特拉斯氏或贝里克里氏闻此惊人之艺术，所谓缩语、比喻种种佶屈聱牙之名词，吾人所竭力为之表彰者，彼曹将谓之何？彼曹当不如吾侪所为。口出恶声，谥虚造修辞术者以恶名，以彼曹之聪明睿智，苟有訾议，彼此当同受之也。彼辈将曰："斐德罗与苏格拉底，少安毋躁，若辈乏明辨之功，不知修辞学为何物，略窥一斑，即以为已见全豹。其为学也如此，其教人也亦如此。吾侪怜之之不暇，安用怒乎？至善用此术之各种工具，使全文一气呵成，则彼辈视为易事，学者可自为之耳。"（此下又入正文）

【斐】苏格拉底乎！彼曹所述作与所以教人之修辞术，诚有若君之所言。君之言是也，然则真正之修辞术，果将以何道得之欤？

【苏】尽美尽善之演说家,其成功天才与学力并重,凡事皆然,不仅演说也,既有天才,加以学力,则可为大演说家矣。苟二者稍有缺陷,其弊立见,但立说修辞之术,与赖锡阿及塞拉锡马克之术,固大相径庭也。

【斐】然则果何术欤?

【苏】以吾观之,贝里克里诚修辞家之出类拔萃者也。

【斐】何以知其然也?

【苏】凡伟大之艺术,必于事物之真理,有极深之探讨,然后有高尚之思想,与完美之体制。贝里克里舍其天才外,因从安纳克萨哥拉氏游,乃有此长,彼寝馈于哲理,得闻安氏所乐道心与非心之论,而应用之于演说之术,故其演说,乃独出冠时也。

【斐】请明以告我。

【苏】修辞学犹医学也。

【斐】何谓也?

【苏】医学当知身之本质,修辞学当知心之本质。精言之,医学以健康及食物与人,修辞学则以识见或道德与人而以正名定分为其途径也。

【斐】苏氏乎,君言容或然也。

【苏】君谓不知全局之本质者,能真知心之本质乎?

【斐】名医希波奎提氏言,即身体之本质,亦必观其全局,求其会通,方能明悉也。

【苏】吾友乎!彼言是也。虽然,吾侪不应以希波奎提氏之言为已足,当察其持论,与彼对于自然之见,于符合否耳。

【斐】吾亦云然。

【苏】今且一推究希波奎提氏所言关于各自然者,果有几许真理乎?吾侪当先讨论吾侪所愿学愿教者,果为简象与繁象乎?如为简象,当问其施受于他物之间,有何力乎?如为繁象,当问其象有几,每象与诸象之所以为此象与诸象者,其施受之间,果有何力乎?

【斐】君之所言容或然也。

【苏】推理而不由分析，犹盲人摸索耳，既为艺术家，即不当自侪盲聋。修辞学家教其弟子发言合于科学方法，当于其演说之对象有所阐发，此对象即心是也。

【斐】有断然者。

【苏】力之所向，惟在攻心（按心即灵魂）。盖惟心为能产生主见也。

【斐】然。

【苏】然则塞拉锡马克与其他谆谆教修辞学者，必于心之本质，有明确之叙述，俾知此心之为纯一。或如身体之为多象，吾所谓明心之本质者，盖指此耳。

【斐】然。

【苏】其次当明心之施受之法则何如？

【斐】然。

【苏】复次，人物与演辞，以及其气禀，既加以分类，俾相互为用，然后说明所以如此排列之理由，及一种心理为一种演辞所感动之故。

【斐】君确觅得一极佳之法。

【苏】无论何事，宣之于口，或笔之于书，苟欲跻于艺术之林者，舍斯道末由也。然今之谈士，君所受教者，于心之本质，知而不言，其计甚工。然若曹亦知所读所作，不由吾道以行之，终不能成为艺术之文字乎。

【斐】吾道何道耶？

【苏】吾今不能言其详，吾当尽吾力之所及，告君以艺术途径之大略。

【斐】盍言之。

【苏】雄辩术者，攻心之术也，彼欲为辩论家者，必深知人品之不齐，由于气禀之不同，既按此分人品为若干类，然后分演辞亦为若干类,曰:"若而人者,将为此类或彼类演辞所感也,其感之之状,或如此,或如彼。"彼且告君以其故,学者必先谙其理论,然后身体而力行之。不以墨守师说为已足,当其知何等人当以何等理论感之也。既见其人,曰:"此吾向之所简练揣摩者也,斯人也,当以斯说动之。使之心悦诚服焉。"彼于此道三折肱者,知何时当语,何时当默,何时当用短语,何时当动之以情,痛哭流涕,以陈其辞,以及其他各术,必其人对于此等事,能应变无穷,相时而动,方可为斯道之巨擘。苟于立说施教作文时,皆不能此,而哓哓然言于众曰,彼之所言,皆合艺术之原理者也,实不足信耳。彼教师者,将卒然问曰,斐德罗与苏格拉底乎?此即君所谓修辞之术乎?抑吾将舍此而别求之乎?

【斐】彼必取此,舍此将无所得也。虽然,修辞术之造作,亦戛戛乎其难哉!

【苏】诚然,吾侪当熟思周察,果能得一捷径否?苟得捷径固不必迂道以求也,吾甚愿君能告我。君犹忆赖锡阿与他人所言者,有助于吾侪否也。

【斐】苟其得之,吾将图之,然今则无所知也。

【苏】今将吾所闻于此道研究有素者告君何如?

【斐】愿闻之也。

【苏】将如谚语所云,虽狼亦得邀一听乎?

【斐】君为狼辨护可矣。

【苏】彼狼将曰,此等事不必假惺惺,迂道以赴,不得原理不止,吾不云乎,当所争者为公与善,或所争之人,以天性或习惯而为善人与公正之人,彼欲为灵敏之辨论家,固无须乎真理也,法庭之上,在求胜而不在求真,凡事仅凭或然,彼有志为敏捷之演说家者,当竭全力以赴之者也,彼曹且云,苟事之真相不能取信,则当隐而不宣,但择其可取信者,或控告、或辨护,当演说家雄辩滔滔时,其所措意者,惟在求胜,真理可弗顾。苟由此道,所谓修辞之艺术,不外是矣。

【斐】苏氏乎！彼抗颜以修辞学教人者，皆作是言，自彼曹视之，更无重于此者，吾侪固已论及之矣。

【苏】德锡斯氏，君之所知也，彼不以众人之所可者，为或然而非必然耶。

【斐】事诚有之。

【苏】彼有一巧例，有弱而勇者，击壮而怯者，劫其衣服以去，既被执，对簿公庭，如德锡斯言，则两方皆应作欺人语。壮而怯者，当谓击我者众，吾一人安能与之抗。弱而勇者，则当谓吾两人外，更无他人，且曰："以吾之弱，吾安能击彼。"其被击者，以不欲自暴其弱，必更造作蜚语以相掩饰，他万复指摘其谬，迭相驳诘，其他类此之术，且甚多焉。斐德罗乎，余所言者，然乎否乎？

【斐】然。

（此下为另一段）

【苏】发见此术者，姑不论其为德锡斯，抑为谁何？其所发见之术，诚神妙不可思议哉，若而人者，吾侪将与之一言否。

【斐】吾侪与彼当作何言？

【苏】吾侪当正告之曰，君未来时，吾侪方相告语，以为君所言之或然，乃众人心目中所得于真理之摹本耳。（似是而非，恶莠其乱苗，去邪见乃得正智，又曰道可道，非常道，均即此理。）吾侪且曰，彼知真理者，必最能发见真理之摹本者也。使此人对于修辞术而别有发明，吾侪固当静听。苟其不然，则宁持吾侪向来之主见，以为其于听众之品性及所论各种事物不能观其异同，为之类别，得其会通者，万不能为精明之修辞学家也。此精明之技术，盖从艰苦中得来，有志之士，所当勉力为之，非哗众取宠，求悦于人。实欲一言一行，不愧于天也。昔贤有云，君子当悦其明主，不当悦其臣仆，臣仆虽重，安可驾明主而上之哉？若斯者，其道甚迂远，然而无足怪也。所谋者大道虽阻且长无害。（孔子曰，行远必自迩，登高必自卑。董子曰，正其谊不谋其利，明其道不计其功。）

【斐】苏格拉底乎！君之所言，道则高矣美矣，但不知可行否耳。

【苏】取法乎上，虽败犹荣也。

【斐】君言是也。

【苏】吾侪于辞令之正用与误用，言之亦已详矣。

【斐】然。

（此下为另一段）

【苏】但文字之有当与否，吾侪亦宜论及之也。

【斐】然。

【苏】必如何讲论修辞学而后不愧于天乎，君知之乎？

【斐】不知也，君知之乎？

【苏】余曾闻一传说，可信与否，惟古人知之。虽然吾人苟得真理，尚可暇顾及世人之毁誉乎？

【斐】君所问者，余不必置答。余但愿君能告我以所闻之传说。

【苏】埃及瑙克城，有一著名之古神曰都司者，都司有神鸟曰绮碧。都司发明诸术，如算术、几何、天文以及博弈之具，然其最大之发明，则为字母。其时柴末斯神为全埃及王，居于上埃及之大城，希腊人称为埃及之西勃斯者，而柴末斯神，希腊人所称为亚莽者也。都司神踵门见柴末斯王，且献其发明之物，盖欲使埃及人皆食其赐也。王问发明物何所用，都司告王甚详，王以为有益者扬之，有损者则抑之。王与都司所言者甚长，姑不具述，其论字母也，都司谓字母可使埃及人多智，记忆力加强，实记忆与智能绝妙之良剂也。王则曰，明敏之都司乎！发明一技术之人，每于彼之技术，对于用此术者之为利为害，不能为最公之判断。君为字母之父，慈父于其子，无而为有，爱而不知其恶者也。夫字母发明后，人皆舍记忆力而不用，适足令人健忘，以为既有文字，可有恃无恐，无须乎强识。君所发明者，不能助记忆，只能助回想，与人以真理之赝鼎，非真理也。用字母者，所闻甚多，而无一心得，似无所不知，而实无所知与之相处。令人厌倦，以虚有智慧之表，而无其实之故耳。（此乃卑下文人与伪学者之通病。）

【斐】苏格拉底乎！臆造埃及及其他各国之故事，固君之所优为也。

【苏】相传德道那地庙中之橡树，能作符语，昔人淳朴，不尚诡诈，苟得真理，虽由橡石，亦复安之。今君则不然，君不问理之真否，但问言此理者之为谁何，与其说之传自何国焉。（按今之智识界中人及少年学子，尤多具此种态度。）

【斐】君之所责，吾甚愿服其罪。且吾以为柴末斯王论字母之言是也。

【苏】彼欲赖文字以授受其学术，以为文字明确，笔之于书，远胜于心知默识。若而人者，其愚诚不可及，且未闻柴末斯王之神论者也。

【斐】君言甚是。

【苏】斐德罗乎！余每伤文字颇似画图，画师之所作，栩栩欲活，然偶有所问，画者默然不置一答，演说辞亦犹是耳。为演辞者，君必以为有识之士，及就询之，作者每以雷同之答辞相推诿，且演辞既成之后，杂陈于知之者与不知之前，孰应答，孰应不答，更复茫然。苟受挫辱，其父母（指演辞之作者）既不能护之，而彼曹亦不克自卫也。

【斐】此言亦是。

【苏】君亦知此外尚有一种性质更佳，效力更大之文字，与前述之文字，为同父母之昆仲乎。

【斐】何谓也？其原因何如？

【苏】吾意印诸学者心版之字，可以自辨且知何时宜言，何时宜默也。

【斐】君岂不谓宣之于口之字有生气，笔之于书之字，不过此活字之摹本乎。

【苏】君言实获我心,今有良农于此,既得佳种,视若至宝,思求良果,敢问将乘夏令之燠暖,莳之于亚道尼之园,八日之后,欣然观其开艳丽之花乎。（如为之,亦游戏而已。）抑必诚其意,觅佳壤,勤耕耘,苟有收获,虽俟八月,亦不以为晚乎。（不求近功,但求实效。）

【斐】诚者必由是道,非然者,必如君所言,但为游戏计而已。

【苏】然则彼明公善义诸德者,其知种子之深,岂不及农夫之知其种子乎?

【斐】必不尔也。

【苏】然则彼肯仅赖笔墨,以传其既不能自辨,复不能利人之思想乎。

【斐】彼不为也。

【苏】彼诚不为也,彼播种耕耘于文字之园,但为消遣计耳。笔之于书,藏之于己,或年相若之同道者,以备老年之遗忘耳。园花初放,顾而乐之,他人酒食相征逐,彼则惟以此自娱焉。

【斐】能以危坐谈道为乐,终日不倦,胜其他消遣万万矣。

【苏】子言是也。然明辨之士,苟得一气味相投之人,恃哲理之助播文字于此人之心田,从而栽之培之,以生以长,结为硕果。复播其种子于其他心田中,迭相传递,以至于无穷,得其传者,则为世中最乐之人矣。

【斐】如此之消遣更为高尚也。

【苏】斐德罗乎! 前题已定,吾侪当进而作一结论。

【斐】作何结论乎?

【苏】此之结论,乃关于吾侪所评赖锡阿氏之为人,及其作风、词令、修辞术之工拙等事。吾侪因思解答此类问题,始有以上之谈论,以吾观之,吾侪于艺术与非艺术之性质,已了解大概矣。

【斐】吾亦云然,愿君重述前言。

【苏】夫修辞贵乎立诚,必于所书之言事事物物之真理,洞悉靡遗,乃得树立定义。定义既立,然后从而分析之,至无可分析乃已。

外此务明气禀之差。气禀不同，故持论立说亦当因人而异，言之深浅精粗，一视听者之深浅精粗以为衡，必如此方可讲学说法。上下论议，一衷法度焉。此即以上辨难之结论也。（此段最要重述，亦见设词之巧妙。）

【斐】是诚吾人之见解也。

【苏】至一辞之称，评其得失，评之若何而当，若何而不当，前所言者，不已明示之乎？

【斐】明示何物耶？

【苏】如赖锡阿之徒，时无古今，位无隐显，苟稍稍立法令，作政论，即诩诩然自称此中有确切不移之理，是可耻也。夫不辨公私，不辨善恶，不辨真妄，虽为举世所称，适足自辱耳。

【斐】然。

【苏】今有人焉，谓尽信书不如无书，诗歌也，散文也，不论其为口授，为笔述，苟不极深研几，穷究其理，但如村歌童谣，信口道来，知其然而不知其所以然，是皆无益者也。最佳之书，不过吾侪智识之回忆而已。惟公平、美善、高尚诸义理，彼此口传，印诸心版者，方能清晰完美，令人起敬。且惟此反求诸己，直抒胸臆之义理，乃足为人之嫡子与彼所灌输于他人心中之义理，一脉相传焉。持此论者，可谓君子也矣。斐德罗乎！吾与尔所当见贤思齐者也。

【斐】固所愿也。

【苏】此曲已终，修辞之学，亦已言之綦详矣。往告赖锡阿，谓吾侪往泉旁女神之学校，女神命吾侪传语于彼，并语世之著书立论者（荷马与其他诗人，其诗可谱者，与不可谱者，梭伦与其他作政论而名之为法律者）曰，苟彼曹之著述，根据真确之智识。有难之者，能以口说为之辨护。证其不谬口说之妙，且远胜其著作。则彼曹不特为演说家、立法家，且可得更高之荣名，以与其一生之大业相称也。

【斐】然则君将谥彼曹以何名？

【苏】智则吾不知，惟神始得谓之智者，称之为爱智者斯可矣。

【斐】其名甚相称也。

【苏】苟其人之所能，止于补苴缺漏，抄袭众说，则仅可以诗人或演说家或立法家称之。

【斐】然。

【苏】盍往告君友（指赖锡阿氏）。

【斐】君亦有一友，吾侪所不当忘者。

【苏】翳何人？

【斐】伊索格拉底也。（按此人〔Isocrates〕乃另一有名之修辞家兼教育家，不可与苏格拉底相混。）君将告以何语，君视伊索格拉底为何如人？

【苏】伊氏年尚少，然吾甚愿一言其将来。

【斐】伊氏来日之造诣何如？

【苏】以吾观之，伊氏品味既纯粹，天资亦远胜赖锡阿，必能与年俱进，使往昔之修辞家与之相较如童蒙之于成人也。且吾知彼之所志，不止词章，将益求深造，以薪至于道。盖彼固有哲学才也，此乃此间诸神之诏语，吾乐为吾爱友伊索格拉底告，君则请以告君之爱友赖锡阿。

【斐】固所愿也，暑气已减，可行矣。

【苏】不当祷于此地之神祇而后行耶。

【斐】不可以不祷。

【苏】敢告牧神，与兹土之其他诸神，愿锡我内心以美表里如一，吾愿视智者为富人，吾愿淡泊以明志，安贫乐道以自娱，尚何求乎？吾思此之所祷，亦已足矣。

【斐】可为我祷之，一如君言，夫友亦贵乎同其所有耳。

【苏】吾侪可行矣。

辣脱摩论中日战事

郭斌龢　译

辣脱摩欧文（Owen Lattimore），美国人，《太平洋杂志》总编辑，生长中国，对亚洲问题著作甚富。此文登美国《大西洋月刊》本年七月号，文中讨论中日战事，颇中肯綮，鼓吹美国积极援助中国，尤具卓识，爰译之以资参考。译者识。

一

近乎一年以前，当日本发动我们异常温和的欧战后用语中所称为"最近之冒险"的时候，大家以为中国这一次真完了。最极端的勇敢，亦不过摆摆侠士式的抗战架子而已。只有外国人的帮助，才能把抗战延长到几个星期以上。但现在很清楚，这个看法是完全错误的。倒是日本倘使没有别国有力的援助，是简直不能成功的。

这个局势，值得一番实际的研究。那辈主张漠视远东运命的人，尤其要研究。他们以为日本人在场最早，而且是强有力，可以予取予求。然而是不是如此？伪实际主义者的理论，以为美国人在同情中国颠连困苦的时候，确要小心翼翼，勿触犯日本。因为战事结束以后，美国要对付的，是一个战胜的日本。但假使结果中国是胜利者，则何如？

第一点要知道：日本初期胜利与土地的获得，仅仅是战术的。他们只能掩蔽一时，而不能永久掩蔽战略上的失败。日本的"大陆

331

政策",向以严密规划逐步征服的理论为根据。每经一次行动,中国政府应当被挤出一些土地来;不过不能逼之太甚,以引起全国的反抗。日本人从研究过去历史,知道中国一向是一盘散沙。过去的征服者,总是先把各地方分化,然后直接间接逐个击破。日本理论,以为今日的中国,还是这样的一个国家;中国还是不变的东方;一省的军阀或政治上的巨头,还是恶恨中央政府比畏惧外来侵略者来得厉害,只要答允他保持一部当地的势力,分沾一些征服者的余沥,一切可以商量,可以讲价。一八六〇——一八六一年,英法联军攻北京的时候,从南方带去苦力,帮他们克服北方,做运输及殖民地征服者往往自己所不愿意做的龌龊工作。

这个理论,有的地方竟不灵验。什么地方?一九三一年,在"满洲"很灵验。(中国政府侥幸外人干涉,对此颇有帮助。)一九三三年,热河加到"满洲"的时候,亦很灵验。为什么以后就不大灵,最后竟是完全失败呢?

答案不止一个。第一,中国的边区省份,是中国扩张的边缘。割去边缘,固然增加许多痛苦,但究属不是割到一国的本身上去。中国局势,自热河被占以后,更是尖锐化。华北有名的原料,日本声称非拼死夺得不可的——河北、山西、察哈尔的煤铁,河北、河南、山东的棉花——其实中国自己幼弱的工业,需要这种原料,更加迫切。日本对于中国工业,既恨且畏,历年来想用金融打击与关税要求种种削弱中国企业的方法,来破坏他。中国的工业是在华中扬子江流域,但原料则来自北方。已往内战时代,中国中部与北部的冲突,这亦是一个原因。可是由扬子江流域想垄断北部而产生的内部争执,竟第一次因日本要逐个征服他们,而变为共生共死的联盟。

二

更重要的,确是几种发生于不变化的东方之变化。一百年来,中国血液中继续添受奇怪而有力的西方各种文化的注射:新式的银行业,工业,商业;新式的宗教与教育;新式的政治社会思想。没有一样好像产生什么影响。随便哪一个老中国通可以说给你听,现代化的中国银行业,工业,航业,中国的基督教,中国留学生的装腔作势,甚至于共和政体的本身,都是不健康的赘疣。在经过破损与点缀的表面之下,还是一个古老的中国,不变化的东方。至于日本——日本可不一样。日本已将从西方采取来的成分,和本身混合为一体。日本血中有铁。日本人不会做牺牲品。他们对于西方文化,可谓取精用宏,但仍旧保存日本旧文化中最有价值的东西。

似乎很少有人见到日本当美国海军提督柏雷(Admiral Perry)想用力挤进去的时候,是一个严格统治的国家。那班当局者要怎样做,就可以怎样做。所以他们打量柏雷以后,晓得同他一样的人还要源源而来,他们就胸有成竹了。他们不得不改变办法;但事情还是他们办的,他们只好剔出幕府,加入天皇,但除此以外,牌还是这一副旧牌,玩的人还是他们这几个旧人。这一点可以解释为什么足以代表现代日本的许多大的联合公司,如果把他们的来历查一下,就发现他们(以及统率海陆军的司令大将)回溯到统治封建时代日本的恰恰那几个家族。固然他们补充了几个新人,但这个和在英国没有多大分别,因为在英国,只要标榜迎合的工夫到家,圆滑一点,亦可把你一滑了到贵族院里去的。

中国刚刚相反,当通商口岸时代开始的时候,中国并不在任何人有力控制之下。清朝皇族,势力衰落。学者绅士阶级的几家世家,所谓文人贵族,亦是腐败。那时没有一个人能统制,能指导中国关于借用西方文化的这事件——连外国人都不行,因为他们自己正在互相竞争着。

无怪西化之在中国,很像西班牙牛身上花花绿绿的小旗子,刺目有余,深刻不足。旧的既得利益——官僚与地主——和新的既得利益——银行,工业,航业——斗争。两者之间就产生军阀的局面。两种既得利益又和非既得利益——平民的利益——相斗争。内战是不可避免的,农民暴动亦是不可避免的;不过都不能解决什么争执,因为世界各国在旁观战,做公正人。他们要求"法律与秩序",这就是说,没有一件事可以打出一个结局来。外交照会定好了"法律与秩序"的规则,炮舰和驻军去执行这种规则。

然而中国继续接受的注射,其影响毕竟是累积的。他们同时发生作用,储蓄着的力量并无损失。这个的解释,只有求之于日本。日本把英美排挤在一边,宣布一个彻底的斗争。这意思就是中国只要能把日本推开,就可以开始用自己的方法解决自己的事情。英国、美国都不能摇铃宣告散场,去阻止中国各派证明他们自己的真实力量。同时因为日本的压力逼迫中国人集合能力,用建设的方式去解决内部争执,所有中国的革命问题,渐渐变成异常迅速的进化中的一种过程。

这种情形在美国人看来,更是无足惊异。独立战争开始的时候,我们原来的十三州,极不团结。倘使英国起初厌恶我们,置之不理,我们保守党人与极端革命党人中间一定要有血战。因为要合力抵抗英军及其雇用的外国军队,逼得我们把所有内部争执尽量用迅速及建设的方法去解决。结果等到我们获得自由,内战已是不可能了。蓄奴的南方和自由的北方,其间虽然有极深的隔阂,但经过两代,才能鼓动起一回内战来。

三

倘使日本很明显的在短期内可以征服中国,则我们正不妨避免讨论上面所提出的问题。我们可以冒充老牌实际主义者,说一声事不干己。可是现在中国虽没有人撑腰,显然有胜利的可能。而日本苟无英美工业资源、材料、信用的巨大投资(德意办不了),确不易渡过难关。这种局势,需要更正确的实际观察,去预测中日两国孰胜孰败的意义。

使日本现代化的人,他们的办法是把新式的力与富加到原有的上面去。结果,在现代日本的光亮而极端合理化的工厂内,造成极高效率记录的男人和少女,都从农民方面补充得来。这班农民的生活程度,还需要他们的男人、女子、小孩没膝盖的站在稻田泥土里作苦工。日本每英亩的食物产量很高,不过以每人每小时的劳力而论,则产量又异常之低。这就是说,生产食物的人,亦就是供给厂家以劳工的人。这种劳工的工资,低微到足以扰乱世界。日本所以侵犯世界市场,因为他非如何此不可,因为他把他的国内市场窒息死了。日本人不能购买、享用、消费他们自己所造的东西。日本拼命的需要原料,但又不能利用原料,以提高他们的生活标准。因为所有原料,都变作对外侵略用的军需品,或者变作贱价的商品,向世界市场倾销,以便得到在窒息的国内市场中再也榨不出的一笔收入。

这种情形使我们谈到日本的殖民帝国。高丽经过日本二十七年的统治,仍旧抑郁思乱。日本从来不敢武装高丽人,用他们做兵士。高丽生活标准降得很低。赤贫的高丽劳工,在日本国内已是一个严重的威胁。一九三五年高丽政府出版一部书,名《繁荣的朝鲜》,以庆祝合并后的二十五周年。这部书不幸尚未译出。书里面把"标准的"高丽农夫,分成三等:一等农夫,每年不敷款额为二三·二〇日金;积累债额为一三日金。二等三等农夫,每年不敷款额及积累债额比较少些,只因为他们的生活标准如此之低,已是榨无可榨了。一个标准的一等农夫,一部分是自耕农,一部分是佃农;他大概耕四英亩半的田,他和他的家庭,一年之中倒有二百九十天很奇怪的称作"可利用做其他工作的日子"。这意思是他们所得到耕地，不够他们忙，为了每年不敷款额与债项，不得不另寻其他工资极低微的工作。

在伪满洲国情形还不如此之坏，不过亦朝向这方面去。低廉的高丽与"满洲"劳工，造成一种新的低廉的工业局面，竟和日本国内局面竞争起来了。这种状态，无法改进。高丽、"满洲"的人民，断不能满足而欣欣向荣，除非他们的生活标准提高，使他们得到一些日本统治的利益。但这是不可能的，因为日本已经答允他的人民，帝国的财富，最后是用来繁荣他们的。如果帝国的生活标准提高，日本的反而不提高，则日本人将要失望发怒；不过倘使日本的生活标准提高，则日本又不能再贱价倾销货品于世界市场，以得到为了军备而支出的巨款。总之非国内繁荣，即国外战争。那班统治日本的人，宁可要国外战争，因为国内繁荣的代价，就是统治的寡头政治向剧烈性的社会经济改革去投降。

结果，日本的侵略不能解决日本的问题，反而使问题更严重化，同时大大扩张地理的区域，而在扩张地理的区域内，这许多问题还得要解决——或躲避——并且缩小他国的有利商业的区域。这个躲避的问题，对于像美国这一类国家，是很重要的。一种新日本"实际主义"，近来愈唱愈响了。其理论大概如此：我们是抵抗布尔希维化的亚洲的惟一堡垒。我们做事不得不粗蛮一点，不过你晓得这个硬的真的世界，是什么一回事。同时我们有实际的提议可以贡献。我们是要统治中国，但我们愿意承认我们没有钱没有本事去开发他。我们担任统治，你们可以很有利的投资于我们的企业。你们没有管理权，你们没有什么门户开放，但是你们的红利是有保障的，——看看南满铁路和他很厚的红利——而且中国可以安定有秩序。

四

口里所说的，和心里所想的，完全是两回事。这种美国投资，将要怎样用法？高丽、"满洲"、日本可以供给这个答案，在这些地方，美国的投资比在中国还要多得多。这种投资将要用来强化在日本帝国以外的日本竞争。这种普遍全世界的日本竞争，结果要影响美国海外航业收入，商业利益，银行利益，保险利益，并且同时使在美国的美国人失业。这不仅是一个空洞陈述，确有事实为证。日本公开目的之一，是要发展华北棉花的供给，使他不依赖美国的棉花。棉花如此，别的亦是如此。若干美国人投资于华北的金钱，将要用来和全体美国人竞争，并且降低全体美国人的生活标准。

至于中国，普通总说独立的中国，简直是一个更大更危险的日本。我确有理由不如此想。倒是中国被日本统治以后，才真正成为一个更大更危险的日本。要想预测战后胜利的中国，须记好一个国家，在战后和在战前，决不会一样。这分别大半依战事的意义，以及结果是失望（如我们一九一九年的情形）或是兴奋（如我们获得独立的时候的情形）而定。

中国在抗战以前，是落后的国家。除非有更快的进步，更多的建设力，他是不易得胜的。全国倘不一致作壮烈的牺牲，——拼命的拼命，出钱的出钱。在抗战期中，国民政府的力量必须大大的增加，并且改进民主机构，以全国利益为前提，以全国民意为从违，那么中国才能获得胜利。

中国人此番忍痛牺牲，将来战事结束，和平重现的时候，如果还要叫他们为了那一派的特殊利益而再有所牺牲，那是他们所最不愿意忍受的。无论国民党、共产党、白崇禧、李宗仁（战前在他们管辖范围内，非常有势力，现在倾其所有，一致抗战）在胜利的和平之后，谁亦不能"抢夺"政府或地盘。将来中国政府，惟一的可以继续握权之道,一定是用迅速的有效的办法,去谋全国的利益。

无数建设的企业,一定要立刻举办。这就是说全世界任何人,只要有钱,都可投资。对于人民因为要证明他们的牺牲是有代价的,中国的生活标准,势必全部提高。这就需要商业生产和各种的企业。这就需要广阔的竞争,对于资本主义的企业,惟一有健康性的竞争,就是与上升的生活标准有关的一种竞争。

因为要尽便宜的得到他们所需要的东西,和避免受任何一国的节制,中国人必定要把开放的门户大大开放,而且常常开放。我想这是一个扼要的理论。美国金科玉律的远东门户开放政策,一向就是一种未来命运的赌博。这个政策最初即建筑在清楚的逻辑的假定之上:中国将来一定会发展,而这个发展,不应该为任何国所独占;一定要有竞争,竞争一定要健康。假使我们刚要看到海约翰所预期,我们远东政策视为天经地义而维持的一种演进的非激烈的中国解放运动的时候,我们竟把我们的金钱,我们的工业,我们的政治势力去给日本利用,使中国解放运动功亏一篑,那真正是美国参加世界政治史上一个最最不幸的大失败。

(《国命旬刊》1938 年第 14 期)